科学技术普及法一本通

法规应用研究中心 编

中国法治出版社
CHINA LEGAL PUBLISHING HOUSE

编辑说明

"法律一本通"系列丛书自2005年出版以来,以其科学的体系、实用的内容,深受广大读者的喜爱。2007年、2011年、2014年、2016年、2018年、2019年、2021年、2023年我们对其进行了改版,丰富了其内容,增强了其实用性,博得了广大读者的赞誉。

我们秉承"以法释法"的宗旨,在保持原有的体例之上,今年再次对"法律一本通"系列丛书进行改版,以达到"应办案所需,适学习所用"的目标。新版丛书具有以下特点:

1. 丛书以主体法的条文为序,逐条穿插关联的现行有效的法律、行政法规、部门规章、司法解释、请示答复和部分地方规范性文件,以方便读者理解和适用。

2. 丛书紧扣实践和学习两个主题,在目录上标注了重点法条,并在某些重点法条的相关规定之前,对收录的相关文件进行分类,再按分类归纳核心要点,以便读者最便捷地查找使用。

3. 丛书紧扣法律条文,在主法条的相关规定之后附上案例指引,收录最高人民法院、最高人民检察院指导性案例、公报案例以及相关机构公布的典型案例的裁判摘要、案例要旨或案情摘要等。通过相关案例,可以进一步领会和把握法律条文的适用,从而作为解决实际问题的参考。并对案例指引制作索引目录,方便读者查找。

4. 丛书以脚注的形式,对各类法律文件之间或者同一法律文件不同条文之间的适用关系、重点法条疑难之处进行说明,以便读者系统地理解我国现行各个法律部门的规则体系,从而更好地为教学科研和司法实践服务。

5. 丛书结合二维码技术的应用为广大读者提供增值服务,扫描前勒口二维码,即可在图书出版之日起一年内免费部分使用中国法治出版社推出的【法融】数据库。【法融】数据库中"国家法律法规"栏目便于读者查阅法律文件准确全文及效力,"最高法指导案例"和"最高检指导案例"两个栏目提供最高人民法院和最高人民检察院指导性案例的全文,为读者提供更多增值服务。

目 录

中华人民共和国科学技术普及法

第一章 总 则

第 一 条【立法目的】……………………………… 1
第 二 条【适用范围】……………………………… 9
★ 第 三 条【坚持党的领导】………………………… 16
★ 第 四 条【科普与创新】…………………………… 21
★ 第 五 条【科普的重要性】………………………… 24
★ 第 六 条【工作原则】……………………………… 34
★ 第 七 条【全民科普与科普月】…………………… 40
第 八 条【国家鼓励兴办科普事业】……………… 48
第 九 条【国家支持社会力量兴办科普】………… 49
★ 第 十 条【多样性原则】…………………………… 50
★ 第十一条【全民科学素质行动】…………………… 53
★ 第十二条【对外合作与交流】……………………… 59
第十三条【表彰和奖励】…………………………… 61

第二章 组织管理

第十四条【各级政府的职责】……………………… 68
第十五条【领导与分工】…………………………… 70
第十六条【行业主管部门的职责】………………… 72
第十七条【科学技术协会的职责】………………… 78

1

第十八条【群团组织的职责】 ························ 81

第三章　社会责任

★　第十九条【全社会共责】 ························· 89
★　第二十条【教育机构的职责】 ······················ 91
★　第二十一条【老年人、残疾人等特殊群体的科普教育】 ··· 103
★　第二十二条【科研机构和高校的职责】 ··············· 105
★　第二十三条【科技企业的社会责任】 ················· 106
★　第二十四条【有关社会团体的责任】 ················· 109
★　第二十五条【宣传机构的职责】 ···················· 110
★　第二十六条【农村基层自治组织的职责】 ············· 113
★　第二十七条【城市基层自治组织的职责】 ············· 117
★　第二十八条【科普教育基地、文化场所和公共场所
　　　　　　　的职责】 ···························· 121

第四章　科普活动

★　第二十九条【科普创作】 ························· 126
　　第三十条【产业融合】 ··························· 129
　　第三十一条【科技成果的传播与推广】 ··············· 131
　　第三十二条【新技术领域重大科技任务的科普规则】 ···· 133
★　第三十三条【应急科普响应机制】 ·················· 135
★　第三十四条【产业工人、农民和公职人员的科普教育】 ·· 152
　　第三十五条【合法性与科学性原则】 ················· 159
　　第三十六条【信息发布和传播的监测与评估】 ········· 161
★　第三十七条【国际交流合作】 ······················ 162
　　第三十八条【科普事业成效监测】 ··················· 165

第五章 科普人员

★ 第三十九条【专业化科普人才队伍建设】……… 168
★ 第四十条【科技人员带头支持】……… 172
　 第四十一条【专业培养】……… 174
★ 第四十二条【志愿服务】……… 176
★ 第四十三条【职称绩效评价机制】……… 180

第六章 保障措施

　 第四十四条【经费保障】……… 185
★ 第四十五条【场馆设施与信息化建设】……… 186
★ 第四十六条【场馆运维】……… 197
　 第四十七条【共建共享】……… 207
　 第四十八条【引导社会资金投入】……… 215
　 第四十九条【鼓励捐赠】……… 216
★ 第五十条【税收优惠】……… 218
　 第五十一条【科技项目的科普责任】……… 224
　 第五十二条【科普活动评价标准的建立】……… 226
　 第五十三条【专款专用】……… 229

第七章 法律责任

　 第五十四条【制作、发布、传播虚假错误信息的法律责任】……… 229
　 第五十五条【克扣、截留、挪用科普款物或者骗取科普优惠政策支持的法律责任】……… 231
　 第五十六条【擅改科普场馆用途的法律责任】……… 232
　 第五十七条【骗取科普表彰、奖励的法律责任】……… 232

第五十八条【公职人员滥用职权、玩忽职守、徇私舞弊的法律责任】 233

第五十九条【民事、行政和刑事责任】 234

第八章 附 则

第六十条【施行日期】 234

附 录 一

中华人民共和国科学技术进步法 235
　　（2021年12月24日）
中华人民共和国促进科技成果转化法 259
　　（2015年8月29日）
中华人民共和国著作权法（节录） 269
　　（2020年11月11日）
中华人民共和国专利法（节录） 272
　　（2020年10月17日）
中华人民共和国商标法（节录） 274
　　（2019年4月23日）
全民科学素质行动规划纲要（2021—2035年） 277
　　（2021年6月3日）

附 录 二

本书所涉文件目录 291

案例索引目录

- 致敬大国脊梁科学家精神展 …………………………………… 39
- 山东省"全国科普日"活动 …………………………………… 47
- 江苏省体育科学研究所组织开展全国科技周体育科普
  系列活动 ……………………………………………………… 47
- 气象科普展区亮相北京科学嘉年华 …………………………… 52
- 发挥针灸原创科学优势 培育中医药新质生产力 …………… 58
- "走进石化园区,感受科技魅力"科普实践活动 …………… 69
- 稀有金属矿物开发及高端应用 ………………………………… 72
- 用气象科普教百姓防灾减灾 …………………………………… 77
- 长江委开展节水科普宣传活动 ………………………………… 78
- 儿童急救科普活动 ……………………………………………… 81
- 加油站燃油知识科普活动 ……………………………………… 91
- "安全用电,合规用电"科普活动 …………………………… 91
- 在这里,大学老师给小学生上课 ……………………………… 102
- 矿产资源开发利用科普宣传 …………………………………… 105
- 科普促进成长 科技点亮梦想 ………………………………… 108
- "石油科普进校园 点燃少年能源梦"科普活动 …………… 109
- "健康土壤的守卫者——蚯蚓"科普宣讲活动 …………… 117
- 食品安全科普 …………………………………………………… 120
- 多肉成语拼盘活动 助力全国科普日 ………………………… 131
- 野生动植物保护宣传月 八桂科普大行动 …………………… 133
- "大科学"科普研讨会在湖北武汉召开 …………………… 134
- "小小钦天监"气象科普游园会在江西举行 ……………… 152
- 中国流动科技馆湖南巡展 ……………………………………… 158
- 从田间到餐桌,科技引领未来 ………………………………… 172

- "科学大咖 科普筑梦"院士报告会《理解宇宙》 ………… 173
- 云南省科普活动走进基层校园 …………………………… 174
- 天津科技大学"御灾先锋"实践队深入基层普及防灾知识 ………………………………………………………… 179
- 南京信息工程大学"风云绘地，科普领航"小分队开展"三下乡"活动 ………………………………………… 180
- 安徽省科技馆举办新质生产力主题科普展 ……………… 196
- 双碳目标下高压直流输电问题的思考——院士、教授主题讲座 ……………………………………………… 225

中华人民共和国科学技术普及法

（2002年6月29日第九届全国人民代表大会常务委员会第二十八次会议通过 2024年12月25日第十四届全国人民代表大会常务委员会第十三次会议修订 2024年12月25日中华人民共和国主席令第43号公布 自公布之日起施行）

目 录

第一章 总 则
第二章 组织管理
第三章 社会责任
第四章 科普活动
第五章 科普人员
第六章 保障措施
第七章 法律责任
第八章 附 则

第一章 总 则

第一条 立法目的①

为了实施科教兴国战略、人才强国战略和创新驱动发展战略，全面促进科学技术普及，加强国家科学技术普及能力建设，提高公民的科学文化素质，推进实现高水平科技自立自强，推动经济发展和社会进步，根据宪法，制定本法。

---

① 条文主旨为编者所加，仅供参考，下同。

● 宪　法

1.《宪法》(2018 年 3 月 11 日)①

　　第 20 条　国家发展自然科学和社会科学事业，普及科学和技术知识，奖励科学研究成果和技术发明创造。

　　第 23 条　国家培养为社会主义服务的各种专业人才，扩大知识分子的队伍，创造条件，充分发挥他们在社会主义现代化建设中的作用。

● 法　律

2.《科学技术进步法》(2021 年 12 月 24 日)

　　第 12 条　国家发展科学技术普及事业，普及科学技术知识，加强科学技术普及基础设施和能力建设，提高全体公民特别是青少年的科学文化素质。

　　科学技术普及是全社会的共同责任。国家建立健全科学技术普及激励机制，鼓励科学技术研究开发机构、高等学校、企业事业单位、社会组织、科学技术人员等积极参与和支持科学技术普及活动。

● 行政法规及文件

3.《关于新时代进一步加强科学技术普及工作的意见》(2022 年 9 月 4 日)

　　科学技术普及（以下简称科普）是国家和社会普及科学技术知识、弘扬科学精神、传播科学思想、倡导科学方法的活动，是实现创新发展的重要基础性工作。党的十八大以来，我国科普事业蓬勃发展，公民科学素质快速提高，同时还存在对科普工作重要性认识不到位、落实科学普及与科技创新同等重要的制度安排

---

① 本书法律文件使用简称，以下不再标注。本书所示规范性文件的日期为该文件的通过、发布、修改后公布日期之一。以下不再标注。

尚不完善、高质量科普产品和服务供给不足、网络伪科普流传等问题。面对新时代新要求，为进一步加强科普工作，现提出如下意见。

一、总体要求

（一）指导思想。以习近平新时代中国特色社会主义思想为指导，坚持把科学普及放在与科技创新同等重要的位置，强化全社会科普责任，提升科普能力和全民科学素质，推动科普全面融入经济、政治、文化、社会、生态文明建设，构建社会化协同、数字化传播、规范化建设、国际化合作的新时代科普生态，服务人的全面发展、服务创新发展、服务国家治理体系和治理能力现代化、服务推动构建人类命运共同体，为实现高水平科技自立自强、建设世界科技强国奠定坚实基础。

（二）工作要求。坚持党的领导，把党的领导贯彻到科普工作全过程，突出科普工作政治属性，强化价值引领，践行社会主义核心价值观，大力弘扬科学精神和科学家精神。坚持服务大局，聚焦"四个面向"和高水平科技自立自强，全面提高全民科学素质，厚植创新沃土，以科普高质量发展更好服务党和国家中心工作。坚持统筹协同，树立大科普理念，推动科普工作融入经济社会发展各领域各环节，加强协同联动和资源共享，构建政府、社会、市场等协同推进的社会化科普发展格局。坚持开放合作，推动更大范围、更高水平、更加紧密的科普国际交流，共筑对话平台，增进开放互信、合作共享、文明互鉴，推进全球可持续发展，推动构建人类命运共同体。

（三）发展目标。到 2025 年，科普服务创新发展的作用显著提升，科学普及与科技创新同等重要的制度安排基本形成，科普工作和科学素质建设体系优化完善，全社会共同参与的大科普格局加快形成，科普公共服务覆盖率和科研人员科普参与率显著提高，公民具备科学素质比例超过 15%，全社会热爱科学、崇尚创新的氛围更加浓厚。到 2035 年，公民具备科学素质比例达到 25%，科普服务高质量发展能效显著，科学文化软实力显著增强，为世界科技强国建设提供有力支撑。

● 政协委员提案答复

4.《关于政协第十四届全国委员会第二次会议第 00607 号（科学技术类 032 号）提案答复的函》（2024 年 8 月 12 日）

　　党的十八大以来，以习近平同志为核心的党中央从实现高水平科技自立自强、建设世界科技强国的全局和战略高度，对科技创新和科学普及作出一系列重大决策部署。习近平总书记强调，要"坚持创新在我国现代化建设全局中的核心地位"，明确提出"科技创新、科学普及是实现创新发展的两翼，要把科学普及放在与科技创新同等重要的位置"，为我国新时代科普工作提供了根本遵循，指明了发展方向。

　　科技部会同各有关部门、各地认真贯彻落实习近平总书记重要指示批示和党中央决策部署，不断完善科普工作法律法规和体制机制，积极建设重大科普活动平台，培育多样化的科普队伍和工作体系，推动科学普及与科技创新同频共振。据统计，2022 年全国科普经费筹集规模为 191 亿元，共有科普专兼职人员 199.67 万人，科技馆和科学技术类博物馆 1683 个，科普网站近 2000 个，科普类微信公众号 8000 余个；出版科普图书 1.15 万种，发行 1.04 亿册；各类科普活动吸引超过 28 亿人次参加，全国科普工作呈现蓬勃发展的局面。

　　一、相关工作进展

　　（一）关于完善顶层设计，进一步加强科技创新与科学普及同等重要的制度保障。一是推动《中华人民共和国科学技术普及法》（以下简称《科普法》）修订，深入贯彻落实习近平总书记关于科学普及与科技创新同等重要的重要指示精神，将其上升固化为法律条款，明确新时代科普工作的定位和方向，强化各主体工作责任，加强科普人才队伍建设，支持开展科普活动，强化科普事业保障举措，目前正在按程序报批。① 二是我国科普事业顶层设计日趋完善。2021 年，国务院印发《全民科学素质行动规划纲要（2021—2035 年）》。2022 年，中央办公厅、国务院办公厅印发《关于新时代进一步加强科学技术普及工作的意见》，进一步明确新时代科普发展的战略任务和使命导向；科技部、中央宣传部、中国科协印发《"十四五"国家科学技术普及发展规划》。2023 年，国家自然科学基金委印发《国家自然科学基金委员会关于新时代加强科学普及工作的意见》。三是完善科普工作体制机制。2022 年，全国科普工作联席会议制度重新修订，明确 41 个中央部门作为成员单位共同推进我国科普事业。公民科学素质纲要办公室统筹协同 35 个部门成员，支持和指导全国学会发挥智力优势，充实社会科普力量。

（二）关于强化科普的价值引领功能。一是加强顶层设计。《关于新时代进一步加强科学技术普及工作的意见》明确提出，科普工作要坚持党的领导，把党的领导贯彻到科普工作全过程，突出科普工作政治属性，强化价值引领，践行社会主义核心价值观，大力弘扬科学精神和科学家精神。二是强化任务部署。《"十四五"国家科学技术普及发展规划》，从着力塑造时代新风、加强科普领域舆论引导、大力弘扬科学精神和科学家精神等方面强化新时代科普工作价值引领工作部署，不断加大科普优质内容供给，净化网络科普生态，积极推动把科学精神和科学家精神融入创新实践。三是抓好平台建设。深入贯彻落实习近平总书记关于"大思政课"的重要指示精神，教育部、科技部共同命名 92 个科

---

① 《中华人民共和国科学技术普及法》已由中华人民共和国第十四届全国人民代表大会常务委员会第十三次会议于 2024 年 12 月 25 日修订通过，2024 年 12 月 25 日公布，自公布之日起施行。

学精神教育实践基地。中国科协等部门联合认定287个科学家精神教育基地，深入开展科学道德和学风建设宣讲教育。教育部、中国科协印发《"科学家（精神）进校园行动"实施方案》，用新时代科学家精神铸魂育人。教育部、全国妇联、中国科协、中央广播电视总台印发《关于开展"科普进万家行动"的通知》，切实发挥校外教育阵地作用，大力弘扬科学精神和科学家精神。

（三）关于激发科研工作者投身科普。一是积极拓展科研人员投身科普的职业发展路径。2023年，中国科协首次试点开展在京中央单位自然科学研究系列科普专业职称评审。北京、安徽、甘肃、贵州、广西、四川、青海等地开展了科普职称评定的有益探索。二是加强表彰和典型选树宣传。科技部自1996年起，每3年开展一次全国科普工作先进集体和先进工作者表彰；中国科协自2011年起，每5年开展一次全民科学素质工作先进集体和先进个人评选表彰；中国科协自2015年起，每年开展"典赞·科普中国"活动，广泛调动社会各方面力量参与科普工作。三是广泛调动科研人员参与科普的积极性。科技部每年组织全国科普讲解大赛、全国科普实验展演汇演、全国科普微视频大赛、全国优秀科普作品推荐等活动，鼓励和支持科研人员参与科普。中国科协实施科普中国星空计划、科普短视频创作联合行动、"科普中国高校行"行动，积极培育青年科技科普人才。

（四）关于构建中国式科学教育新体系大格局。2023年教育部等十八部门联合印发《关于加强新时代中小学科学教育工作的意见》，系统部署在教育"双减"中做好科学教育加法，支撑服务一体化推进教育、科技、人才高质量发展。一是改进学校教学与服务。引导教师注重启发式、互动式、探究式教学，推动学生开展研究型、任务型、项目化、问题式、合作式学习。改进和强化实验教学，强化学生实践操作、情境体验、探索求知、亲身感悟和创新创造。丰富课后服务活动，加强学生动手实践与探索，增强创新意识和能力。加强师资队伍建设，教育部印发《关于加强小学科学教师培养的通知》，强化科学教师培养协同机制保障。教育部、中国科学院、中国科协联合印发《关于做好2023年下半年全国中小学教师科学素质提升培训工作的通知》，大力提升中小学科学类课程教师能力素质。二是用好社会大课堂。教育部确定125个全国中小学科学教育实验区和994所实验校，形成25个实验区协同组和50个实验校协同组，构建大中小学段纵向贯通、校内校外横向联动的发展格局；确定184个中小学人工智能教育基地，推动中小学人工智能教育深入开展；发挥国家中小学智慧教育平台作用，充实"科学公开课"。2023年，全国1032座次科技馆服务3877万人次青少年，全国科普教育基地开展了663项不同主题、形式多样的青少年科技活动；教育部、中国科协开展青少年高校科学营活动，1万余名海峡两岸及港澳青少年参与。2024年寒假，教育部会同自然资源部等部门联合发放"新春礼包"，动员各地300余家科学教育场馆基地开展科学类主题教育活动。三是推动科技资源科普化。印发《教育部重点实验室建设与运行管理办法》，推动高校重点实验室面向社会开放运行。制定《教育部重点实验室评估规则》，把向社会公众开放等情况纳入实验室评估指标体系。教育部、中国科协首次开展中小学生科学素质调查监测，深入了解我国中小学生科学素质建设情况。中国科协实施"中学生英才计划"、"大手拉小手"科普报告汇、全国青少年科技创新大赛等活动。

（五）关于加强开放合作，发挥科普的桥梁作用。一是举办"一带一路"科普国际交流活动。科技部每年举办"一带一路"科普交流活动，与"一带一路"沿线国家科技场馆和专家互动交流。中国科协推动流动科技馆、科普大篷车等科普设施服务"一带一路"沿线国家。二是搭建科普国际交流合作平台。中国科协举办五届世界公众科学素质促进大会，2018年举办首届大会时，习近平总书记向大会致贺信；推动建设世界公众科学素质组织，已有24个国家36个组织参与筹建。

二、下一步工作考虑

……

（一）进一步深化对"科学普及与科技创新同等重要"的认识。持续推动各地方各相关部门不断深化思想认识，学深悟透习近平总书记关于科学普及工作的重要指示精神，贯彻落实党的二十大和二中、三中全会精神以及全国科技大会重要部署，从政治高度牢牢把握新时代科普工作方向，明确新时代科普工作要求。一是引导科普工作聚焦"四个面向"和高水平科技自立自强，推动构建创新发展的重要一翼，全面提高全民科学素质，厚植创新沃土，以科普高质量发展更好服务党和国家中心工作。二是推动科普工作融入经济社会发展各领域各环节，加强协同联动和资源共享，构建政府、社会、市场等协同推进的社会化科普发展格局。三是推进科普供给侧改革，破除制约科普高质量发展的体制机制障碍，创新科普内容、形式和手段。

（二）加强科普人才队伍建设。一是建立健全科普培训体系，研究制定科普工作者能力提升培训大纲，广泛开展科普从业人员培训。研究制定科普工作业绩评价标准，鼓励和督促用人单位把科普工作成效作为职工职称评聘、业绩考核的指标，畅通科普工作者的职业发展通道。二是推动建设科普人才大数据平台，建立涵盖科普创作、活动策划、咨询服务等各领域专业人才的科普专家库。三是引导科技工作者投身科普事业。积极动员科技工作者开展科普志愿服务，加强科普志愿者组织和队伍建设。充分发挥老科技工作者科普作用，积极推广"老科学家科普演讲团"成功经验。四是完善科普奖励激励机制。对在科普工作中作出突出贡献的单位和个人按照国家有关规定给予表彰，继续开展全国科普工作先进集体、先进工作者等表彰工作。推动把科普工作成效作为科技人才计划评审的重要参考。

（三）持续完善科学教育体系。认真落实《关于加强新时代中小学科学教育工作的意见》要求，在课程资源开发、教师队伍建设、教学方式变革、教育评价改革、场所场景构建、社会力量整合等重点领域和关键环节发力，推进学校主阵地与社会大课堂有机衔接，为中小学生提供更加优质的科学教育，全面提高学生科学素质，培育具备科学家潜质、愿意献身科学研究事业的青少年群体。

（四）加强科普交流与合作。一是加强与各地各部门交流，定期组织召开研讨会、现场会、片区会等。积极推动建设东西部科普工作帮扶机制，引导优质科普资源向欠发达地区流动。二是积极推动科普国际交流合作作为科技国际交流的重要内容，支持中国科协等部门加入或牵头创建国际性科普组织。加强与共建"一带一路"国家的科普交流合作，办好"一带一路"科普交流示范活动。三是持续推进内地与港澳地区科普交流与合作，支持澳门特别行政区举办科技活动周，协助香港特别行政区举办创科博览。支持港澳地区参加全国科普讲解大赛、全国科普微视频大赛等重点示范活动。

第二条 适用范围

本法适用于国家和社会普及科学技术知识、倡导科学方法、传播科学思想、弘扬科学精神的活动。

开展科学技术普及（以下简称科普），应当采取公众易于接触、理解、接受、参与的方式。

● 宪 法

1．《宪法》（2018 年 3 月 11 日）

第 24 条第 2 款　国家倡导社会主义核心价值观，提倡爱祖国、爱人民、爱劳动、爱科学、爱社会主义的公德，在人民中进行爱国主义、集体主义和国际主义、共产主义的教育，进行辩证唯物主义和历史唯物主义的教育，反对资本主义的、封建主义的和其他的腐朽思想。

● 部门规章及文件

2.《国家自然科学基金委员会关于新时代加强科学普及工作的意见》（2023 年 9 月 15 日）

科学普及（以下简称科普）是国家创新体系的重要组成部分，推动科普高质量发展是实现高水平科技自立自强的必然要求，是科学基金工作的重要内容，是作为国家重要科学资助机构必须履行的社会责任。党的十八大以来，国家自然科学基金委员会（以下简称自然科学基金委）高度重视发挥国家自然科学基金（以下简称科学基金）独特优势，推动基础研究的科普工作，在支持科研人员普及基础研究前沿科学知识、宣介科学基金资助政策和优秀成果、弘扬科学精神与科学家精神等方面取得一定成效，但在加大统筹力度、完善激励机制、强化内容建设、丰富传播手段、密切协作联动等方面还有待加强和完善。为全面加强科学基金科普工作，按照中共中央办公厅、国务院办公厅印发的《关于新时代进一步加强科学技术普及工作的意见》的工作部署，落实《全民科学素质行动规划纲要（2021-2035 年）》，对标新时代新征程对科普工作提出的新任务新要求，结合自然科学基金委工作实际，现提出以下意见。

一、总体要求

（一）指导思想。

以习近平新时代中国特色社会主义思想为指导，深入贯彻落实党的二十大精神和习近平总书记关于科技创新特别是关于科普工作的重要论述精神，牢牢把握"科技创新、科学普及是实现创新发展的两翼,要把科学普及放在与科技创新同等重要的位置"的战略定位,以让基础研究走进社会、让社会理解基础研究为主题,以科学基金资助创新项目资源科普化为主线,坚持大科普理念,面向科技界、面向青少年、面向社会,聚集各方力量,统筹普及基础研究前沿科学知识、弘扬科学精神和科学家精神、传播科学思想、倡导科学方法、宣传科学基金政策,加强科学基金科普能力建设,为大力营造有利于科学发展和提升全民科学素质的社会氛围,助力高水平科技自立自强,以中国式现代化推进中华民族伟大复兴提供有力支撑。

(二)工作原则。

1. 坚持党的领导。强化政治引领,自觉立足于深入实施科教兴国战略、人才强国战略、创新驱动发展战略的总体部署,深刻认识科学基金科普工作对于建设世界科技强国的重要支撑作用,坚持把党的全面领导贯穿到科学基金科普工作的全过程。

2. 强化政策引领。体现科学基金作为基础研究资助主渠道的独特优势,挖掘科学基金项目蕴含的宝贵科普资源,完善项目支持、平台扶持、奖励加持等管理机制,发挥好政策的价值驱动和激励牵引作用,进一步激发科技界开展科普工作的内生动力。

3. 注重内容建设。充分调动科研人员和依托单位的积极性,以科学基金资助成果和创新故事为抓手,广泛宣传科学基金项目实施中产生的前沿知识、创新思想、科学方法、科学精神和科学家精神,以身边人身边事增强科学基金故事的鲜活感和时代感。

4. 提升传播效能。把握融媒体传播的特点,采用与传播内容相适宜的宣传载体和传播渠道,提升受众的满意度。坚持用好传统媒体深度解读,打造科学基金科普精品。及时跟踪适应时代需求的传播方式,不断丰富传播手段。实现可交互智能评价,及时掌握传播效果,不断优化传播矩阵。

5. 保障科技安全。做好保密审查,增强科普领域风险防控意识,强化科普舆论阵地建设和监管。加强科技伦理的宣传、普及和教育,对存在公众认知差异、可能带来科技伦理挑战的科研活动,依托单位和科研人员应主动引导公众科学对待、不断推动科技向善。

二、多措并举,加强科学基金科普能力建设

(三)加强项目支持。

一是分类实施科普引导政策。针对重大项目、重大研究计划、创新研究群体项目、国家重大科研仪器研制项目和基础科学中心项目等资助强度较大的项目类型,应当围绕项目实施开展科普工作。针对面上项目、青年科学基金项目和地区科学基金项目等资助强度较小的项目类型,鼓励科研人员在做好科研工作的同时积极开展科普工作,将科普成果列入项目成果中。二是加强科学部科普类项目集成展示和运用。各科学部在专项中设立科普类项目,定期发布项目申请指南,组织有学科领域特色的科普相关理论研究与实践活动。科学传播与成果转化中心(科学基金杂志社)(以下简称科学传播与成果转化中心)与科学部协同发力,及时跟踪科普类项目实施进展,加强对科学基金优秀科普成果宣传推介。三是加大国际合作与交流科普类项目的支持力度。策划组织国际科普活动,支持科研人员积极加入或牵头创建国际性科普组织,推动国内外优质科普资源的交互与共享。四是设立资助创新项目资源科普化的专项经费。对各科学部推荐的具有代表性的科学基金创新成果,科学传播与成果转化中心进一步遴选并开展专业化的科普策划制作,培育科学基金科普品牌,扩大科学基金的社会影响力。

(四)打造"科学基金科普在行动"品牌。

一是加强选题策划。聚焦"四个面向",围绕自然科学基金委重要活动和重要事件、社会关注的科技热点,有针对性地普及科学基金项目产生的最新前沿研究成果,正面宣传与辟谣纠错双管齐下,策划制作高质量科普作品,提高科学基金科普成果宣传的成效。二是组织作品评选。充分调动依托单位的积极性,激活依托单位的科学基金项目科普资源,组织基础研究科普作品评选奖励活动,展现依托单位社会责任围绕科学基金科普工作同向发力。三是举办科普活动。围绕全国科技活动周、全国科普日、全国科技工作者日等重大活动,依托已有项目科普成果、科普类项目或各级科普教育基地,探索将科普与乡村振兴等相结合,组织线上线下相结合的科普活动。开展"科普报告进校园"活动,提升青少年群体的科学兴趣,培育潜在的基础研究人才队伍。

(五)构建科普宣传矩阵。

一是巩固提升现有平台传播力。充分发挥现有传播平台的影响力,提升科普精度,强化科普深度。继续做好自有期刊和有长期合作关系传统媒体的相关工作。进一步开辟与其他传统媒体科普合作的新路径。二是不断探索新媒体开发模式。探索开设各类新媒体账号,拓展科普广度,加大科普力度。搭建新媒体科普专用平台,加强科学基金科普作品的展示、交流和互动。

三、树立大科普理念,提升科学基金资助创新项目资源科普化效能

(六)强化科普协作联动。

一是搭建自然科学基金委和依托单位的交汇机制。加强科普政策宣贯,增强依托单位科普意识,充分发挥依托单位的组织优势和主动作用,支持依托单位引导科研人员开展高质量科普工作。二是加强与教育部、科学技术部、中国科学技术协会、中国科学院、中国工程院等部门的沟通协作,做好政策衔接,交流科普工作经验,推动高端科普资源共建共享。

(七)促进成果应用贯通。

一是推进开放获取仓储平台(OAR平台)建设,提升OAR平台的服务能力,加强对科学基金资助成果的传播共享。二是完

善成果转化平台建设，适时将科学基金资助成果转化为科普化表述，强化对成果的推广普及，促进成果的应用落地与转移转化。

四、加强组织领导，为科学基金科普工作提供有力支撑

（八）完善组织体制。

党组定期研究落实党中央有关科普政策和上级部门部署的科普工作要求。由办公室（科研诚信建设办公室）牵头，将科普工作和宣传工作统筹协调，落实党组的科普工作部署，研究拟订自然科学基金委年度科普工作计划，组织制定科普政策、办法、实施意见等规范性文件，研究解决科普工作中的重大问题，协调推进科普工作，统计重要科普活动及成果，定期向党组汇报科普工作重要事项。

（九）塑造齐抓共管合力。

各部门要充分认识科普工作的重要性，认真落实党组推进科学基金科普工作的各项要求，进一步加强本部门科普工作主动性，将科普工作作为部门重点工作，与其他工作同部署、同落实、同检查、同考核。部门内设置一名科普工作联络员，负责切实做好本部门科普工作的联络等事宜。

（十）充分发挥科学传播与成果转化中心的承接主体作用。

科学传播与成果转化中心要牢固树立服务意识，主动靠前服务，不断提升科普工作组织能力和策划能力，加强在科普活动品牌、科普内容创作、科普平台、科普组织模式等方面的研究和实践，全力承担科普委托任务，组织和推动依托单位和科研人员积极主动开展科学基金资助成果科普工作，为科学基金资助创新项目科普化提供政策指导和服务保障。

（十一）加强科普队伍建设。

一是推动科普人才库建设。依托自然科学基金委基础研究人才优势，组建基础研究科普人才库，为科学基金科普工作提供高质量的科普人才资源。二是加强科普素质能力培训。加强与科普

专业机构的合作，定期开展面向各部门、依托单位和科研人员的科普专业技能培训。

（十二）构建评价激励机制。

一是自然科学基金委将科普工作纳入年终考核要求，对科普工作成效显著的部门和工作人员予以表彰奖励，树立先进典型和榜样，提升科普工作的荣誉感和获得感。二是将依托单位开展科普工作的相关情况纳入"国家自然科学基金管理工作先进依托单位"的评价指标。三是探索对开展科普工作积极主动、科普内容丰富、方法新颖、成效卓著的依托单位和科研人员予以表彰奖励。

● 人大代表建议答复

3.《对十四届全国人大一次会议第3971号建议的答复》（2023年8月13日）

一、关于加大抗衰老理念宣传力度，提升居民抗衰老认知

根据《国家老龄事业发展公报》，我国65周岁及以上老年人口2.056亿人，占比14.2%。人口老龄化对中国社会经济的发展产生了深远影响。中医药对抗衰老相关的研究有着悠久的历史并积累了丰富的医学经验，受到老年人普遍欢迎，在老年人健康维护、疾病预防和身体康复中始终发挥着重要作用。2016年以来，我局联合多部委建立健全全国中医药健康文化知识普及工作及中国公民中医药健康文化素养水平监测机制，持续监测发布全国中医药健康文化知识普及工作情况及中国公民中医药健康文化素养水平。2022年经国家统计局审批，正式建立中国公民中医药健康文化素养调查制度，成为中医药专项调查制度。同年我局会同国家卫生健康委办公厅印发《关于印发加强中医药老年健康服务工作实施方案的通知》，要求做好老年人中医药健康管理和宣传教育工作。优化中医药健康管理服务，加强中医药健康管理服务规范和技术规范培训和指导，围绕老年人、慢病管理等提升中医药

健康管理服务能力，提高中医药健康管理率，扩大目标人群覆盖面。

我局长期重视官方微信"中国中医"的科普内容建设，2021年以来，"千名医师讲中医"活动累计推出中医药科普微视频900余个、科普文章1600余篇，开展线上直播27期，全平台播放量超千万，与"学习强国"平台合作开设中医药栏目，会同中央媒体共同建设"中医"频道，指导各地中医药机构开通微信、微博账号，发挥新媒体传播便捷快速的优势，传播推广中医养生保健理念和技能。持续开展中医药文化科普巡讲专家遴选培训工作，现已建成2300余人的国家级、省级中医药文化科普巡讲专家队伍，在深入基层开展中医药健康教育、讲授传播中医药养生保健方法等方面发挥了积极作用。2023年6月，我局印发了《关于进一步加强中医药科普工作的实施方案》，初步构建起行业参与、协同联动的中医药科普工作新格局。通过举办大型主题宣传、健康文化知识大赛、科普巡讲、进校园等活动积极传播中医治未病理念，普及老年群体健康养生等科普知识，让群众了解常用中医养生保健方法，促成养成健康生活方式……支持推动各省（区、市）按照《中医药健康文化知识角建设指南》，在公立中医医院、基层医疗卫生机构中医综合服务区（中医馆、国医堂）等建设2万余个中医药健康文化知识角，把科学、实用的中医药养生保健知识送到群众身边。

第三条 坚持党的领导

坚持中国共产党对科普事业的全面领导。

开展科普，应当以人民为中心，坚持面向世界科技前沿、面向经济主战场、面向国家重大需求、面向人民生命健康，培育和弘扬创新文化，推动形成崇尚科学、追求创新的风尚，服务高质量发展，为建设科技强国奠定坚实基础。

● 宪　法

1. 《宪法》（2018 年 3 月 11 日）

　　第 1 条　中华人民共和国是工人阶级领导的、以工农联盟为基础的人民民主专政的社会主义国家。

　　社会主义制度是中华人民共和国的根本制度。中国共产党领导是中国特色社会主义最本质的特征。禁止任何组织或者个人破坏社会主义制度。

● 法　律

2. 《科学技术进步法》（2021 年 12 月 24 日）

　　第 2 条第 1 款　坚持中国共产党对科学技术事业的全面领导。

● 行政法规及文件

3. 《关于新时代进一步加强科学技术普及工作的意见》（2022 年 9 月 4 日）

　　一、总体要求
　　……

　　（二）工作要求。坚持党的领导，把党的领导贯彻到科普工作全过程，突出科普工作政治属性，强化价值引领，践行社会主义核心价值观，大力弘扬科学精神和科学家精神。坚持服务大局，聚焦"四个面向"和高水平科技自立自强，全面提高全民科学素质，厚植创新沃土，以科普高质量发展更好服务党和国家中心工作。坚持统筹协同，树立大科普理念，推动科普工作融入经济社会发展各领域各环节，加强协同联动和资源共享，构建政府、社会、市场等协同推进的社会化科普发展格局。坚持开放合作，推动更大范围、更高水平、更加紧密的科普国际交流，共筑对话平台，增进开放互信、合作共享、文明互鉴，推进全球可持续发展，推动构建人类命运共同体。

　　……

● 部门规章及文件

4.《"十四五"国家科学技术普及发展规划》（2022年8月4日）

习近平总书记强调，"科技创新、科学普及是实现创新发展的两翼，要把科学普及放在与科技创新同等重要的位置"。为深入贯彻落实习近平总书记关于科普工作的重要指示精神，落实党中央、国务院有关决策部署，推进新时代科普事业发展，依据《中华人民共和国科学技术普及法》《中华人民共和国国民经济和社会发展第十四个五年规划和2035年远景目标纲要》《全民科学素质行动规划纲要（2021—2035年）》，编制《"十四五"国家科学技术普及发展规划》，作为"十四五"科技创新领域专项规划之一，明确"十四五"时期国家科学技术普及发展的指导思想、主要目标、重要任务和保障措施。

一、成效与需求

（一）"十三五"期间科普工作成效显著。

"十三五"期间，党中央、国务院高度重视科学技术普及工作，中国特色科普理念不断提升并丰富发展，创新文化建设深入推进，我国科普事业取得新的显著成效。初步形成政府主导、社会参与、开放合作的协同工作体系，初步建立以《中华人民共和国科学技术普及法》为核心的政策法规体系；公民科学素质不断提升，"十三五"期末，具备科学素质的公民比例已达到10.56%，实现"十三五"科普规划确定的超过10%目标；科普经费投入稳定增长，2020年，全社会科普经费筹集额171.72亿元，比2015年增长21.6%，科普经费以政府投入为主，发挥了重要引领和支撑作用；科普场馆数量稳步增加，全国共有科技馆、科学技术类博物馆1525个，比2015年增加21.2%；以多媒体手段尤其是新媒体技术为支撑的科普传播更加广泛。全国共有科普网站2732个，科普类微博4834个，发文量200.82万篇，阅读量达到160.90亿次，科普类微信公众号9612个，发文量

138.68万篇，阅读量达到28.04亿次。

我国的科普事业取得了长足发展，但是与党中央、国务院的要求及人民群众的需求相比还存在较大差距，主要表现在：部分地方党委政府对科普工作重要性认识不到位；科普组织体系和协调机制不健全，社会力量的作用发挥不够充分，科普工作的长效机制尚未完全建立；科普投入相对较低，科普基础设施较为薄弱，鼓励和支持社会力量投入科普的政策举措不足；对公众关注的热点科技问题、社会突发科技事件响应不足；科普工作的覆盖面、渗透度与影响力仍然有限，科普推动经济社会发展的作用不明显，科普绩效有待提高；科普工作手段有待进一步创新。

（二）科普工作面临新需求。

当今世界正经历百年未有之大变局，新一轮科技革命和产业变革深入发展，我国转向高质量发展阶段。在新发展阶段、新发展理念、新发展格局下，科普工作应当坚持以人民为中心的发展思想，普及科学知识、弘扬科学精神、传播科学思想、倡导科学方法，在全社会大力营造崇尚科学和鼓励创新的风尚。要推动科普工作改革创新，持续提升科普能力，强化科普价值引领，牢牢把握科技解释权。要推动科学普及与科技创新协同发展，持续提升公民科学素质，为实现高水平科技自立自强厚植土壤、夯实根基。

二、原则和目标

（一）指导思想。

以习近平新时代中国特色社会主义思想为指导，深入贯彻党的十九大和十九届历次全会精神，深入贯彻落实习近平总书记关于科普工作的重要指示精神，坚持把科学普及放在与科技创新同等重要的位置，紧密围绕经济社会发展和人民群众需求，深入实施《中华人民共和国科学技术普及法》，积极推进《全民科学素质行动规划纲要（2021—2035年）》，坚持面向世界科技前沿、面向经济主战场、面向国家重大需求、面向人民生命健康，弘扬科学精神，普及科学技术知识，大力加强国家科普能力建设，共享科技创新成果，为建设世界科技强国提供强有力支撑，助力实现中华民族伟大复兴的中国梦。

（二）基本原则。

坚持党的领导。强化科普工作的价值引领，坚定维护党中央权威和集中统一领导，坚持党的基本理论、基本路线、基本方略，坚定正确政治方向，践行社会主义核心价值观。

坚持使命导向。服务国家发展大局，着力弘扬科学精神、提升公民科学素质，引导科普工作聚焦"四个面向"和高水平科技自立自强，构建创新发展的重要一翼，以科普高质量发展更好服务和融入新发展格局。

坚持改革创新。深入推进科普理念创新、内容创新、手段创新和机制创新，深化科普供给侧、需求侧改革，畅通科普渠道，健全科普工作体制机制，激发全社会开展科普的活力，全面推动科普工作现代化。

坚持全面融合。加强系统谋划和顶层设计，完善科普法律法规政策体系，推动科普工作与科技创新、经济社会发展和国家安全各环节紧密融合，形成全社会共同推动、各部门协同联动的科普事业发展新格局，全面发挥科普的基础支撑作用。

（三）主要目标。

"十四五"科普发展的总体目标是：科普在贯彻落实创新驱动发展战略、推动科技创新发展过程中的作用显著提升，科普法规、政策、工作体系更加健全，全社会共同推动科普的氛围加快形成，科普公共服务覆盖率和科研人员科普参与率不断提高，我国公民具备科学素质的比例显著提升。

到2025年，公民具备科学素质的比例超过15%；多元化科普投入机制基本形成，在政府加大投入的同时，引导企业、社会团体、个人等加大科普投入；科普人员数量持续增长，结构不断优化；科普设施布局不断优化，鼓励和支持建设具有地域、产业、学科等特色的科普基地，创建一批全国科普教育基地，提高科普基础设施覆盖面。

第四条 科普与创新

> 科普是国家创新体系的重要组成部分，是实现创新发展的基础性工作。国家把科普放在与科技创新同等重要的位置，加强科普工作总体布局、统筹部署，推动科普与科技创新紧密协同，充分发挥科普在一体推进教育科技人才事业发展中的作用。

● 行政法规及文件

1.《关于新时代进一步加强科学技术普及工作的意见》（2022年9月4日）

　　四、促进科普与科技创新协同发展

　　（十九）发挥科技创新对科普工作的引领作用。大力推进科技资源科普化，加大具备条件的科技基础设施和科技创新基地向公众开放力度，因地制宜开展科普活动。组织实施各级各类科技计划（专项、基金）要合理设置科普工作任务，充分发挥社会效益。注重宣传国家科技发展重点方向和科技创新政策，引导社会形成理解和支持科技创新的正确导向，为科学研究和技术应用创造良好氛围。

　　……

● 部门规章及文件

2.《"十四五"国家科学技术普及发展规划》（2022年8月4日）

　　三、重要任务

　　……

（四）推动科学普及与科技创新协同发展。

充分调动科技工作者参与科普工作的积极性。科研机构要通过政策引导、经费支持、激励考核等措施调动科技工作者参与科普工作的积极性，强化对科普工作的使命感和责任感，为开展科普提供必要的保障和支持。科技工作者要通过撰写科普文章、举办科普讲座、参与科普活动、翻译国外科普作品等多种形式开展科普。支持科学家运用专业特长，针对社会关注热点、突发事件和公众疑惑进行权威解读。

持续推进科技创新资源科普化。围绕科技强国建设的重大成就、重大政策、重点发展领域开展科普宣传，提升公众对新技术、新产业、新业态的认知水平，引导社会形成理解和支持科技创新的正确导向。聚焦前沿技术领域创作优秀科普作品。加强顶层设计，压实承担国家科技计划的科研单位、科研人员的科普责任，推动各级各类科技计划（项目、基金）合理设置科普工作任务和考核指标，强化科普内容产出。增强适宜开放的重大科技基础设施、科技创新基地、天文台、植物园、标本馆、地震台（站）等科研设施科普功能，在保证科研工作任务的前提下，增加向公众开放时间，因地制宜开展科普活动。鼓励新建科研设施一体考虑、同步规划科普功能。

聚焦科技前沿开展针对性科普。针对新技术新知识开展前瞻性科普，促进公众理解和认同，推动技术研发与应用。面向关键核心技术攻关，聚焦国家科技发展的重点方向，强化脑科学、量子计算等战略导向基础研究领域的科普，引导科研人员从实践中提炼重大科学问题，为科学家潜心研究创造良好氛围。发挥广大科研人员的科普积极性，引导社会形成理解和支持科技研发的正确导向。

发挥科普对于科技成果转化促进作用。围绕科技成果开发系列科普产品，运用科普引导社会正确认识和使用科技成果，通过科普加快科技成果转化。鼓励科技企业、众创空间、大学科技园等创新载体和专业化技术转移机构结合科技成果转化需求加强科普功能。依托科技成果转移转化示范区、高新技术产业开发区等，搭建科技成果科普宣介平台。鼓励在科普中率先应用新技术，打造应用场景，营造新技术应用良好环境。

抓好科技伦理宣传。开展面向社会公众的科技伦理宣传，推动公众提升科技伦理意识，理性对待科技伦理问题。鼓励科技人员就科技创新中的伦理问题与公众交流。对存在公众认知差异、可能带来科技伦理挑战的科技活动，相关单位及科技人员等应加强科学普及，引导公众科学对待。新闻媒体应自觉提高科技伦理素养，科学、客观、准确地报道科技伦理问题，同时要避免把科技伦理问题泛化。鼓励各类学会、协会、研究会等搭建科技伦理宣传交流平台，传播科技伦理知识。

……

3.《"十四五"中医药科技创新专项规划》（2022年9月2日）

五、保障措施

……

（三）完善平台，强化支撑。

持续改善科研条件，强化需求导向，将中医药科技创新平台充分融入国家科技创新基地体系，加强中医药领域全国重点实验室、国家技术创新中心、国家临床医学研究中心等多学科融合的科研平台建设，支撑中医药创新发展。

……

（五）加强科普，促进传播。

形成推动中医药科普与文化传播的强大合力，建立政府主导、部门协作、专家把关、媒体参与的工作机制，加大对中医药文化的宣传力度，加强和规范中医药知识普及，营造珍视、热爱、发展中医药的社会氛围。

第五条 科普的重要性

> 科普是公益事业，是社会主义物质文明和精神文明建设的重要内容。发展科普事业是国家的长期任务，国家推动科普全面融入经济、政治、文化、社会、生态文明建设，构建政府、社会、市场等协同推进的科普发展格局。
>
> 国家加强农村的科普工作，扶持革命老区、民族地区、边疆地区、经济欠发达地区的科普工作，建立完善跨区域科普合作和共享机制，促进铸牢中华民族共同体意识，推进乡村振兴。

● 宪 法

1.《宪法》（2018年3月11日）

第119条 民族自治地方的自治机关自主地管理本地方的教育、科学、文化、卫生、体育事业，保护和整理民族的文化遗产，发展和繁荣民族文化。

● 法 律

2.《科学技术进步法》（2021年12月24日）

第6条第2款 国家加强跨地区、跨行业和跨领域的科学技术合作，扶持革命老区、民族地区、边远地区、欠发达地区的科学技术进步。

● 行政法规及文件

3.《关于新时代进一步加强科学技术普及工作的意见》（2022年9月4日）

五、强化科普在终身学习体系中的作用

……

（二十七）加强民族地区、边疆地区、欠发达地区科普工作。推广一批实用科普产品和服务，组织实施科技下乡进村入户等科普活动，引导优质科普资源向民族地区、边疆地区、欠发达地区流动，推动形成崇尚科学的风尚，促进铸牢中华民族共同体意识和巩固拓展脱贫攻坚成果。

4.《**全民科学素质行动规划纲要（2021—2035年）**》（2021年6月3日）

　　三、提升行动

　　……

　　（二）农民科学素质提升行动。

　　……

　　——实施乡村振兴科技支撑行动。鼓励高校和科研院所开展乡村振兴智力服务，推广科技小院、专家大院、院（校）地共建等农业科技社会化服务模式。深入推行科技特派员制度，支持家庭农场、农民合作社、农业社会化服务组织等新型农业经营主体和服务主体通过建立示范基地、田间学校等方式开展科技示范，引领现代农业发展。引导专业技术学（协）会等社会组织开展农业科技服务，将先进适用的品种、技术、装备、设施导入小农户，实现小农户和现代农业有机衔接。

　　——提升革命老区、民族地区、边疆地区、脱贫地区农民科技文化素质。引导社会科普资源向欠发达地区农村倾斜。开展兴边富民行动、边境边民科普活动和科普边疆行活动，大力开展科技援疆援藏，提高边远地区农民科技文化素质。提升农村低收入人口职业技能，增强内生发展能力。

　　……

　　四、重点工程

　　……

　　（二）科普信息化提升工程。

　　……

　　——实施智慧科普建设工程。推进科普与大数据、云计算、人工智能、区块链等技术深度融合，强化需求感知、用户分层、情景应用理念，推动传播方式、组织动员、运营服务等创新升级，加强"科普中国"建设，充分利用现有平台构建国家级科学传播网络平台和科学辟谣平台。强化科普信息落地应用，与智慧教育、智慧城市、智慧社区等深度融合，推动优质科普资源向革命老区、民族地区、边疆地区、脱贫地区倾斜。

……

● 部门规章及文件

5.《"十四五"国家科学技术普及发展规划》（2022 年 8 月 4 日）

  三、重要任务

  ……

  （三）推动科普工作全面发展。

  ……

  加强重点领域科普工作。满足人民群众对美好生活的需要，加大优质科普服务供给，提升公众应用科学知识提升生活质量的能力，促进全社会科学、文明、安全、健康的生活方式形成。围绕健康生活、公共安全、水安全、食品安全、乡村振兴、生物技术、自然资源、生态环境、气候变化、建筑科学、文化旅游、体育运动、交通运输、市场监管、计量标准、地震安全等专业领域，加强主题科普内容开发与推广，创作一批高水平的科普作品。调动行业部门积极性，挖掘行业科普资源，开展专题性、系列性科普活动。充分发挥行业学会、协会的联合协同作用，发展行业科普组织，形成高水平的行业科普队伍。

  ……

  加强针对社会热点的科普。探索建立社会热点科普响应机制，研究社会热点科普的主动推送解决方案，及时响应社会热点，第一时间发布权威科学解读信息，提升公众认知能力，做好舆论引导。鼓励和支持社会力量，围绕"碳达峰""碳中和"、信息技术、生物医药、高端装备、新能源、新材料、节能环保等公众关注度高的科技创新热点及科技政策法规有针对性地开展科普。

……

6. 《"十四五"生态环境科普工作实施方案》（2021年12月7日）

四、生态环境科学素质提升行动

……

（二）农民提升行动

30. 开展千乡万村生态环保科普行动。组织大学生志愿者利用寒暑假社会实践，进入千乡万村开展农村垃圾与污水治理、秸秆焚烧及综合利用、畜禽粪污治理及综合利用、农药化肥科学施用、村容村貌提升、饮用水安全保障、环境与健康等专题科普活动，着力改善农村人居环境。筛选一批优质活动案例和资源，加大宣传推广。

31. 实施科技助力乡村振兴行动。筛选和推广一批农村生态环境保护适用技术，组织专家深入农村一线开展农业面源污染防治、秸秆与畜禽粪污治理及综合利用、农村环境综合整治、水产养殖尾水处理、有机食品等技术帮扶，帮助地方制定生态产品价值转化技术方案，巩固生态脱贫攻坚成果，推进农业绿色发展，助力乡村生态振兴。加大对边远贫困地区、边疆民族地区和革命老区的科技帮扶力度。

7. 《科技部办公厅关于配合开展科学技术普及法执法检查工作的通知》（2022年4月11日）

二、重点检查内容

（一）科普工作在推动经济社会发展、科技强国建设中发挥作用的情况。包括科普对提高公民科学素质发挥作用的情况；科普在促进科技创新和实施创新驱动发展战略中发挥作用的情况；

科普参与疫情防控、脱贫攻坚、乡村振兴的经验做法；支持社会力量按照市场机制兴办科普产业，推动科普事业改革发展的情况等。

（二）政府领导、组织管理科普工作的情况。包括科普工作纳入国民经济和社会发展规划的情况；政府建立科普工作协调制度，优化配置科普资源的情况；政府部门按照各自职责范围开展科普工作，构建协同共建的科普管理与运行机制的情况；科协在科普工作中发挥主要社会力量作用的情况等。

（三）社会各界共同承担科普传播任务的情况。包括各类学校及其他教育机构组织开展科普活动，与时俱进助力"双减"工作的情况；新闻出版、广播影视、综合性互联网站等单位发挥各自优势开展科普传播的情况；国家机关、事业单位、社会团体、企业结合各自工作特点开展科普活动的情况；加强科学生产、技术应用、文明生活等农村科普工作，扶持少数民族地区、边远贫困地区科普工作的情况等。

（四）科普经费保障和使用的情况。包括科普经费列入同级财政预算，逐步提高科普投入水平的情况；政府有关部门安排一定经费用于科普工作的情况；依法对科普事业实行税收优惠、设立科普基金、捐赠财产，构建多元化投入机制的情况；科普经费和资助财产管理使用的情况等。

（五）科普资源供给和提供服务的情况。包括科普场馆、设施建设纳入城乡建设规划和基本建设计划的情况；现有科普场馆、设施加强利用、维修和改造的情况；科普场馆向公众开放，组织开展科普教育活动的情况等。

（六）科普人才教育培养和队伍建设的情况。包括组织支持科技工作者和教师参与科普活动的情况；培养高素质科普专业、专职人员，财政投资建设科普场馆配备必要专职人员的情况；表彰奖励作出重要贡献的科普组织和个人的情况；探索完善科普工作者和科技工作者职称评定、激励机制的情况等。

（七）进一步完善科普法律规定的意见建议。包括法律在贯彻实施过程中存在的主要问题及原因分析；进一步促进科普工作创新发展的建议……

三、有关工作要求

（一）提高思想认识，强化工作举措。

科普法执法检查工作是贯彻落实习近平总书记关于科普工作重要指示精神的切实举措，是全国人大常委会履行宪法赋予的监督权的重要工作手段。各地方科技管理部门要切实提高思想认识，统筹各方力量抓好工作落实。相关地方科技管理部门要强化工作力度，调配业务骨干，成立工作专班，严格按照执法检查重点周密制定工作方案，切实做好执法检查各项工作。

（二）切实履行职能，主动担当作为。

相关地方科技管理部门要履行法定职责，主动牵头做好执法检查工作。要充分调动科协等部门积极性，全面梳理属地科研机构、社区、学校、企业、科技馆等相关单位科普工作情况，按照检查工作重点，科学制定检查路线，精心选择检查地点，认真准备座谈、调研点等相关汇报材料……

（三）认真总结梳理，及时形成报告。

相关地方科技管理部门要通过执法检查工作全面了解《科普法》贯彻实施情况，摸清社会团体、企事业单位、农村基层组织等社会各界的科普工作履职情况，总结和分析法律实施中存在的不足，提出修法意见建议，形成专门报告……

8.《"十四五"东西部科技合作实施方案》（2022年3月3日）

二、重点任务

……

（二）实施"科技援藏"，支撑建设美丽幸福西藏。

1. 构建青藏高原生态保护系统性技术解决方案。组织全国生态保护优势科研力量，加快实施第二次青藏高原综合科学考察，支持构建碳储量评估与碳中和监测体系，建设青藏高原综合科学研究中心和科学数据中心，联合开展西藏脆弱生态保护研究及衍生产业培育，形成生态保护系统性技术解决方案，提升西藏可持续发展科技支撑能力。

2. 加快西藏特色农牧业科技成果转化。支持西藏联合中国农业科学院、行业龙头企业等组建创新联合体，共同开展青稞、牦牛等特色农牧业应用基础研究、技术开发、成果转化，共建青稞和牦牛种质资源与遗传改良国家重点实验室，提高西藏现代化育种、健康种养殖、高附加值农产品开发能力，促进西藏特色农牧业高质量发展。

3. 提升高原医学和藏医药创新发展水平。推动拉萨与东部地区创新型城市、国家高新区结对子，深化在高原医学和藏医药领域的产学研用合作，开展高原人群健康保障科研攻关，加强藏药材资源保护、藏药新药开发等研究，提升西藏临床医学水平和民族医药企业创新能力。开展科技兴藏人才培训和"科普援藏"，加大对西藏相关县对口帮扶力度。

……

9.《"十四五"生态环境科普工作实施方案》（2021 年 12 月 7 日）

科学技术普及是一项重要基础性社会工程。生态环境科普是宣传习近平生态文明思想，增强生态环境保护意识，提高全民科学素质，助力深入打好污染防治攻坚战，推进生态文明建设的重要手段。为做好"十四五"期间生态环境科普工作，制定本实施方案。

一、形势与需求

习近平总书记指出，科技创新、科学普及是实现创新发展的两翼，要把科学普及放在与科技创新同等重要的位置。"十三五"以来，生态环境科普工作认真贯彻习近平生态文明思想和"同等重要"指示精神，以支撑打好污染防治攻坚战、推进生态文明建设为目标，不断完善科普工作体制机制，创新科普工作方式方法，在科普制度建设、资源开发、基地创建、品牌活动创新、热点焦点问题专家解读等领域全面发力，形成了全媒体、全手段、全内容、全方位、良性互动的生态环境科普工作体系，促进了全社会生态环境保护意识和科学素质的整体提升，为传播习近平生态文明思想和打好污染防治攻坚战营造了良好的社会氛围。

生态环境科普工作尽管取得了显著进展，但依然存在诸多问题和不足，主要表现在：生态环境科普工作责任体系不够健全，横向互动、上下联动不足；优质生态环境科普产品供给能力尚待加强，科技资源科普转化机制不完善；生态环境科普传播公众影响力和精准性有待提升；全社会共同参与生态环境科普工作的激励机制不够完善；城乡、区域科普工作发展不平衡。

"十四五"时期，我国生态文明建设进入以降碳为重点战略方向、推动减污降碳协同增效、促进经济社会发展全面绿色转型、实现生态环境质量改善由量变到质变的关键时期，污染防治触及的矛盾问题层次更深、领域更广，要求也更高。人民群众对美好生活的向往和健康生活、科学生活的追求日益提升，面向美丽中国和世界科技强国建设，人才第一资源、创新第一动力的重要作用日益凸显，人的素质全面提升已成为先决条件，亟需深入推进生态环境科普工作，不断培育和厚植我国生态文化，提高全民生态环境科学素质与行动自觉，从知识普及向价值引领和能力养成过渡，促进人的全面发展，实现从"要我环保"到"我要环保"的转变。

二、总体要求

（一）指导原则

服务大局。以习近平新时代中国特色社会主义思想为指导，紧紧围绕党和国家生态文明建设大局，以提升公民生态环境科学素质、促进现代环境治理体系建设为目标，深化生态环境科普与科技创新、科学文化的全面深度融合，大力弘扬科学精神和科学家精神，支撑美丽中国和世界科技强国建设。

全民参与。坚持以人民为中心，把满足人民对美好生态产品的需要和增进民生福祉作为生态环境科普工作的出发点和落脚点，创新工作机制，充分调动全社会参与科普工作的积极性、主动性和创造性，实现生态环境保护全民参与、社会共治，构建环境治理全民行动体系。

创新引领。适应新形势新需求，以完善生态环境科普工作体系、提升生态环境科普能力为重点，强化新时代科普工作价值引领功能，推进科普政策制度、场馆建设、基地创建、内容创作、产品研发、传播路径方式、活动组织等全方位创新，扩大生态环境科普覆盖面和影响力。

务实高效。坚持面向基层一线和重点人群，精准把握公众真实需求，综合运用数字化、信息化、协同化、社会化等工作手段，及时开展跟踪评估，切实提高生态环境科普工作的质量和效益，更好地服务深入打好污染防治攻坚战和经济社会高质量发展。

（二）工作目标

到2025年，生态环境科普工作责任体系逐步完善、理念不断深化、方法持续创新、内容日益丰富、保障更加有力，公民生态环境科学素质显著提升，对生态环境保护和生态文明建设的支撑作用更加显著。具体目标：

——组建10支以上全国性生态环境科普专家团队；各省至少组建1支生态环境科普专家团队。每年培养优秀生态环境讲解员不少于100名。

——每年推出1-2个具有重大示范效应和影响的科技资源科普化案例。

——自主开发各类科普产品不少于 100 项，每年向全社会推介 10 部以上优秀科普作品。

——创建国家生态环境科普基地 40 家以上，实现省级全覆盖；省级生态环境科普基地逐步实现"一市一基地"全覆盖。

——面向重点人群分别打造 1 个生态环境科普活动品牌。

三、主要任务

（一）强化构建生态环境科普责任体系

1. 生态环境部门切实履行生态环境科普行政管理责任。各级生态环境部门安排专门部门负责科普工作；科普管理部门协调相关业务管理部门和单位建立健全生态环境科普工作联席会议机制，定期召开会议，将本地区的科普工作与业务管理工作同部署、齐推进、共落实。

2. 科研机构切实发挥科普资源供给作用。各级生态环境部门直属的科研、技术支撑类事业单位，生态环境部建设的国家环境保护重点实验室、工程技术中心、科学观测研究站等充分发挥科技创新优势，大力推进科技资源科普化，积极创作科普作品，研发科普产品，拓展科普服务。适时推进将科普工作纳入各类生态环境科研机构绩效考核。

3. 科技工作者积极发挥科普主力军作用。广大生态环境科技工作者要充分认识科普工作的重要性，切实增强科普工作的责任感和使命感，积极发挥科普工作主力军作用。各级生态环境部门的科技工作者发挥带头模范作用，自觉开展科技成果科普化工作，弘扬科学家精神，恪守科学道德准则，原则上每年从事科普工作的时间不少于 7 天。

4. 生态环境领域社会组织切实履行群众性科普的实施职责。各级环境科学学会切实开展科普理论研究，提升科普咨询与服务能力，动员广大科技工作者积极投身科普事业；鼓励环境保护基金会、生态文明研究与促进会、环境文化促进会、环保产业协会等社会组织积极开展科普工作,推动设立生态环境科普发展基金,引导社会资本积极支持科普产业发展壮大;鼓励各类社会化科普组织开展生态环境科普活动。

5. 各类学校、媒体和企业等机构积极履行生态环境科普社会责任。鼓励中小学强化青少年生态环境科学教育,积极开展课内外教学实践活动;鼓励高校加强生态环境科普学科建设,培养科普专业化和复合型人才;生态环境领域的电视、报刊、出版物及各类网络媒体加大生态环境科技传播力度,增强内容的科普属性,发挥示范引领作用;鼓励企业积极开展生态环境科普活动,创建科普基地,提高员工生态环境科学素质,企业公益性科普投入视同研发投入,享受相关税收优惠。

……

● **地方性法规及文件**

10.《广东省科学技术普及条例》(2021 年 5 月 26 日)

第 5 条　省人民政府应当加大对粤东粤西粤北地区、少数民族地区科普工作的扶持,优化区域科普资源配置,完善科普基础设施布局,促进地区之间科普合作和资源共享,统筹推进科普公共服务均衡协调发展和全民科学素质的提高。

> 第六条　**工作原则**
>
> 科普工作应当践行社会主义核心价值观,弘扬科学精神和科学家精神,遵守科技伦理,反对和抵制伪科学。
>
> 任何组织和个人不得以科普为名从事损害国家利益、社会公共利益或者他人合法权益的活动。

● **法　律**

1.《科学技术进步法》(2021 年 12 月 24 日)

第 98 条　国家加强科技法治化建设和科研作风学风建设,

建立和完善科研诚信制度和科技监督体系，健全科技伦理治理体制，营造良好科技创新环境。

● 行政法规及文件

2. 《关于新时代进一步加强科学技术普及工作的意见》（2022年9月4日）

五、强化科普在终身学习体系中的作用

……

（二十六）大力弘扬科学家精神。继承和发扬老一代科学家优秀品质，加大对优秀科技工作者和创新团队的宣传力度，深入挖掘精神内涵，推出一批内蕴深厚、形式多样的优秀作品，引导广大科技工作者自觉践行科学家精神，引领更多青少年投身科技事业。

……

3. 《全民科学素质行动规划纲要（2021—2035年）》（2021年6月3日）

四、重点工程

深化科普供给侧改革，提高供给效能，着力固根基、扬优势、补短板、强弱项，构建主体多元、手段多样、供给优质、机制有效的全域、全时科学素质建设体系，在"十四五"时期实施5项重点工程。

（一）科技资源科普化工程。

……

——强化科技工作者的社会责任。大力弘扬科学家精神，开展老科学家学术成长资料采集工程，依托国家科技传播中心等设施和资源，打造科学家博物馆和科学家精神教育基地，展示科技界优秀典型、生动实践和成就经验，激发全民族创新热情和创造活力。加强科研诚信和科技伦理建设，深入开展科学道德和学风建设宣讲活动，引导广大科技工作者坚守社会责任，自立自强，建功立业，成为践行科学家精神的表率。通过宣传教育、能力培训、榜样示范等增强科技人员科普能力，针对社会热点、焦点问题，主动、及时、准确发声。

……

● 部门规章及文件

4.《"十四五"国家科学技术普及发展规划》（2022年8月4日）

三、重要任务

面对新形势、新任务、新要求，根据发展目标，"十四五"期间重点实施以下任务。

（一）强化新时代科普工作价值引领功能。

着力塑造时代新风。将培育和践行社会主义核心价值观贯穿科普工作的全过程，不断巩固壮大积极健康向上的主流思想舆论，提高全民科学文化素质和全社会文明程度。深入挖掘并广泛宣传中华传统文化中的科技内涵，加强中国特色科学文化建设，坚定文化自信、创新自信。推动党校（行政学院）、干部学院、社会科学院、学校等加强科普工作。在爱国主义教育基地、青少年教育基地等场所增加科普功能。充分发挥科普网站、科普平台的作用，引导和支持网络公众科普力量发展，加大网络科普优质内容供给。

加强科普领域舆论引导。依托权威专家队伍，探索建立科普信息科学性审查机制。整治网络传播中以科普名义欺骗群众、扰乱社会、影响稳定的行为，批驳伪科学和谣言信息，净化网络科普生态。坚决破除封建迷信思想，抵制伪科学、反科学，打击假借科普名义进行的抹黑诋毁和思想侵蚀活动。加强少数民族地区、边疆地区、农村地区的科普工作，推进移风易俗，带动树立科学文明新风尚。

大力弘扬科学精神和科学家精神。深刻理解和准确把握新时代科学精神和科学家精神的内涵，把科学精神和科学家精神融入创新实践，在全社会形成尊重知识、崇尚创新、尊重人才、热爱科学、献身科学的浓厚氛围。创新宣传方式和手段，鼓励运用多种形式开展科学精神和科学家精神的宣传报道，增强传播效果、扩大传播范围。推动建设一批科学精神和科学家精神教育基地。推动学风作风和科研诚信建设，营造良好学术生态，为科技创新营造风清气正的环境。

……

● 团体规定及文件

5.《中国科协 教育部关于印发〈"科学家（精神）进校园行动"实施方案〉的通知》（2023年7月14日）

一、总体要求

1. 指导思想。坚持以习近平新时代中国特色社会主义思想为指导，深入学习贯彻党的二十大精神，深入实施科教兴国战略、人才强国战略、创新驱动发展战略，大力弘扬科学精神和科学家精神，将价值引领融入立德树人全过程，用新时代科学家精神铸魂育人。

2. 任务目标。构建开放协同工作模式，将科学家精神从抽象符号转化为生动的科学家故事，引导广大中小学生走近科学家，了解科学家精神，增强科学探索的好奇心，真正崇尚科学、热爱科学，立志为党成才、为国奉献。

二、主要任务

1. 大力开展科学家精神宣讲教育。邀请院士专家走进校园开展科学家精神宣讲活动。组织科技辅导员、少先队员、共青团员讲述科学家故事。鼓励各地分层次建立科学家精神宣讲团。在"翱翔之翼大学生科技志愿服务行动"中，组织大学生走进中小学校开展科学家精神演讲报告。

2. 精心打造"科学家故事众创空间"。依托中小学建立一批"科学家故事众创空间"（以下简称"众创空间"）。依托现代科技馆体系，联合当地中小学校组织开展"科技馆里的思政课""科学家故事戏剧社""Z世代天团秀""逐梦采风团"等品牌活动，定期开展业务指导、交流培训。组织帮助中小学师生参与"科学也偶像"短视频创作传播活动。

3. 深入开展科学家故事阅读推广。充分利用中小学现有读书角、图书架、书报亭，充实科学家故事图书。提升科学家精神出版物质量，推动出版社、科技馆等机构向中小学生推荐优秀书目并定期更新补充。以班级为单位举办故事分享会、主题班会，以学校或地区为单位组织开展读书征文、演讲朗诵等多种活动，支持科学家、科技辅导员深度参与学生故事分享，指导演讲朗诵等，推动形成阅读交流科学家故事浓厚氛围。

4. 加强科学家精神资源共建共享。依托国家智慧教育公共服务等平台，建设"科学家精神专栏"，提供优质数字资源。依托"共和国的脊梁——科学大师名校宣传工程"，让科学大师剧走进中小学校。

三、工作要求

1. 加强组织领导。各级科协、教育部门要把实施"科学家（精神）进校园行动"作为贯彻落实党的二十大精神和习近平新时代中国特色社会主义思想的重要举措，精心组织实施。加强上下联动，加强统筹协调，运用众创众筹等新理念，有效发挥政府、学校、家庭、社会协同育人作用，充分调动教师、学生参与主动性，形成科学教育优质资源有效融合。

2. 加强分工协作。中国科协、教育部建立跨部门联合工作专班，定期开展会商。中国科协以"众创空间"为载体，以现代科技馆体系为依托服务赋能各地科协和中小学校。中国科学技术馆负责"众创空间"建设总体实施，制定规范标准，成立专家团队，指导各地具体推进。教育部加强统筹协调，通过国家智慧教育公共服务平台等载体，为各地提供优质科学教育资源。各地科协、教育部门及所属科技馆和中小学校主动加强沟通对接，建立开放协同机制，统筹各自阵地、队伍、活动、平台、项目资源，并积极争取社会力量支持。

3. 鼓励探索创新。各地科协、教育部门要不断探索创新以文化人的有效方法、载体和手段。鼓励中小学生走进科学家工作场所，沉浸式了解科学家故事，感悟科学家精神。支持学校排演科学家故事短剧，鼓励支持中小学生制作易于传播的科学家故事微短视频等，促进科学教育与人文美育汇交融合，丰富校园文化建设。有条件的地方可研究出台有效可行的配套举措。

4. 营造良好氛围。各地要及时凝练总结可复制可推广的先进经验，选树典型案例，及时做好行动成果宣传和先进经验、典型案例推广。充分发挥新媒体平台作用，放大正面效果，引导广大中小学生成为科学家精神的传承者、传播者、践行者，在社会营造弘扬科学家精神的浓厚氛围。

● 案例指引

致敬大国脊梁科学家精神展[①]

典型意义：活动通过在展区设置静态展览以视频、实物的形式，展现我国科学家在各个领域取得的辉煌成就和背后的感人故事。展览内容丰富多样，通过不同版块，让公众近距离感受科学的魅力，深入了解科学家的辛勤付出和无私奉献。在展览中涌现出多位观众现场义务讲解展览中的专业知识，使公众对科学有了更深入的了解。同时，活动促进了科普知识的普及和创新文化的培育，激励全社会

---

① 参见中国科协技术协会"全国科普日"专题网站，https：//www.kepuri.cn/detail-page?id=896608，最后访问时间：2024 年 12 月 31 日。

增强民族自信心和自豪感，推动科技创新成为新时代的主旋律。展览不仅是对科学家群体的致敬，也是对社会整体科技素养的提升和我国科学文化的推广，为提升全民科学素质做出了积极贡献。

第七条　全民科普与科普月

国家机关、武装力量、社会团体、企业事业单位、基层群众性自治组织及其他组织应当开展科普工作，可以通过多种形式广泛开展科普活动。

每年9月为全国科普月。

公民有参与科普活动的权利。

● 部门规章及文件

1. 《"十四五"国家科学技术普及发展规划》（2022年8月4日）

　　三、重要任务

　　……

　　（三）推动科普工作全面发展。

开展群众性科普活动。组织科技活动周、全国科普日、公众科学日、科技工作者日等国家重大科普示范活动。结合世界地球日、环境日、海洋日、气象日、水日和国际博物馆日等国际纪念日及我国文化和自然遗产日、全民国家安全教育日、航天日、防灾减灾日、节能减排周、安全生产月、节水宣传周等，开展形式多样、各具特色的主题科普活动。服务乡村振兴战略，组织实施文化科技卫生"三下乡"、科技特派团、科技特派员、"科技110"、科技专家和致富能手下乡等农村科普活动。组织开展适合少数民族地区特点的科普活动。积极引导科研机构、学校、企事业单位、行业协会学会等各类社会组织参与科普活动，大力提高活动策划组织水平，丰富活动内容、创新活动形式、提升活动效果，提升科普活动的社会参与度、影响力和群众满意度。

　　……

加强国防科普工作。加强军地协调配合，对标新时代国防科普需要，持续提升国防科普能力，更好为国防和军队现代化建设服务。鼓励广大国防科技工作者积极参与科普工作。鼓励国防科普作品创作出版，支持建设国防科普传播平台。在安全保密许可的前提下，利用退役、待销毁的军工设施和军事装备，进行适当开发，建设一批国防科普基地。适度开放国防科研院所和所属高校的实验室等设施，面向公众开展多种形式的国防科普活动。结合国家重大科普活动开展国防科普宣传。积极推进科普进军营等活动，提高部队官兵科学素质。

　　……

2. 《"十四五"生态环境科普工作实施方案》（2021年12月7日）
　　三、主要任务
　　……
　　（六）创新打造生态环境科普活动品牌
　　20. 组织主题科普活动。在国家科技活动周、六五环境日、世界地球日、世界水日、全国低碳日、生物多样性日、世界海洋日、国际保护臭氧层日、国际噪声关注日、全民国家安全教育日、全国科普日等期间，组织开展主题科普活动。针对碳达峰碳中和、核安全、生态环境与健康、垃圾焚烧、海洋微塑料、重化工等公众关心的社会热点问题，组织开展科普沙龙、专家解读等专题科普活动。组织参加全国科技列车行、科普援藏、核安全直通车等活动。
　　21. 开展"云科普"系列活动。围绕生态环境保护、核安全主题，持续开展优秀生态环境科普作品云推介、最美生态环境科技工作者云推选、生态环境科普成果云展播、生态环境科普知识云竞答、空中课堂、环境监测"微课大赛"、秒懂生态环境与健康等"云科普"活动，扩大活动覆盖面和精准推送能力。
　　22. 举办"我是生态环境讲解员"活动。在全国范围内组织开展"我是生态环境讲解员"活动，每年选拔培育优秀生态环境讲解员100名，推荐参加全国科普讲解大赛。组织开展优秀生态环境讲解员全国巡讲，宣传习近平生态文明思想、宣讲中国生态环保故事、传播中国生态环保声音。创新开展环境解说牌设计活动。

23. 组织"大学生在行动"活动。积极发挥各级环境科学学会和高校的作用，每年动员组织1万名大学生志愿者利用寒暑期社会实践活动，深入基层持续开展"大学生在行动"活动，重点面向妇女、老人和儿童，通过集市宣讲、环保课堂、咨询服务、展览展示、调研座谈等多种形式，让生态环保知识进农村、进社区、进学校、进企业，促进形成绿色生产生活方式。

……

● 政协委员提案答复

3.《关于政协第十四届全国委员会第二次会议第00671号（科学技术类037号）提案答复的函》（2024年7月29日）

党的十八大以来，以习近平同志为核心的党中央从实现高水平科技自立自强、建设科技强国的全局和战略高度，对科技创新和科学普及作出一系列重大决策部署。习近平总书记强调，要"坚持创新在我国现代化建设全局中的核心地位"，明确提出"科技创新、科学普及是实现创新发展的两翼，要把科学普及放在与科技创新同等重要的位置"，为我国新时代科普工作提供了根本遵循，指明了发展方向。

科技部会同各有关部门、各地认真贯彻落实习近平总书记重要指示批示和党中央决策部署，不断完善科普工作法律法规和体制机制，积极建设重大科普活动平台，培育多样化的科普队伍和工作体系，推动科学普及与科技创新同频共振。据统计，2022年全国科普经费筹集规模为191亿元，共有科普专兼职人员199.67

万人，科技馆和科学技术类博物馆1683个，科普网站近2000个，科普类微信公众号8000余个；出版科普图书1.15万种，发行1.04亿册；各类科普活动吸引超过28亿人次参加，全国科普工作呈现蓬勃发展的局面。

一、相关工作进展

（一）持续完善推动科普产业发展的法律法规体系。进一步加强科技创新与科学普及同等重要的制度保障。一是推动《中华人民共和国科学技术普及法》（以下简称《科普法》）修订，深入贯彻落实习近平总书记关于科学普及与科技创新同等重要的重要指示精神，进一步明确新时代科普工作的定位和方向，强化各主体工作责任，加强科普人才队伍建设，支持开展科普活动，鼓励发展科普产业，强化科普事业保障举措。目前司法部正在会同科技部、中国科协等部门按程序报批。[①]二是完善科普产业发展政策。2022年，中央办公厅、国务院办公厅印发《关于新时代进一步加强科学技术普及工作的意见》，提出"要推动科普产业发展"，引导和支持科普产业发展壮大。2021年，国务院印发《全民科学素质行动规划纲要（2021—2035年）》，推动落实"产业+科普"发展模式。2023年，国家自然科学基金委员会印发《国家自然科学基金委员会关于加强新时代科学普及工作的意见》，持续加大国家自然科学基金对科普事业的支持。

（二）积极拓宽推动科普事业发展的投入渠道。各地方各相关部门不断加大科普投入力度，优化支出结构。一是财政投入持续增长。2021—2022年，财政部在持续压缩一般性支出、中央本级支出负增长情况下，重点保障科普等支出，中央本级科学技术普及支出分别为24.52亿、25.43亿元，增幅分别为12.7%、

[①] 《中华人民共和国科学技术普及法》已由中华人民共和国第十四届全国人民代表大会常务委员会第十三次会议于2024年12月25日修订通过，2024年12月25日公布，自公布之日起施行。

3.7%。二是引导地方政府加大对科普工作的支持力度。财政部安排基层科普行动计划资金4亿元，鼓励地方通过政府购买服务、以奖代补等方式支持科普事业发展。2023年，湖北、江西、重庆、西安等地方科技管理部门科普经费投入较大幅度增长。三是制定支持科普事业发展进口税收政策。财政部、海关总署、税务总局印发《关于"十四五"期间支持科普事业发展进口税收政策的通知》；财政部、中央宣传部、科技部等部门印发《关于"十四五"期间支持科普事业发展进口税收政策管理办法的通知》；科技部、工业和信息化部、财政部等部门发布《"十四五"期间免税进口科普用品清单（第一批）的通知》，持续扩大科普进口用品免税范围和种类。

（三）不断加强科普人才队伍建设。各地方各相关部门积极扩大科普人才培养规模，设立科普人才专业职称，鼓励支持大学生和研究生积极参与科普活动，不断提升科普从业人员整体素质和专业化水平。一是加强表彰和典型选树宣传。科技部自1996年起，每3年开展一次全国科普工作先进集体和先进工作者表彰；中国科协自2011年起，每5年开展一次全民科学素质工作先进集体和先进个人评选表彰；中国科协自2015年起，每年开展"典赞·科普中国"活动，广泛调动社会各方面力量参与科普工作。二是完善科普工作人员职称评审制度。中国科协制定《中国科协自然科学研究系列科普专业职称评审标准（试行）》。2023年，中国科协首次试点开展在京中央单位自然科学研究系列科普专业职称评审。北京、安徽、甘肃、贵州、广西、四川、青海等地开展了科普职称评定有益探索，积极拓展科普人员职业发展通道。三是加强青少年科学教育人才培养。教育部印发《关于加强小学教师培养的通知》，强化本科及以上层次高素质专业化小学科学教师供给。教育部、中国科学院印发《关于实施中小学教师科学素养提升行动计划的通知》，举办"特色科学教师研修班",组织中小学骨干科学教师走进科研院所,深度参与科学实践。

(四)支持开展科普产业发展实践探索。一是制定并完善科普服务相关标准。中国科协推动成立全国科普服务标准化技术委员会,发布科普资源分类、科技馆展览教育服务、科普服务分类、线下科普活动基本要求等7项国家标准,助力提升科普产业竞争力和技术创新。二是积极推动搭建服务科普产业发展平台。中国科协自2004年起,每年举办中国(芜湖)科普产品博览交易会,累计有3600多家国内外厂商参展,科普展品超过4.6万件(项),展会交易额超过73亿元(含意向交易),现场观众超过200万人次。上海市在技术交易所设科普交易专版,广东省成立粤科普集团,积极探索科普产业发展实践。三是引导校外科普资源服务科学教育。教育部支持各地采取"请进来、走出去"的方式,引进科普资源到校开展课后服务,组织学生到科普教育基地开展实践活动;支持鼓励高校依托教育部重点实验室、高等学校重大科技基础设施等科研平台申报科普基地,向社会开放;推动各地依托科技馆、博物馆等建立中小学科普教育社会实践基地,向中小学生普及科学知识、提高科学素养、培养创新能力。

二、下一步工作考虑

科技部将认真研究吸收您提出的有关建议,会同有关部门推动落实以下工作。

(一)进一步深化"科学普及与科技创新同等重要"的认识。持续推动各地方各相关部门不断深化思想认识,学深悟透习近平总书记关于科学普及工作的重要指示精神,贯彻落实党的二十大和二中、三中全会精神以及全国科技大会重要部署,从政治高度牢牢把握新时代科普工作方向,明确新时代科普工作要求。一是引导科普工作聚焦"四个面向"和高水平科技自立自强,推动构建创新发展的重要一翼,全面提高全民科学素质,厚植创新沃土,以科普高质量发展更好服务党和国家中心工作。二是推动科普工作融入经济社会发展各领域各环节,加强协同联动和资源共享,构建政府、社会、市场等协同推进的社会化科普发展格局。三是推进科普供给侧改革,破除制约科普高质量发展的体制机制障碍,创新科普内容、形式和手段。

(二)加强科普人才队伍建设。一是建立健全科普培训体系,研究制定科普工作者能力提升培训大纲,广泛开展科普从业人员培训。研究制定科普工作业绩评价标准,鼓励和督促用人单位把科普工作成效作为职工职称评聘、业绩考核的指标,畅通科普工作者的职业发展通道。二是推动建设科普人才大数据平台,建立涵盖科普创作、活动策划、咨询服务等各领域专业人才的科普专家库。三是引导科技工作者投身科普事业。积极动员科技工作者开展科普志愿服务,加强科普志愿者组织和队伍建设。充分发挥老科技工作者科普作用,积极推广"老科学家科普演讲团"成功经验。

(三)积极推动科普产业发展。一是持续完善推动科普产业发展的政策体系。加强理论研究,明确科普产业的内涵和外延,研究发布科普产业相关国家标准。构建多元化投入机制,切实用好现有支持科普事业发展的税收优惠政策,研究制定鼓励社会力量投入科普的政策。推动设立科普产业基金,培育专业化科普企业,支持科普产业发展壮大。二是加强科普成果知识产权保护。持续完善《科普法(修订草案)》中关于依法保护科普成果知识产权相关条款,积极推动出台相关配套政策。[①] 加强科普知识产权保护宣传,提高公众和企业对科普知识产权重要性的认识,增

---

① 《中华人民共和国科学技术普及法》已于2024年12月25日修订通过,2024年12月25日公布。《中华人民共和国科学技术普及法》第二十九条规定:"国家支持科普产品和服务研究开发,鼓励新颖、独创、科学性强的高质量科普作品创作,提升科普原创能力,依法保护科普成果知识产权。"

强全社会尊重和保护科普知识产权的意识。三是探索建立科普产业试点先行区。调研了解科普产业发展情况，研究明确科普产业试点先行区的战略定位和发展目标，遴选产业基础较好的地方探索开展试点工作。充分利用高新技术产业、科技成果转化、文化创意产业等支持政策，促进科普领域市场发展。

● **案例指引**

1. 山东省"全国科普日"活动[①]

典型意义：山东省按照"全国科普日"统一部署，重点围绕"宣传阐释习近平总书记关于高水平科技自立自强和科技创新、科普和科学素质建设的重要论述；聚焦高阶前沿科普，激发创新动能；践行科普为民，共创美好生活；聚焦科学教育，激发好奇心、想象力、探求欲"等内容，坚持横向联合、纵向联动，一方牵头、多方参与，保证规模、提升质效……

2. 江苏省体育科学研究所组织开展全国科技周体育科普系列活动[②]

典型意义：围绕全国科技活动周"弘扬科学家精神 激发全社会创新活力"的活动主题，江苏省体育科学研究所各学科结合实际，通过设置宣传展板、制作海报、开办科普讲座、开展视频直播、组织体质测试等多种形式，向专业运动队及社会大众宣传伤病预防、心理健康、科学健身、合理膳食、减控体重与专项体能训练结合等科普知识。运动生物力学学科、运动生理生化学科、运动训练学科、运动营养学科和体育人文社科学科还通过开放实验室、个性化专题讲座、膳食科普宣教、邀请专家授课等方式开展体育科普活动，推动全所形成"人人想科普，人人能科普"的良好氛围。此次活动进

[①] 参见中国科协技术协会"全国科普日"专题网站，https://www.kepuri.cn/detail-page?id=749755，最后访问时间：2024年12月31日。

[②] 参见江苏省体育局网站，http://jsstyj.jiangsu.gov.cn/art/2024/6/5/art_79371_11263721.html，最后访问时间：2024年12月31日。

一步加强了省体科所科普能力建设，后续省体科所还将持续探索和丰富科普形式，继续开展各类体育科普活动，发挥国家体育科普基地和国家体育总局重点实验室的示范作用。

第八条 国家鼓励兴办科普事业

　　国家保护科普组织和科普人员的合法权益，鼓励科普组织和科普人员自主开展科普活动，依法兴办科普事业。

● 宪　法

1.《宪法》（2018年3月11日）

　　第47条　中华人民共和国公民有进行科学研究、文学艺术创作和其他文化活动的自由。国家对于从事教育、科学、技术、文学、艺术和其他文化事业的公民的有益于人民的创造性工作，给以鼓励和帮助。

● 法　律

2.《教育法》（2021年4月29日）

　　第11条第3款　国家支持、鼓励和组织教育科学研究，推广教育科学研究成果，促进教育质量提高。

● 行政法规及文件

3.《古树名木保护条例》（2025年1月25日）

　　第7条　国家鼓励、支持古树名木保护科学研究和先进技术推广应用，提高古树名木保护管理水平。

　　国务院有关部门、县级以上地方人民政府及其有关部门应当采取多种形式，组织开展古树名木保护宣传教育，传承古树名木文化，增强全社会的古树名木保护意识，营造保护古树名木的良好社会氛围。

　　第19条　在不损害古树名木及其生长环境的前提下，可以开展下列活动：

（一）合理利用古树名木资源开展保护技术、遗传育种、生物学等科学研究，推广应用科研成果；

（二）结合历史文化名镇名村、历史文化街区、传统村落以及传统节庆、民俗，挖掘古树名木的历史和文化价值；

（三）开展科普宣教，促进古树名木资源与生态旅游融合发展；

（四）古树名木属于传统经济树种的，相关权利人依法开展必要的生产经营活动。

第九条　国家支持社会力量兴办科普

国家支持社会力量兴办科普事业。社会力量兴办科普事业可以按照市场机制运行。

● 部门规章及文件

1. 《自然资源科学技术普及"十四五"工作方案》（2022年11月29日）

七、提升自然资源科普社会服务效能

……

（二）促进自然资源科普市场化发展

推进自然资源科普与教育、文化、科技、旅游等融合发展，支持开展市场化科普公共服务，培育自然资源科普产业。搭建科普产品研发、生产、推广对接平台，鼓励引导企业、社会组织、个人参与建立多元科普投入机制。发挥自然资源科普产业联盟作用，搭建高水平科普交流合作平台，打造一批具有市场竞争力的自然资源研学产品、科普文创产品、科普信息化产品等，推动自然资源展览、影视、旅游等产业的发展。

2.《社会力量设立科学技术奖管理办法》（2023年2月6日）

第3条 本办法所称社会科技奖指国内外的组织或者个人（以下称设奖者）利用非财政性经费，在中华人民共和国境内面向社会设立，奖励在基础研究、应用研究、技术开发以及推进科技成果转化应用等活动中为促进科学技术进步作出突出贡献的个人、组织的经常性科学技术奖。

第5条 社会科技奖应当培育和弘扬社会主义核心价值观和科学家精神，遵循依法办奖、公益为本、诚实守信的基本原则，走专业化、特色化、品牌化、国际化发展道路。

（一）坚持以科技创新质量、绩效、贡献为核心的评价导向，突出奖励真正作出创造性贡献的科学家和一线科技人员；

（二）坚持学术性、荣誉性，控制奖励数量，提升奖励质量，避免与相关科技评价简单、直接挂钩；

（三）坚持"谁办奖、谁负责"，严格遵守法律法规和国家政策，履行维护国家安全义务，不得泄露国家秘密，不得损害国家安全和公共利益。

● **地方性法规及文件**

3.《广东省科学技术普及条例》（2021年5月26日）

第7条 鼓励社会力量参与科普工作，支持和引导企业事业单位、社会组织和个人开展科普活动。

社会力量兴办科普事业可以按照市场机制运行。

第十条 多样性原则

科普工作应当坚持群众性、社会性和经常性，结合实际，因地制宜，采取多种方式。

人大代表建议答复

《对十三届全国人大五次会议第 8068 号建议的答复》（2022 年 8 月 4 日）

四、关于推广宣传中药用药知识的建议

近年来，我局联合多部门实施中医药健康文化推进行动，通过举办大型主题宣传、健康文化知识大赛、科普巡讲、进校园等活动，积极传播中医健康养生方法，普及中药用药知识。"十三五"期间，各地累计举办各类中医药文化活动 2.8 万余场。发布《中国公民中医养生保健素养》《健康教育中医药基本内容》，内容紧扣中医药特色，围绕情志、起居、饮食、运动中医养生四大基石，介绍了公民适宜掌握的中医药基本知识、理念、技能和方法，进一步规范国家基本公共卫生服务健康教育中医药内容。推动各地在公立中医医院、基层医疗卫生机构中医综合服务区（中医馆、国医堂）建设 2 万余个中医药健康文化知识角，把科学、实用的中医药养生保健知识送到群众身边。通过我局官方微信"中国中医"推送中医药科普图文，与"学习强国"学习平台合作开设中医药栏目，会同中央媒体共同建设"中医"频道，指导各地中医药机构开通微信、微博账号，发挥新媒体传播便捷快速的优势，传播推广中医养生保健理念和技能。2021 年组织开展"千名医师讲中医"活动，累计推出中医药科普微视频 900 余个、科普文章 1600 余篇，开展线上直播 15 期，全平台播放量近千万。2021 年"听仲景故事 品中医智慧 做冬至美食—全国中小学校园中医药文化主题日"活动，吸引了 150 多所学校的 3 万余名学生参与，第二届全国中医药健康文化知识大赛在抖音平台话题播放量超 2.7 亿次。

下一步，我局将继续把中医药科普作为宣传文化工作的重要任务予以大力推进。一是进一步丰富中医药科普宣传活动。全力打造"千名医师讲中医"科普品牌项目，融合线上线下渠道和平台，组织动员中医药医疗、科研、教育等机构的专家，投身科普工作，为广大群众提供中医药科普信息服务。举办第三届全国中医药健康文化知识大赛，推出一批优秀中医药科普作品。在全国爱眼日前后面向中小学生普及中医药近视防控知识和方法，开展校园主题日活动。二是进一步规范中医药科普信息传播。继续推进中医药健康文化知识角建设，扩大覆盖面。加强对我局主管出版单位指导，支持推出一批针对不同群体的中医药科普精品。根据媒体需求，积极推荐鼓励具有专业资质的中医药专家参与中医养生类节目的录制。推动中医医疗机构通过电子屏、海报、宣传栏等经常性展示科普内容，开展健康讲座等科普活动。三是进一步加强中医药科普保障机制。持续推进中医药科普新媒体平台、人才队伍建设工作，力争实现全国中医药健康文化知识普及工作及中国公民中医药健康文化素养水平监测工作制度化，多方汇集资源和力量，构建中医药科普工作的良好格局。

● 案例指引

气象科普展区亮相北京科学嘉年华[①]

典型意义：中国气象局气象宣传与科普中心联合北京市气象局在北京科学中心布展"气象科技新视界"现代气象科普展及气象科普互动体验区，向公众普及气象知识，提高全社会气象防灾减灾意识。聚焦青少年受众群体，互动体验区布设"穿越台风"VR蛋椅、AR"雷达图知多少""互动气象装备"等气象流动科普展项，为公众带来沉浸式科普体验。"穿越台风"VR蛋椅模拟台风来临时的场景，普及台风的结构、科学防御等知识，借助AR"雷达图知多少""互动气象装备"可学习运用雷达图看降水。活动现场，分别设计了中小学生应对气候变化绘画展示区域及气象小课堂之"古代气象篇"、宝贝画天气

---

① 参见中国气象局网站，https://www.cma.gov.cn/2011xwzx/2011xqxxw/2011xqxyw/202409/t20240925_6605464.html，最后访问时间：2024年12月31日。

之"气象甲骨文雨伞",以及"DIY气象花瓶""雷电灾害防御"等活动,让青少年在体验学习过程中,清楚地认识气象历史发展脉络,在传承气象文化的同时,更关注气候变化,积极践行低碳生活。

第十一条　全民科学素质行动

国家实施全民科学素质行动,制定全民科学素质行动规划,引导公民培育科学和理性思维,树立科学的世界观和方法论,养成文明、健康、绿色、环保的科学生活方式,提高劳动、生产、创新创造的技能。

● 宪　法

1.《**宪法**》(2018年3月11日)

第14条第1款　国家通过提高劳动者的积极性和技术水平,推广先进的科学技术,完善经济管理体制和企业经营管理制度,实行各种形式的社会主义责任制,改进劳动组织,以不断提高劳动生产率和经济效益,发展社会生产力。

● 行政法规及文件

2.《**全民科学素质行动规划纲要（2021—2035年）**》(2021年6月3日)

一、前言

习近平总书记指出:"科技创新、科学普及是实现创新发展的两翼,要把科学普及放在与科技创新同等重要的位置。没有全民科学素质普遍提高,就难以建立起宏大的高素质创新大军,难以实现科技成果快速转化。"这一重要指示精神是新发展阶段科普和科学素质建设高质量发展的根本遵循。

科学素质是国民素质的重要组成部分,是社会文明进步的基础。公民具备科学素质是指崇尚科学精神,树立科学思想,掌握基本科学方法,了解必要科技知识,并具有应用其分析判断事物和解决实际问题的能力。提升科学素质，对于公民树立科学的世界观和方法论，对于增强国家自主创新能力和文化软实力、建设社会主义现代化强国，具有十分重要的意义。

自《全民科学素质行动计划纲要（2006—2010—2020年）》印发实施，特别是党的十八大以来，在以习近平同志为核心的党中央坚强领导下，在国务院统筹部署下，各地区各部门不懈努力，全民科学素质行动取得显著成效，各项目标任务如期实现。公民科学素质水平大幅提升，2020年具备科学素质的比例达到10.56%；科学教育与培训体系持续完善，科学教育纳入基础教育各阶段；大众传媒科技传播能力大幅提高，科普信息化水平显著提升；科普基础设施迅速发展，现代科技馆体系初步建成；科普人才队伍不断壮大；科学素质国际交流实现新突破；建立以科普法为核心的政策法规体系；构建国家、省、市、县四级组织实施体系，探索出"党的领导、政府推动、全民参与、社会协同、开放合作"的建设模式，为创新发展营造了良好社会氛围，为确保如期打赢脱贫攻坚战、确保如期全面建成小康社会作出了积极贡献。

我国科学素质建设取得了显著成绩，但也存在一些问题和不足。主要表现在：科学素质总体水平偏低，城乡、区域发展不平衡；科学精神弘扬不够，科学理性的社会氛围不够浓厚；科普有效供给不足、基层基础薄弱；落实"科学普及与科技创新同等重要"的制度安排尚未形成，组织领导、条件保障等有待加强。

当前和今后一个时期，我国发展仍然处于重要战略机遇期，但机遇和挑战都有新的发展变化。当今世界正经历百年未有之大变局，新一轮科技革命和产业变革深入发展，人类命运共同体理念深入人心，同时国际环境日趋复杂，不稳定性不确定性明显增加……我国已转向高质量发展阶段，正在加快构建以国内大循环为主体、国内国际双循环相互促进的新发展格局。科技与经济、政治、文化、社会、生态文明深入协同,科技创新正在释放巨大能量,深刻改变生产生活方式乃至思维模式。人才是第一资源、创新是第一动力的重要作用日益凸显,国民素质全面提升已经成为经济社会发展的先决条件。科学素质建设站在了新的历史起点,开启了跻身创新型国家前列的新征程。

面向世界科技强国和社会主义现代化强国建设,需要科学素质建设担当更加重要的使命。一是围绕在更高水平上满足人民对美好生活的新需求,需要科学素质建设彰显价值引领作用,提高公众终身学习能力,不断丰富人民精神家园,服务人的全面发展。二是围绕构建新发展格局,需要科学素质建设在服务经济社会发展中发挥重要作用,以高素质创新大军支撑高质量发展。三是围绕加强和创新社会治理,需要科学素质建设更好促进人的现代化,营造科学理性、文明和谐的社会氛围,服务国家治理体系和治理能力现代化。四是围绕形成对外开放新格局,需要科学素质建设更好发挥桥梁和纽带作用,深化科技人文交流,增进文明互鉴,服务构建人类命运共同体。

二、指导思想、原则和目标

(一)指导思想。

以习近平新时代中国特色社会主义思想为指导,深入贯彻党的十九大和十九届二中、三中、四中、五中全会精神,坚持党的全面领导,坚持以人民为中心,坚持新发展理念,统筹推进"五位一体"总体布局,协调推进"四个全面"战略布局,全面贯彻落实习近平总书记关于科普和科学素质建设的重要论述,以提高全民科学素质服务高质量发展为目标,以践行社会主义核心价值观、弘扬科学精神为主线,以深化科普供给侧改革为重点,着力打造社会化协同、智慧化传播、规范化建设和国际化合作的科学素质建设生态,营造热爱科学、崇尚创新的社会氛围,提升社会文明程度,为全面建设社会主义现代化强国提供基础支撑,为推动构建人类命运共同体作出积极贡献。

（二）原则。

——突出科学精神引领。践行社会主义核心价值观，弘扬科学精神和科学家精神，传递科学的思想观念和行为方式，加强理性质疑、勇于创新、求真务实、包容失败的创新文化建设，坚定创新自信，形成崇尚创新的社会氛围。

——坚持协同推进。各级政府强化组织领导、政策支持、投入保障，激发高校、科研院所、企业、基层组织、科学共同体、社会团体等多元主体活力，激发全民参与积极性，构建政府、社会、市场等协同推进的社会化科普大格局。

——深化供给侧改革。破除制约科普高质量发展的体制机制障碍，突出价值导向，创新组织动员机制，强化政策法规保障，推动科普内容、形式和手段等创新提升，提高科普的知识含量，满足全社会对高质量科普的需求。

——扩大开放合作。开展更大范围、更高水平、更加紧密的科学素质国际交流，共筑对话平台，增进开放互信，深化创新合作，推动经验互鉴和资源共享，共同应对全球性挑战，推进全球可持续发展和人类命运共同体建设。

（三）目标。

2025 年目标：我国公民具备科学素质的比例超过 15%，各地区、各人群科学素质发展不均衡明显改善。科普供给侧改革成效显著，科学素质标准和评估体系不断完善，科学素质建设国际合作取得新进展，"科学普及与科技创新同等重要"的制度安排基本形成，科学精神在全社会广泛弘扬，崇尚创新的社会氛围日益浓厚，社会文明程度实现新提高。

2035 年远景目标：我国公民具备科学素质的比例达到 25%，城乡、区域科学素质发展差距显著缩小，为进入创新型国家前列奠定坚实社会基础。科普公共服务均等化基本实现，科普服务社会治理的体制机制基本完善，科普参与全球治理的能力显著提高，创新生态建设实现新发展，科学文化软实力显著增强，人的全面发展和社会文明程度达到新高度，为基本实现社会主义现代化提供有力支撑。

五、组织实施

（一）组织保障。

建立完善《科学素质纲要》实施协调机制，负责领导《科学素质纲要》实施工作，将公民科学素质发展目标纳入国民经济和社会发展规划，加强对《科学素质纲要》实施的督促检查。各部门将《科学素质纲要》有关任务纳入相关规划和计划，充分履行工作职责。中国科协发挥综合协调作用，做好沟通联络工作，会同各有关方面共同推进科学素质建设。

地方各级政府负责领导当地《科学素质纲要》实施工作，把科学素质建设作为地方经济社会发展的一项重要任务，纳入本地区总体规划，列入年度工作计划，纳入目标管理考核。地方各级科协牵头实施《科学素质纲要》，完善科学素质建设工作机制，会同各相关部门全面推进本地区科学素质建设。

（二）机制保障。

完善表彰奖励机制。根据国家有关规定，对在科学素质建设中做出突出贡献的集体和个人给予表彰和奖励。

完善监测评估体系。完善科普工作评估制度，制定新时代公民科学素质标准，定期开展公民科学素质监测评估、科学素质建设能力监测评估。

（三）条件保障。

完善法规政策。完善科普法律法规体系，鼓励有条件的地方制修订科普条例，制定科普专业技术职称评定办法，开展评定工作，将科普人才列入各级各类人才奖励和资助计划。

加强理论研究。围绕新科技、新应用带来的科技伦理、科技安全、科学谣言等方面，开展科学素质建设理论与实践研究。深入开展科普对象、手段和方法等研究，打造科学素质建设高端智库。

强化标准建设。分级分类制定科普产品和服务标准，实施科学素质建设标准编制专项，推动构建包括国家标准、行业标准、地方标准、团体标准和企业标准的多维标准体系。

保障经费投入。各有关部门统筹考虑和落实科普经费。各级政府按规定安排经费支持科普事业发展。大力提倡个人、企业、社会组织等社会力量采取设立科普基金、资助科普项目等方式为科学素质建设投入资金。

● 案例指引

发挥针灸原创科学优势 培育中医药新质生产力[①]

典型意义：主题为"提升全民科学素质，协力建设科技强国"的全国科普日北京主场活动在中国科学技术馆和国家科技传播中心火热开展。在科普日现场，数字中医循经治疗机器人，利用中医内病外治的原理，集成柔性机器人、人体三维视觉追踪、深度学习、力感知技术、多物理因子等前沿技术，是实现了传统中医经穴手法治疗与AI结合的"手+眼+脑"一体化的智能治疗装备。产品基于全景AI视觉系统，可在短时间内完成全身经穴处方路径规划与提取，反馈给双臂机器手，持多物理因子调理头，模拟人的双手，自动循经运行，精准深层刺激体表经络，激活人体自愈力，调控人体机能，系统解决人体健康问题。展台内"实体针灸铜人""数字中医针灸铜人""VR中医针灸铜人""数字中医循经治疗机器人"遥相呼应，传统医学文化积淀和现代前沿科技手段在展台内交相辉映，让观众以最直观的方式体验到了中医针灸学的科技创新成果，见证了祖国医学在传承精华、守正创新的过程中所迸发出的强大生命力。本次

---

① 参见中国科协技术协会"全国科普日"专题网站，https：//www.kepuri.cn/detail-page?id=912544，最后访问时间：2024年12月31日。

展览不仅彰显了党和国家为中医药振兴发展厚植文化土壤做出的一系列重要举措，更是中医药文化得以保护和传播、中医药事业传承发展迈向新天地的坚实一步。

第十二条　对外合作与交流

国家支持和促进科普对外合作与交流。

● 法　律

1.《科学技术进步法》（2021年12月24日）

第79条　国家促进开放包容、互惠共享的国际科学技术合作与交流，支撑构建人类命运共同体。

● 行政法规及文件

2.《关于新时代进一步加强科学技术普及工作的意见》（2022年9月4日）

三、加强科普能力建设

……

（十八）加强科普交流合作。健全国际科普交流机制，拓宽科技人文交流渠道，实施国际科学传播行动。引进国外优秀科普成果。积极加入或牵头创建国际科普组织，开展青少年国际科普交流，策划组织国际科普活动，加强重点领域科普交流，增强国际合作共识。打造区域科普合作平台，推动优质资源共建共享。

● 部门规章及文件

3.《"十四五"国家科学技术普及发展规划》（2022年8月4日）

三、重要任务

……

（六）开展科普交流与合作。

拓展国际科普交流机制。完善科普多边和双边国际交流机制，拓宽科技人文交流渠道，积极加入或牵头创建国际性科普组织。加强民间科普合作交流，鼓励高校、社会组织、企业等开展国际科普交流与合作。面向全球开发科普产品，鼓励优秀科普作品、展览进行国际交流和推广。鼓励引进国外优秀科普成果。实施国际科学传播行动，办好世界公众科学素质促进大会，推动成立世界公众科学素质促进联盟。合作举办国际科普论坛、科普竞赛等活动。

深入开展青少年国际科普交流。聚焦自然资源、生态环境、减灾防灾、科学考古、宇宙探索、机器人等世界青少年关注的主题，推动线上与线下相结合，打造具有全球影响力的国际青少年科普交流合作平台，促进青少年跨地域、跨文化、跨语言的科学互通与交流。组织开展跨国青少年科技竞赛等活动。

加强重点领域国际科普合作。发挥我国科技优势特色，推动深空、深海、深地、深蓝等领域的国际科普合作。聚焦粮食安全、能源安全、人类健康、灾害风险、气候变化、环境安全等人类共同挑战，策划组织国际科普活动，增强国际合作共识。围绕先进适用技术领域和科学文化历史，加强与共建"一带一路"国家的科普交流合作和科学文明互鉴。

促进与港澳台科普合作。推动科技活动周、科普日、公众科学日等重大科普活动更好辐射香港、澳门。组织优秀科普展览到香港、澳门展出，联合开展科普夏（冬）令营、科普乐园等青少年科普交流活动。推进海峡两岸科普交流合作，鼓励科普场馆间互展互动，加强优秀科普作品、产品、展品等交流推广。

● **地方性法规及文件**

4.《广东省科学技术普及条例》（2021年5月26日）

第6条 省人民政府应当支持科普工作的对外合作和交流；在科普资源开发、信息共享、人才交流、活动协作等方面加强与香港、澳门的联系，推动粤港澳大湾区科普交流合作。

> **第十三条　表彰和奖励**
>
> 对在科普工作中做出突出贡献的组织和个人，按照国家有关规定给予表彰、奖励。
>
> 国家鼓励社会力量依法设立科普奖项。

● 行政法规及文件

1.《关于新时代进一步加强科学技术普及工作的意见》（2022年9月4日）

七、加强制度保障

……

（二十九）完善科普奖励激励机制。对在科普工作中作出突出贡献的组织和个人按照国家有关规定给予表彰。完善科普工作者评价体系，在表彰奖励、人才计划实施中予以支持。鼓励相关单位把科普工作成效作为职工职称评聘、业绩考核的参考。合理核定科普场馆绩效工资总量，对工作成效明显的适当核增绩效工资总量。

……

● 部门规章及文件

2.《"十四五"国家科学技术普及发展规划》（2022年8月4日）

四、组织保障

……

（五）强化科普奖励激励。

完善科普奖励激励机制。对在科普工作中作出突出贡献的单位和个人按照国家有关规定给予表彰。继续开展全国科普工作先进集体、先进工作者表彰工作和全国科普示范县（市、区）创建活动……

3.《科技部 中央宣传部 中国科协关于评选表彰全国科普工作先进集体和先进工作者的通知》（2023年11月2日）

……在弘扬科学精神，普及科学知识，加强国家科普能力建设，加快建设科技强国，推动实现高水平科技自立自强工作中作出了积极贡献，涌现出一大批先进集体和个人。为表彰先进，弘扬正气，振奋精神，激励广大科普工作者进一步做好新时代科学技术普及工作……现将有关事项通知如下。

二、评选标准

（一）全国科普工作先进集体。

1. 坚持以习近平新时代中国特色社会主义思想为指导，全面贯彻落实党的二十大精神，深刻领悟"两个确立"的决定性意义，增强"四个意识"，坚定"四个自信"，做到"两个维护"，深入实施科教兴国战略、人才强国战略、创新驱动发展战略，为加快实现高水平科技自立自强，建设科技强国作出贡献。

2. 紧密围绕国家和地方经济建设与社会发展实际，大力弘扬科学精神，普及科学知识，传播科学思想，倡导科学方法，在科普管理、科普宣传、科普创作、科普活动、科普研究、科普统计等方面作出突出贡献，产生明显的社会和经济效益。

3. 领导班子凝聚力强，干部职工队伍素质和社会形象良好，单位内部管理制度健全、规范，工作条件保障情况较好，近3年内本单位未发生违法违纪等问题。

（二）全国科普工作先进工作者。

1. 坚持以习近平新时代中国特色社会主义思想为指导，全面贯彻落实党的二十大精神，坚决贯彻执行党的路线、方针和政策，深入实施科教兴国战略、人才强国战略、创新驱动发展战略，模范遵守国家法律法规。

2. 热爱科普事业，具备"献身、创新、求实、协作"的科学精神和良好的职业道德，具有较强的组织协调能力和管理水平，业务素质好，在工作中发挥骨干作用。

3. 紧密围绕建设创新型国家的战略目标，大力弘扬科学精神，普及科学知识，传播科学思想，倡导科学方法，在科普管理、科普宣传、科普创作、科普活动、科普研究、科普统计等工作中作出突出贡献，效果显著。

……

三、组织领导

科技部、中央宣传部、中国科协共同组成全国科普工作先进集体和先进工作者评选表彰工作小组，负责本次评选表彰工作。工作小组由上述单位有关负责同志组成，负责确定表彰程序、分配名额等工作。工作小组办公室设在科技部科技人才与科学普及司。工作小组办公室成员由科技部科技人才与科学普及司、中央宣传部宣传教育局、中国科协科普部等单位有关人员组成。工作小组办公室负责汇总审核各地方各部门推荐表彰对象工作，按程序报批表彰对象。

各地方科技、宣传、科协部门应联合成立工作小组，负责本地方先进集体和个人的推荐初评工作。

各地方科普工作先进集体和先进工作者评选表彰工作办公室设在各地方科技管理部门。

各部门由其科普工作联席会议联络司局负责推荐初评工作。

四、评选程序和要求

……

（二）评选要求。

1. 推荐评选工作坚持"公开、公正、公平"的原则。杜绝违反纪律、违规操作、弄虚作假等现象，各级推荐表彰对象公示不得少于5个工作日。

2. 严格评选标准，确保质量。坚持以政治表现、工作实绩和贡献大小作为衡量标准，好中选优，推荐的先进集体和个人要有

63

突出的事迹，确保先进性、典型性和代表性。

3. 坚持面向基层和科普工作一线。要特别关注专业科普团体、基层科普工作者，并向少数民族、女性科普工作者等倾斜支持。

4. 严肃评选工作纪律。对未严格按照评选标准和规定程序推荐的人选和单位，经查实后撤销其推荐资格，不再补充推荐。

……

五、表彰办法

对评选出的先进集体授予"全国科普工作先进集体"称号，颁发奖牌和证书；对评选出的先进工作者，授予"全国科普工作先进工作者"称号，颁发证书。

4.《科技部 中央宣传部 中国科协关于表彰全国科普工作先进集体和先进工作者的决定》（2024年8月16日）

近年来，广大科普工作者深入学习贯彻习近平新时代中国特色社会主义思想，落实习近平总书记关于科技创新的重要论述，贯彻落实《中华人民共和国科学技术普及法》，宣传贯彻中共中央办公厅、国务院办公厅《关于新时代进一步加强科学技术普及工作的意见》，在弘扬科学精神，普及科学知识，加强国家科普能力建设，加快建设科技强国，推动实现高水平科技自立自强工作中作出了积极贡献，涌现出一大批先进集体和个人……

受到表彰的先进集体和先进工作者要充分发挥标杆作用、导向作用和示范引领作用，在科普工作中不断作出新的成绩。各地方、各部门要坚持以习近平新时代中国特色社会主义思想为指导，全面贯彻党的二十大和二十届二中、三中全会精神，落实全国科技大会精神，以受到表彰的先进集体和先进工作者为榜样，深刻领悟"两个确立"的决定性意义，增强"四个意识"、坚定"四个自信"、做到"两个维护"，更加紧密地团结在以习近平同志为核心的党中央周围，鼓足干劲、发愤图强、团结奋斗，朝着建成科技强国的宏伟目标奋勇前进!

附件1

全国科普工作先进集体名单(节录)
(195个)

序号	单　位
1	北京青少年网络文化发展中心
2	北京市科学技术委员会、中关村科技园区管理委员会文化科技处(科普处)
3	国家植物园北园(北京市植物园管理处)
4	北京广播电视台—北京卫视频道中心《我是大医生》栏目组
5	应急管理部天津消防研究所消防科普团队
6	天津市教育委员会科学技术与研究生工作处
7	天津市科学技术协会科学技术普及部
8	天津市科学技术局引智育才工作处
9	河北省科学技术馆
10	河北省科学技术厅政策法规处
11	河北省市场监督管理局科技和财务处
12	大同市云州区土林生态旅游开发有限公司
13	山西地质博物馆
14	内蒙古科学技术馆
15	内蒙古自治区科学技术厅政策法规与监督处
16	内蒙古自治区党委宣传部新闻处
17	辽宁省沈阳市科学技术局创新创业服务处

续表

序号	单位
18	辽宁省大连市沙河口区中小学生科技中心
19	辽宁省盐碱地利用研究所
20	辽宁省朝阳市牛河梁遗址博物馆
21	长光卫星技术股份有限公司
22	长春中国光学科学技术馆
23	吉林省科学技术协会科学技术普及部
24	中共黑龙江省委宣传部宣传教育处
25	哈尔滨工业大学哈工大中心
26	黑龙江省农业科学院科技推广处
27	上海交通大学媒体与传播学院
28	上海市崇明区科学技术委员会
29	上海科学种子青少年科技创新服务中心STEM课程项目组
30	上海科学技术出版社有限公司
31	江苏省无锡市科学技术协会
32	江苏省扬州市科学技术局
33	江苏省泰州市科学技术协会
34	浙江省疾病预防控制中心健康教育所
35	北京航空航天大学杭州创新研究院
36	之江实验室
37	宁波市科普发展中心
38	中国科学技术大学科研部

续表

序号	单位
39	安徽省合肥市科学技术协会
40	安徽省马鞍山市雨山区科学技术局
41	福建医科大学科学技术协会

● **地方性法规及文件**

5. 《**天津市科学技术普及条例**》（2021年11月29日）

第59条 各级人民政府、科学技术协会、社会科学界联合会和有关单位，应当按照国家和本市的有关规定，对在科普工作中做出突出贡献的集体和个人，予以表彰或者奖励。

第60条 市教育、科技等有关行政管理部门，应当按照国家和本市的有关规定，对在市级以上青少年科学技术竞赛活动中取得优异成绩的在校学生和指导教师予以奖励。

● **政协委员提案答复**

6. 《**关于政协第十四届全国委员会第二次会议第00607号（科学技术类032号）提案答复的函**》（2024年8月12日）

一、相关工作进展

……

（三）……二是加强表彰和典型选树宣传。科技部自1996年起，每3年开展一次全国科普工作先进集体和先进工作者表彰；中国科协自2011年起，每5年开展一次全民科学素质工作先进集体和先进个人评选表彰……

第二章　组织管理

第十四条　各级政府的职责

各级人民政府领导科普工作，应当将科普工作纳入国民经济和社会发展相关规划，为开展科普工作创造良好的环境和条件。

县级以上人民政府应当建立科普工作协调制度。

● 宪　法

1.《宪法》(2018 年 3 月 11 日)

第 107 条第 1 款　县级以上地方各级人民政府依照法律规定的权限，管理本行政区域内的经济、教育、科学、文化、卫生、体育事业、城乡建设事业和财政、民政、公安、民族事务、司法行政、计划生育等行政工作，发布决定和命令，任免、培训、考核和奖惩行政工作人员。

● 法　律

2.《促进科技成果转化法》(2015 年 8 月 29 日)

第 5 条　国务院和地方各级人民政府应当加强科技、财政、投资、税收、人才、产业、金融、政府采购、军民融合等政策协同，为科技成果转化创造良好环境。

地方各级人民政府根据本法规定的原则，结合本地实际，可以采取更加有利于促进科技成果转化的措施。

● 行政法规及文件

3.《节约用水条例》(2024 年 3 月 9 日)

第 9 条　国家加强节水宣传教育和科学普及，提升全民节水意识和节水技能，促进形成自觉节水的社会共识和良好风尚。

国务院有关部门、县级以上地方人民政府及其有关部门、乡镇人民政府、街道办事处应当组织开展多种形式的节水宣传教育和知识普及活动。

新闻媒体应当开展节水公益宣传，对浪费水资源的行为进行舆论监督。

4.《野生植物保护条例》（2017年10月7日）

第5条　国家鼓励和支持野生植物科学研究、野生植物的就地保护和迁地保护。

在野生植物资源保护、科学研究、培育利用和宣传教育方面成绩显著的单位和个人，由人民政府给予奖励。

第6条　县级以上各级人民政府有关主管部门应当开展保护野生植物的宣传教育，普及野生植物知识，提高公民保护野生植物的意识。

第16条第1款　禁止采集国家一级保护野生植物。因科学研究、人工培育、文化交流等特殊需要，采集国家一级保护野生植物的，应当按照管理权限向国务院林业行政主管部门或者其授权的机构申请采集证；或者向采集地的省、自治区、直辖市人民政府农业行政主管部门或者其授权的机构申请采集证。

● 案例指引

"走进石化园区，感受科技魅力" 科普实践活动①

典型意义：为进一步增强大亚湾开发区青少年生态环境保护意识，普及石化科普知识和弘扬生态文明理念，区经济发展和统计局联合区石化能源产业局、大亚湾西区第七小学开展石化区公众开放日活动，大亚湾西区第七小学师生代表50多人走进大亚湾石化园区开启研学之旅。通过此次活动，师生们亲身感受到了石化区环境保护成果，增长了环境保护及石化科普知识。

---

① 参见中国科协技术协会"全国科普日"专题网站，https：//www.kepuri.cn/detail-page?id=916143，最后访问时间：2024年12月31日。

第十五条　领导与分工

国务院科学技术行政部门负责制定全国科普工作规划，实行政策引导，进行督促检查，加强统筹协调，推动科普工作发展。

国务院其他部门按照各自的职责分工，负责有关的科普工作。

县级以上地方人民政府科学技术行政部门及其他部门在同级人民政府领导下按照各自的职责分工，负责本地区有关的科普工作。

● 宪　法

1. 《宪法》（2018年3月11日）

第89条　国务院行使下列职权：

……

（七）领导和管理教育、科学、文化、卫生、体育和计划生育工作；

……

● 部门规章及文件

2. 《"十四五"国家科学技术普及发展规划》（2022年8月4日）

四、组织保障

（一）完善法律、政策体系。

做好《中华人民共和国科学技术普及法》实施评估工作。修改《中华人民共和国科学技术普及法》，完善新时代科普工作政策法规体系，健全相关配套政策。① 用好支持科普事业发展的优

---

① 《中华人民共和国科学技术普及法》已由中华人民共和国第十四届全国人民代表大会常务委员会第十三次会议于2024年12月25日修订通过，2024年12月25日公布，自公布之日起施行。

惠政策。研究制定鼓励社会力量投入科普的政策。探索利用高新技术产业、科技成果转化、文化创意产业等支持政策，促进科普领域市场发展。

（二）加强科普工作统筹协同。

加强全国科普事业发展的总体设计和规划布局，强化统筹组织，发挥全国科普工作联席会议机制作用，加强对地方、相关部门科普工作的统筹和指导，推动形成上下联动、全国"一盘棋"的科普工作格局。强化各级科技行政管理部门科普职责，健全组织机构，推进地方科普工作联席会议制度建设。建立完善全民科学素质行动实施协调机制，充分发挥国家各主管部门和科协、共青团、工会、妇联等群团组织的科普工作优势。

……

3. 《"十四五"生态环境科普工作实施方案》（2021年12月7日）

五、保障措施

（一）加强组织领导

37. 各级生态环境部门、各单位要切实提高政治站位，深刻认识习近平总书记关于"同等重要"论述的重大意义，把科普工作作为健全环境治理全民行动体系、促进环境治理体系和治理能力现代化、助力深入打好污染防治攻坚战的重要抓手，加强对生态环境科普工作的组织领导，建立和完善工作机制，动员和协调生态环境系统带头开展科普工作；加强与科技、科协、教育、宣传、文化旅游等部门合作，形成生态环境科普工作合力。

4. 《自然资源科学技术普及"十四五"工作方案》（2022年11月29日）

八、保障措施

（一）加强组织领导

加强与科技部、中国科协、教育、文旅等部门的沟通合作，发挥自然资源科普工作机制作用，推动形成科技创新与科学普及两翼互动，社会力量广泛参与的自然资源科普工作格局。各省

(区、市）自然资源主管部门、中国地质调查局及部其他相关直属单位、派出机构，要履行科普行政管理责任，加强对科普工作的组织领导，明确科普工作主责部门，将《工作方案》有关任务纳入相关规划和计划。自然资源科普工作办公室做好沟通联络工作，会同有关方面，共同推进《工作方案》的落实。

……

● 案例指引

稀有金属矿物开发及高端应用[①]

典型意义：广东省科学院资源利用与稀土开发研究所科普基地举办"广州市全国科普日"活动，吸引了周边中小学生及其家长前来参加。本次开放日活动以"稀有金属矿物开发及高端应用"为主题，安排了展厅参观、科普画廊参观和互动小实验等环节，并免费提供专家咨询和珠宝鉴定等服务。各位市民朋友通过矿石矿物展厅、地质历史展厅参观，显微镜观察，磁选模拟实验等，感受矿产资源开发的魅力；通过稀土资源开发和应用的科普视频及有奖问答，了解了我国稀土产业曲折发展的艰难历程和发展前景。本次活动宣传了研究所矿产资源和稀土专业优势与特色，激发了青少年对矿产资源开发利用的浓厚兴趣，在感受科学魅力的同时，提升了科学素养。今后，研究所也将进一步发挥作为科研单位的社会公益职能，为科学普及事业贡献积极力量。

| 第十六条 | 行业主管部门的职责 |

　　行业主管部门应当结合本行业特点和实际情况，组织开展相关科普活动。

[①] 参见中国科协技术协会"全国科普日"专题网站，https：//www.kepuri.cn/detail-page？id=911340，最后访问时间：2024年12月31日。

● **部门规章及文件**

1. 《自然资源科学技术普及"十四五"工作方案》（2022 年 11 月 29 日）

一、丰富自然资源科普活动

面向自然资源"两统一"职责履行需求，围绕公众关注的热点话题、自然资源科学知识和重大科技成果，依托科普基地、创新平台、科普专家等科普资源，利用新媒体创新开展自然资源科普活动，打造品牌科普活动，在国家重大科普活动中普及自然资源科学知识，大力营造崇尚科学和鼓励创新的风尚。

（一）积极参与国家重大科普活动

积极参加国家重大科普示范活动，结合自然资源管理职能，因地制宜举办部委主场活动、系列联合行动等，组织部系统单位、创新平台、科普基地等向社会公众开放，开展形式多样的科普活动。选拔推荐优秀选手和作品参加全国科普讲解大赛、全国科普作品推荐等活动，充分展示自然资源科技创新成果和科普特色及亮点。

（二）组织开展自然资源特色科普活动

围绕人与自然生命共同体理念的培育、碳达峰碳中和目标的实现、生物多样性保护，以及耕地保护、节约集约利用土地、生态修复、国土空间规划、国土调查、矿产资源勘查开发，特别是天然气水合物、干热岩等清洁能源的勘查与利用、深海深地探测、地质灾害防治、极地科考等重点工作的进展和成果，开展形式多样的特色科普活动，提高公众对自然资源工作的认知度。

（三）策划推出自然资源品牌科普活动

充分发挥自然资源系统土地、矿产、森林、草原、湿地、水、海洋等各行业的特色资源优势，紧密结合"世界地球日""全国防灾减灾日""世界海洋日暨全国海洋宣传日""全国土地日""测绘法宣传日暨国家版图意识宣传周""世界城市日"等主题日，策划举办自然资源科普讲解大赛、微视频大赛等科普示范项目，继续在青少年中创建"李四光中队"，打造自然资源活动品牌，不断提升科普活动影响力。

（四）大力开展自然资源应急科普活动

建立健全自然资源应急科普协调联动机制，坚持日常科普与应急科普活动相结合，完善应急管理预案中的应急科普措施。加强科研力量、科普专家、媒体等协调联动，建立自然资源科普专家库，储备和传播优质应急科普内容资源，有效开展防灾减灾、应急避险、辟谣等主题科普宣传活动，全面推进应急科普知识进企业、进农村、进社区、进学校、进家庭。注重对应急科普热点的预警，畅通应急科普在主流媒体的传播渠道，做好舆论引导。

● 地方性法规及文件

2.《天津市科学技术普及条例》（2021年11月29日）

第17条　教育行政管理部门应当会同有关部门、社会团体制定青少年科普工作计划并组织实施。

第18条　卫生健康行政管理部门应当普及卫生健康知识，推动医疗卫生机构加强卫生健康方面的科普工作。

体育行政管理部门应当结合科学健身做好科普工作。

第19条　发展改革、工业和信息化、住房城乡建设、交通运输等行政管理部门，应当按照各自职责，结合重大节能、循环经济、低碳发展示范工程，就新产品、新技术、新设备、新材料、新能源应用推广，推动实现碳达峰碳中和目标，做好科普工作。

第20条　规划资源行政管理部门负责做好城市规划和自然资源开发利用与保护等方面科普工作。

水务、生态环境、城市管理等行政管理部门，应当按照各自职责，结合水资源节约利用、生态环境保护、生活垃圾管理，开展科普工作，倡导绿色发展理念。

第 21 条 应急、气象、地震等行政管理部门应当做好安全生产、消防、气象和防震减灾等方面的科普工作，组织开展应急科普活动。

第 22 条 文化和旅游、城市管理、交通运输行政管理部门，应当指导和督促自然和人文景观、公共文化和旅游设施、交通基础设施和运输装备的维护、建设和管理单位做好科普宣传工作。

第 23 条 民政行政管理部门应当结合婚姻登记、养老服务、殡葬管理等相关工作做好科普工作。

● **人大代表建议答复**

3.《对十三届全国人大四次会议第 3259 号建议的答复》（2021 年 7 月 14 日）

一、关于大力开展中医"治未病"宣传的建议。

我局高度重视中医药科普工作，加强普及中医药健康知识，提高民众对中医药的了解与认知。一是开展各类中医药科普宣传活动，进一步提升群众获得感。联合多部委组织开展中医药健康文化推进行动，通过举办大型主题宣传、健康文化知识大赛、科普巡讲、进校园等活动，组织各省区市宣传中医治未病理念，普及青少年预防近视、妇女健康维护等科普知识，让民众了解常用中医养生保健技能，引导人们养成健康生活方式，积极运用中医药知识、方法维护自身健康。"十三五"期间，各地共举办中医药科普宣传活动 2.8 万余场，发放资料 2279 万份。二是开展中医药健康文化知识角建设，中医药健康知识传播平台更加坚实。进一步发挥医疗机构在开展健康教育、传播健康知识方面的突出作用，组织各省区市根据《中医药健康文化知识角建设指南》有关要求，在各级公立中医医院以及基层医疗卫生机构中医综合服务区（中医馆、国医堂）开展中医药健康文化知识角建设。目前，已建有中医药文化知识角2.3万余个，成为普及中医药健康知识的重要平台。三是积极发挥媒体传播优势，中医药科普影响力、覆盖面进一步提升。不断加强国家中医药管理局官方微信"中国中医"建设，与"学习强国"学习平台合作开设中医药栏目，会同中央媒体共同建设"中医"频道，指导各地中医药机构开通微信、微博账号，发挥新媒体传播更便捷快速的优势，传播推广中医养生保健理念和技能。按照"我为群众办实事"实践活动的总体安排，组织开展"千名医师讲中医"活动，组织1000位中医药专家通过中央及地方媒体平台，宣讲与群众日常生活、养生保健密切相关的中医药科普知识，帮助群众科学认识中医药、正确使用中医药。四是制定中医药科普标准文本，中医药健康教育更加规范。发布《中国公民中医养生保健素养》《健康教育中医药基本内容》，内容紧扣中医药特色，围绕情志、起居、饮食、运动中医养生四大基石，介绍了公民适宜掌握的中医药基本知识、理念、技能和方法，为倡导传播健康的生活方式，进一步规范国家基本公共卫生服务健康教育中医药内容，提升民众中医药健康文化素养提供支撑。五是培养中医药科普人才，中医药科普队伍更加充实。开展中医药文化科普巡讲专家遴选培训工作，现已建成230余人的国家级中医药文化科普巡讲专家队、2100余人的省级中医药文化科普巡讲专家队伍，在深入基层开展中医药健康教育、讲授传播中医药养生保健方法等方面发挥了积极作用。六是开展中医药健康文化素养监测，中医药科普工作更加科学。2016年以来建立健全了全国中医药健康文化知识普及工作及中国公民中医药健康文化素养水平监测机制，每年联合国家卫生健康委共同开展中国公民中医药健康文化素养调查工作，持续监测发布全国中医药健康文化知识普及工作情况及中国公民中医药健康文化素养水平，分析我国城乡中医药健康文化素养影响因素，评价中医药健康教育工作效果，为制定中医药相关政策提供科学依据。

下一步，我局将按照《中共中央 国务院关于促进中医药传承创新发展的意见》相关要求，将中医药科普作为一项重要内容纳入"十四五"中医药文化专项规划中予以部署推动。一是继续深入中医药科普宣传活动。以群众性中医药活动为主体，组织全国中医药优秀科普作品、微视频评选推介及科普巡讲等活动，普及健康饮食起居、情志调摄、食疗药膳、运动锻炼等中医养生保健知识和技能，推动公民中医药健康文化素养水平不断提升。二是发动行业广泛参与中医药科普工作。推动中医药高等院校、科研院所和企业等提高科普产品研发能力，鼓励向社会开放实验室、陈列室等科研设施。推动中医医疗机构通过电子屏、海报、宣传栏等经常性展示科普内容，开展健康讲座等科普活动。三是配合有关部门推动中医药规范化传播。根据媒体需求，积极推荐鼓励具有专业资质的中医药专家参与中医养生类节目的录制。加强对局主管出版单位监管，严把出版导向和质量关，引导推出一批针对不同群体的中医药科普精品。

● 案例指引

1. 用气象科普教百姓防灾减灾[①]

典型意义：在科普过程中，科学精神、科学思想和科学方法的传播也同样重要。在中国气象局科技司发展处的组织下，气象部门持续开展"守正创新 奉献气象"弘扬新时代科学家精神主题实践活动，以开展专项行动、强化机制建设、选树典型案例为重点，推进气象科技能力现代化和社会服务现代化的良好创新生态的形成。在全球气候变暖背景下，增强公众气象防灾减灾技能，以及应用气象服务信息的能力，对于有效引导公众趋利避害，促进经济社会可持续发展，变得日益重要。中国气象局科技司发展处深入贯彻落实习

---

① 参见中国科普网，http：//www.kepu.gov.cn/newspaper/2024－09/13/content_228912.html，最后访问时间：2024年12月31日。

近平总书记关于科普工作重要论述精神，持续加强气象部门科普能力建设，推动气象科技资源向科普转化。

2. 长江委开展节水科普宣传活动①

典型意义： 为普及节水用水知识，增强节水护水意识，2024年全国科普日期间，水利部长江水利委员会水资源节约与保护局通过"线上+线下"的形式积极组织开展节水科普宣传活动。长江委节保局精心制作长江委2024年全国科普日节水科普宣传特别报道科普专栏，通过网页新闻、视频、海报等多种形式宣传习近平总书记关于治水的重要论述精神和节水政策文件，普及节水意识、用水行为、节水义务等内容，充分展示长江委在贯彻《节约用水条例》、落实国家节水行动方案、推进节水型社会建设、实施流域节水监督管理、开展节水宣传教育等方面取得的积极进展；广泛动员开展节水科普知识答题活动，直接参与答题干部职工达7000余人次；在丹江口市开展志愿服务活动，节水志愿者共同学习领会习近平总书记给湖北十堰丹江口库区环保志愿者的回信精神，深入解读《节约用水条例》，并就丰富节水科普宣传方式、积极参与节水志愿服务活动等进行交流；在武汉市江岸区，节水志愿者为街道及社区工作人员开展节水科普专题讲座，推动落实《节约用水条例》规定的街道办事处开展节水宣传的要求。

第十七条　科学技术协会的职责

科学技术协会是科普工作的主要社会力量，牵头实施全民科学素质行动，组织开展群众性、社会性和经常性的科普活动，加强国际科技人文交流，支持有关组织和企业事业单位开展科普活动，协助政府制定科普工作规划，为政府科普工作决策提供建议和咨询服务。

---

① 参见全国节约用水办公室网站，http://qgjsb.mwr.gov.cn/zdgz/xcjy/202410/t20241009_1771736.html，最后访问时间：2024年12月31日。

● 地方性法规及文件

1.《天津市科学技术普及条例》(2021年11月29日)

第16条 科学技术协会负责全域科普日常工作,牵头实施全民科学素质行动规划纲要,完善科学素质建设工作机制,会同相关部门全面推进科学素质建设。

科学技术协会、社会科学界联合会应当发挥各自优势,组织开展群众性、社会性、经常性的科普活动,支持有关社会组织和企业事业单位开展科普活动,协助政府制定科普工作规划,为政府科普工作决策提供建议。

2.《上海市科学技术普及条例》(2022年2月18日)

第9条 科学技术协会是科普工作的主要社会力量,应当依法组织开展群众性、社会性、经常性的科普活动,支持有关社会组织、企业事业单位和基层组织开展科普活动,协助政府制定、落实科普发展规划,为政府科普工作决策提供建议。

上海科技馆是本市重要的综合性科普场馆,应当开展常态化科普活动,搭建合作交流平台,发挥科普示范功能。

3.《广东省科学技术普及条例》(2021年5月26日)

第10条 县级以上人民政府应当建立有关部门和单位参加的科普工作协调制度,每年至少召开一次全体成员会议,日常工作由科学技术协会承担。

全体成员会议具体负责研究、协调科普工作中的下列事项:

(一)审议科普工作规划及其实施方案;

(二)审议科普工作年度报告;

(三)审议科普发展政策措施、科普场馆建设、经费安排等重大事项;

(四)统筹协调科普工作重大事项;

(五)研究处理其他相关事项。

第12条　县级以上科学技术协会承担下列职责：

（一）协助政府制定科普工作规划和政策措施，组织实施公民科学素质建设工作；

（二）负责科普资源开发，科普信息化建设，科普基础条件建设，科普组织人才队伍建设；

（三）推动实体科技馆、流动科技馆、数字科技馆等科技场馆体系建设和科普教育基地建设；

（四）组织、支持企业事业单位、社会组织和科技专家开展科普活动；

（五）科普的其他工作。

第33条　省人民政府科学技术主管部门、省科学技术协会应当加强科普信息公共平台建设，整合各类科普资源，强化科普信息精准推送服务，利用多种形式常态化发布科普信息，为社会提供权威、专业、实时的科学知识和科普资源。

第44条　县级以上人民政府及其有关部门、科学技术协会应当鼓励和扶持公民、法人、其他组织依法设立科普组织，支持其承接相关科普工作；支持高等学校、中等职业学校、科学技术研究开发机构等组建专业性科普联盟，推动科普资源共建共享和交流合作。

第45条　县级以上科学技术协会应当会同有关部门建立健全科技志愿服务组织管理制度和科技志愿服务激励机制，构建科技志愿者服务平台，组织科普业务培训和工作交流，维护科技志愿者合法权益。

第54条　县级以上科学技术协会应当牵头组织全国科普日活动周活动，会同有关部门制定活动周方案，确定主要的科普活动计划。相关单位或者组织应当根据活动主题及各自优势开展各类科普活动。

● 案例指引

儿童急救科普活动[①]

典型意义：为加强社区群众对儿童急救知识的认识，提高应对儿童突发状况的能力，普及正确的急救技能，重庆市璧山区科学技术协会联合重庆市璧山区卫生健康委员会、重庆市璧山区妇幼保健院在区妇幼保健院举办了儿童急救科普活动。活动现场，专业讲师详细介绍了儿童常见意外伤害的类型与预防、儿童心肺复苏术、海姆立克急救法等急救知识，并现场演示了正确的急救操作步骤。群众通过观看演示和亲自实践，对儿童急救的重要性和操作技巧有了更深入的了解，对如何在紧急情况下正确施救有了一定的掌握。本次活动普及了儿童急救知识，增强了社区群众对儿童突发状况的应对能力，让群众在紧急情况下能够正确施救，保护儿童生命安全。下一步，璧山区科协将继续联合相关部门，定期开展儿童急救知识科普活动，提高群众的安全意识和自救互救能力，为儿童的健康成长提供坚实的安全保障。

第十八条 群团组织的职责
工会、共产主义青年团、妇女联合会等群团组织应当结合各自工作对象的特点组织开展科普活动。

● 法 律

1.《工会法》（2021 年 12 月 24 日）

第 2 条 工会是中国共产党领导的职工自愿结合的工人阶级群众组织，是中国共产党联系职工群众的桥梁和纽带。

中华全国总工会及其各工会组织代表职工的利益，依法维护职工的合法权益。

[①] 参见中国科协技术协会"全国科普日"专题网站，https：//www.kepuri. cn/detail-page？id＝915349，最后访问时间：2024 年 12 月 31 日。

第 7 条　工会动员和组织职工积极参加经济建设，努力完成生产任务和工作任务。教育职工不断提高思想道德、技术业务和科学文化素质，建设有理想、有道德、有文化、有纪律的职工队伍。

第 46 条　各级人民政府和用人单位应当为工会办公和开展活动，提供必要的设施和活动场所等物质条件。

● 部门规章及文件

2.《水利部 共青团中央 中国科协关于加强水利科普工作的指导意见》(2021 年 4 月 25 日)

水利科普工作对于落实国家创新驱动发展战略，提升全民水科学素养，引导公众爱水、护水、支持水利事业，具有重要作用。为加强水利科普工作顶层设计，推动水利科技创新和科学普及协同发展，深入实施全民科学素质行动，依据《中华人民共和国科学技术普及法》，提出以下指导意见。

一、总体要求

（一）指导思想

以习近平新时代中国特色社会主义思想为指导，全面贯彻落实"节水优先、空间均衡、系统治理、两手发力"的治水思路，大力弘扬科学精神，积极传播人水和谐科学理念，拓宽科普领域，夯实科普载体，创新科普形式，创作科普精品，普及水科学知识，不断提高公民水科学素养。

（二）基本原则

坚持以人为本。强化以人民为中心的理念，突出科普的实用性、群众性、社会性、通俗性和趣味性，针对不同受众群体的实际需求，精准服务，分类施策，讲求实效，促进水利科普更好地服务于广大人民群众。

坚持服务中心。找准科普工作发力点，紧密围绕水资源、水生态、水环境、水灾害统筹治理等水利中心工作开展科普，不断提升水利社会地位，营造全社会关心水利、理解水利、支持水利、参与水利的良好氛围。

坚持联动协同。坚持政府主导、部门协作、社会参与的科普工作机制，充分发挥共青团和科协联系广泛的优势，组织动员科研院所、学校、学术团体、企业和新闻媒体等各方力量，形成统筹兼顾、联动配合、分工协作的水利科普工作格局。

坚持创新驱动。创新科普理念、整合内容资源、拓展传播方式，在内容创作、表达方式、传播手段、载体建设、体制机制等方面加强创新发展，不断扩大水利科普的覆盖面和影响力。

（三）发展目标

到2025年，基本建成与水利改革发展水平相适应的水利科普体系，公众节水护水意识和水科学素养显著提升。完善科普激励机制，形成稳定的水利科普资金投入渠道，推动建立科普效果评价机制。加强科普基础设施建设，认定50个水利科普基地。加强科普供给，创作一批贴近公众、科学实用的水利科普作品，出版20套科普丛书、音像制品。强化融媒体传播效应，打造10个具有社会影响力的水利科普活动品牌。加强人才培养和队伍建设，培养一批优秀水利科普工作者，专兼职科普工作者及志愿者达5000名。

二、重点任务

（四）强化水利科普供给

围绕国家水安全战略需要和社会公众需求，重点在节水、水灾害防御、水资源保护、水生态修复等方面统筹加强科普作品开发和创作。推进与水情教育相关的科普作品纳入中小学课程体系。推动水利科技资源科普化，在具备条件的科研项目中开展科研成果科普化试点，开发创作系列科普产品。充分发挥水利科技社团、科研人员在科普工作中的主力军作用，水利科研院所应激励引导科研人员针对水利社会热点和公众关切，主动开展相关科普作品创作，撰写科普文章解疑释惑。

（五）开放共享水利科普资源

进一步开发和提升水利科技创新基地科普功能，建立完善常态化开放制度。财政投资建设的水利科普场馆应常年向公众开放。鼓励和支持重大水利工程设施利用现有展厅、仪器设备等丰富完善科普内容，定期面向公众开放，尤其要面向中小学生开展水利科普教育活动。依托行业会展、论坛等平台开展科普展览展示和互动体验活动。积极推进水利科普资源数字化服务平台、"网络展馆"等建设，满足公众特别是基层和革命老区、民族地区、边疆地区、经济欠发达地区群众的科普需求。

（六）推动建设水利科普基地

发挥科普基地在水利科普工作中的主阵地作用，逐步建成结构合理、层次清晰、特色鲜明的水利科普基地体系。强化顶层设计，加强分类指导，依托水利科技创新基地、重大水利工程设施、水利遗产、水土保持科技示范园、国家水情教育基地、水利风景区等平台载体，认定一批水利部科普基地，择优建设一批具有示范引领作用的全国科普教育基地。充分发掘资源，因地制宜，鼓励引导各级水行政主管部门依托公共文化场馆、科技场馆、教育培训基地等现有平台和设施，建设水利科普示范园区或设置水利科普展区。

（七）创新水利科普方式手段

坚持一次创作、多次开发、多种方式呈现，创新水利科普方式手段。在积极推动读本、视频、挂图类传统科普作品产出的同时，鼓励应用 VR、AR、MR 等新技术，打造一批集科学性和趣味性于一体的高品质水利科普精品。探索新老媒体融合互补的水利科普传播模式，通过报纸、广播等传统媒体，以及商场、景区、交通枢纽等人流密集场所的公共媒体平台，广泛传播水利知识，扩大科普覆盖面和影响力。利用"两微一端"等新媒体手段和大数据等新兴技术，科学定位目标群体，为公众提供丰富、可选、精准的水利科普服务。

（八）打造水利科普特色活动

创建并逐步形成一批具有水利行业特色和社会影响力的科普品牌活动，推动水利科普"进学校""进社区""进农村""进机关""进企业"。面向社会公众，开展"水利科普讲堂""中国水之行""护好大水、喝好小水"等经常性科普活动。发挥共青团和少先队在中小学生中的引领作用，深化"美丽中国·青春行动"，参与筹划"小手拉大手""全国中学生水科技发明比赛"等科普活动。面向水利科普工作者和参与者，开展全国水利科普讲解大赛、科普短视频评选、水利科学试验展演汇演等系列活动。

（九）加强水利科普队伍建设

依托水利科研院所、业务部门、相关高校和学术团体，培养选拔具有较高学术造诣的专家学者和业务骨干，建立水利科普工作团队，激励高层次科研人员参与水利科普工作。支持科研人员到中小学校担任校外辅导员，鼓励学校遴选相关课程教师参与水情教育员、辅导员等培训，校内校外共同开展水利科普教育活动。加强行业培训和工作交流，健全部、省、市、县四级科普讲解员队伍，打造一支业务精通、结构合理、专兼结合的水利科普队伍。积极搭建水利科普志愿者服务平台，建立科普志愿者登记制度，引导社会公众投身水利科普实践。

（十）加强水利科普国际交流合作

积极开展水利科普国际合作，引进吸收国际优秀水利科普作品及科普模式，支持优秀水利科普作品走出去，促进知识成果交流共享，探索建立以促进公众水科学素养持续提升为目标的国际合作机制。充分利用水利国际合作交流机制及相关国际组织，不断扩大水利科普领域的多双边交流合作，宣传展示我国水利改革发展成就，讲好中国水利故事，支撑保障"一带一路"建设。

三、保障措施

（十一）强化组织领导

切实提高对科普工作重要性的认识，落实各级水行政主管部门科普工作主体责任，推动科普工作纳入相关发展规划及年度工作计划。水利部成立水利科普工作领导小组，组建科普专家委员会。各级水行政主管部门要结合实际，健全工作机制，明确工作机构，强化手段措施。水利科研院所应设立专职科普工作人员。各部门各单位要把科普作为本部门本单位工作的重要组成部分，将科普工作成效纳入绩效考核，将水利科普内容作为干部职工培训的主要组成内容。

（十二）保障经费投入

各级水行政主管部门和各单位要把科普工作经费列入本单位预算，加强统筹，实行专款专用，切实保障水利科普工作实际需要。不断拓展水利科普资金来源渠道，积极吸引、引导和鼓励社会机构、企业单位、社会团体及个人投入水利科普工作。利用行业学会、协会等平台，探索设立水利科普发展基金，资助优秀水利科普作品编制出版。

（十三）完善激励机制

建立健全科普工作激励机制，调动水利科研人员开展科普工作的积极性。积极推动在水利科技项目中创作形成科普内容，将其经费单独列支。充分发挥大禹奖等各级水利科技奖励中科普类奖项的激励引导作用，在水利科技创新基地评估中明确科普要求，在职称评审等工作中提升科普成果的赋分权重，探索开展科普效果评估机制，鼓励各方产出更多优秀水利科普成果。对在水利科普工作中表现突出的先进集体和个人进行表扬和宣传。

● 团体规定及文件

3. 《中国共产主义青年团章程》（2023年6月22日）

第2条 团员必须履行下列义务：

（一）努力学习马克思列宁主义、毛泽东思想、邓小平理论、"三个代表"重要思想、科学发展观、习近平新时代中国特色社会主义思想，学习党的历史，学习团的基本知识，学习科学、文化、法律和业务知识，不断提高为人民服务的本领。

……

第24条 团的基层组织是团的工作和活动的基本单位，应该充分发挥团结教育青年的核心作用。它的基本任务是：

（一）组织团员和青年学习马克思列宁主义、毛泽东思想、邓小平理论、"三个代表"重要思想、科学发展观、习近平新时代中国特色社会主义思想，学习党的路线、方针和政策，学习团章和团的基本知识，学习科学、文化、法律和业务。

……

第43条 中国少年先锋队是中国少年儿童的群团组织，是少年儿童学习中国特色社会主义和共产主义的学校，是建设社会主义和共产主义的预备队。共青团要履行好全团带队政治责任，健全少先队组织的各级工作机构，加强少先队组织建设，支持少先队创造性地开展组织教育、自主教育、实践教育，保护和关心少年儿童的成长，坚持以社会主义思想和共产主义精神教育少年儿童，引导他们听党的话，好好学习，天天向上，从小学习做人、从小学习立志、从小学习创造，爱祖国，爱人民，爱劳动，爱科学，爱社会主义，锻炼身体，培养能力，学习和实践社会主义核心价值观，努力成长为担当民族复兴大任的时代新人，做共产主义事业的接班人。

中学共青团组织应加强对少先队员入团前的培养教育，少先队组织应积极推荐优秀少先队员作团的发展对象。

4.《中华全国妇女联合会章程》（2023年10月26日）

第5条第1款　教育引导妇女树立自尊、自信、自立、自强的精神，提高综合素质，实现全面发展。

第36条　妇女联合会干部应当做到：

……

（二）勤奋学习。学习马克思列宁主义、毛泽东思想、邓小平理论、"三个代表"重要思想、科学发展观、习近平新时代中国特色社会主义思想，学习党的基本知识和党的历史，学习法律政策、科学文化和妇女工作业务等知识，不断提升政治能力、思维能力、实践能力，增强推动高质量发展本领、服务群众本领、防范化解风险本领。

……

● 地方性法规及文件

5.《广东省科学技术普及条例》（2021年5月26日）

第27条　工会、共青团、妇联等群团组织应当根据各自工作对象的特点，结合年度工作安排组织开展多种形式的科普活动，提升职工、青少年、妇女儿童的科学素质水平。

6.《上海市科学技术普及条例》（2022年2月18日）

第16条第1款　工会、共产主义青年团、妇女联合会等人民团体应当结合各自工作对象的特点，组织开展形式多样的科普活动。

7.《天津市科学技术普及条例》（2021年11月29日）

第35条　工会、共青团、妇联、残联等社会团体，应当结合工作实际开展群众性科普活动。

第三章 社会责任

第十九条 全社会共责

科普是全社会的共同责任。社会各界都应当组织、参加各类科普活动。

● **法　律**

1.《科学技术进步法》（2021年12月24日）

第12条第2款　科学技术普及是全社会的共同责任。国家建立健全科学技术普及激励机制，鼓励科学技术研究开发机构、高等学校、企业事业单位、社会组织、科学技术人员等积极参与和支持科学技术普及活动。

● **行政法规及文件**

2.《关于新时代进一步加强科学技术普及工作的意见》（2022年9月4日）

二、强化全社会科普责任

（四）各级党委和政府要履行科普工作领导责任。落实科普相关法律法规，把科普工作纳入国民经济和社会发展规划、列入重要议事日程，与科技创新协同部署推进。统筹日常科普和应急科普，深入实施全民科学素质行动，为全社会开展科普工作创造良好环境和条件。

（五）各行业主管部门要履行科普行政管理责任。各级科学技术行政部门要强化统筹协调，切实发挥科普工作联席会议机制作用，加强科普工作规划，强化督促检查，加强科普能力建设，按有关规定开展科普表彰奖励。各级各有关部门要加强行业领域科普工作的组织协调、服务引导、公共应急、监督考评等。

（六）各级科学技术协会要发挥科普工作主要社会力量作用。各级科学技术协会要履行全民科学素质行动牵头职责，强化科普工作职能，加强国际科技人文交流，提供科普决策咨询服务。有关群团组织和社会组织要根据工作对象特点，在各自领域开展科普宣传教育。

（七）各类学校和科研机构要强化科普工作责任意识。发挥学校和科研机构科教资源丰富、科研设施完善的优势，加大科普资源供给。学校要加强科学教育，不断提升师生科学素质，积极组织并支持师生开展丰富多彩的科普活动。科研机构要加强科普与科研结合，为开展科普提供必要的支持和保障。

（八）企业要履行科普社会责任。企业要积极开展科普活动，加大科普投入，促进科普工作与科技研发、产品推广、创新创业、技能培训等有机结合，提高员工科学素质，把科普作为履行社会责任的重要内容。

（九）各类媒体要发挥传播渠道重要作用。广播、电视、报刊、网络等各类媒体要加大科技宣传力度，主流媒体要发挥示范引领作用，增加科普内容。各类新兴媒体要强化责任意识，加强对科普作品等传播内容的科学性审核。

（十）广大科技工作者要增强科普责任感和使命感。发挥自身优势和专长，积极参与和支持科普事业，自觉承担科普责任。注重提升科普能力，运用公众易于理解、接受和参与的方式开展科普。积极弘扬科学家精神，恪守科学道德准则，为提高全民科学素质作出表率。鼓励和支持老科技工作者积极参与科普工作。

（十一）公民要自觉提升科学素质。公民要积极参与科普活动，主动学习、掌握、运用科技知识，自觉抵制伪科学、反科学等不良现象。

● 案例指引

1. 加油站燃油知识科普活动[①]

    典型意义：石化公司在加油站举行燃油知识科普活动，工作人员通过线上线下相结合的方式，全方位、多角度地展开科普宣传活动，充分利用短视频平台的强大流量优势，开启直播，向每一位进站的市民宣讲燃油知识，倡导节约燃油，低碳环保，提升国民整体素质。

2. "安全用电，合规用电"科普活动[②]

    典型意义：智能量测产业技术创新分会组织国网陕西省供电公司、国网新疆供电公司相继举办了"安全用电、合规用电"科普活动。在国网陕西省西安市北供电公司下辖的市北营业厅通过摆设宣传展板、播放宣传视频等方式，向市民广泛宣传安全合规用电等相关法律法规知识；在国网新疆乌鲁木齐公司下辖北京路营业厅举办科普活动，活动邀请职工代表和市民朋友前来参观交流、观看科普宣传视频，让市民朋友们深刻认识到安全用电、合规用电的重要意义。

第二十条　教育机构的职责

各级各类学校及其他教育机构，应当把科普作为素质教育的重要内容，加强科学教育，提升师生科学文化素质，支持和组织师生开展多种形式的科普活动。

高等学校应当发挥科教资源优势，开设科技相关通识课程，开展科研诚信和科技伦理教育，把科普纳入社会服务职能，提供必要保障。

---

① 参见中国科协技术协会"全国科普日"专题网站，https：//www.kepuri.cn/detail-page？id=915970，最后访问时间：2024年12月31日。

② 参见中国科协技术协会"全国科普日"专题网站，https：//www.kepuri.cn/detail-page？id=919104，最后访问时间：2024年12月31日。

中小学校、特殊教育学校应当利用校内、校外资源，提高科学教育质量，完善科学教育课程和实践活动，激发学生对科学的兴趣，培养科学思维、创新意识和创新能力。

学前教育机构应当根据学前儿童年龄特点和身心发展规律，加强科学启蒙教育，培育、保护好奇心和探索意识。

● 宪　法

1. 《宪法》（2018年3月11日）

第19条　国家发展社会主义的教育事业，提高全国人民的科学文化水平。

国家举办各种学校，普及初等义务教育，发展中等教育、职业教育和高等教育，并且发展学前教育。

国家发展各种教育设施，扫除文盲，对工人、农民、国家工作人员和其他劳动者进行政治、文化、科学、技术、业务的教育，鼓励自学成才。

国家鼓励集体经济组织、国家企业事业组织和其他社会力量依照法律规定举办各种教育事业。

国家推广全国通用的普通话。

● 法　律

2. 《科学技术进步法》（2021年12月24日）

第103条　国家建立科技伦理委员会，完善科技伦理制度规范，加强科技伦理教育和研究，健全审查、评估、监管体系。

科学技术研究开发机构、高等学校、企业事业单位等应当履行科技伦理管理主体责任，按照国家有关规定建立健全科技伦理审查机制，对科学技术活动开展科技伦理审查。

3. 《学前教育法》（2024年11月8日）

第10条　国家鼓励和支持学前教育、儿童发展、特殊教育方面的科学研究，推广研究成果，宣传、普及科学的教育理念和方法。

第 56 条第 1 款　幼儿园应当以学前儿童的生活为基础，以游戏为基本活动，发展素质教育，最大限度支持学前儿童通过亲近自然、实际操作、亲身体验等方式探索学习，促进学前儿童养成良好的品德、行为习惯、安全和劳动意识，健全人格、强健体魄，在健康、语言、社会、科学、艺术等各方面协调发展。

4.《义务教育法》（2018 年 12 月 29 日）

第 35 条第 1 款　国务院教育行政部门根据适龄儿童、少年身心发展的状况和实际情况，确定教学制度、教育教学内容和课程设置，改革考试制度，并改进高级中等学校招生办法，推进实施素质教育。

● 行政法规及文件

5.《关于新时代进一步加强科学技术普及工作的意见》（2022 年 9 月 4 日）

五、强化科普在终身学习体系中的作用

（二十一）强化基础教育和高等教育中的科普。将激发青少年好奇心、想象力，增强科学兴趣和创新意识作为素质教育重要内容，把弘扬科学精神贯穿于教育全过程。建立科学家有效参与基础教育机制，充分利用校外科技资源加强科学教育。加强幼儿园和中小学科学教育师资配备和科学类教材编用，提升教师科学素质。高等学校应设立科技相关通识课程，满足不同专业、不同学习阶段学生需求，鼓励和支持学生开展创新实践活动和科普志愿服务。

……

（二十三）强化职业学校教育和职业技能培训中的科普。弘扬工匠精神，提升技能素质，培育高技能人才队伍。发挥基层农村专业技术协会、科技志愿服务等农业科技社会化服务体系作用，深入推进科技特派员制度，引导优势科普资源向农村流动，助力乡村振兴。

……

6.《全民科学素质行动规划纲要（2021—2035年）》（2021年6月3日）

三、提升行动

重点围绕践行社会主义核心价值观，大力弘扬科学精神，培育理性思维，养成文明、健康、绿色、环保的科学生活方式，提高劳动、生产、创新创造的技能，在"十四五"时期实施5项提升行动。

（一）青少年科学素质提升行动。

激发青少年好奇心和想象力，增强科学兴趣、创新意识和创新能力，培育一大批具备科学家潜质的青少年群体，为加快建设科技强国夯实人才基础。

——将弘扬科学精神贯穿于育人全链条。坚持立德树人，实施科学家精神进校园行动，将科学精神融入课堂教学和课外实践活动，激励青少年树立投身建设世界科技强国的远大志向，培养学生爱国情怀、社会责任感、创新精神和实践能力。

——提升基础教育阶段科学教育水平。引导变革教学方式，倡导启发式、探究式、开放式教学，保护学生好奇心，激发求知欲和想象力。完善初高中包括科学、数学、物理、化学、生物学、通用技术、信息技术等学科在内的学业水平考试和综合素质评价制度，引导有创新潜质的学生个性化发展。加强农村中小学科学教育基础设施建设和配备，加大科学教育活动和资源向农村倾斜力度。推进信息技术与科学教育深度融合，推行场景式、体验式、沉浸式学习。完善科学教育质量评价和青少年科学素质监测评估。

——推进高等教育阶段科学教育和科普工作。深化高校理科教育教学改革，推进科学基础课程建设，加强科学素质在线开放课程建设。深化高校创新创业教育改革，深入实施国家级大学生创新创业训练计划，支持在校大学生开展创新型实验、创业训练和创业实践项目，大力开展各类科技创新实践活动。

——实施科技创新后备人才培育计划。建立科学、多元的发现和培育机制，对有科学家潜质的青少年进行个性化培养。开展英才计划、少年科学院、青少年科学俱乐部等工作，探索从基础教育到高等教育的科技创新后备人才贯通式培养模式。深入实施基础学科拔尖学生培养计划2.0，完善拔尖创新人才培养体系。

——建立校内外科学教育资源有效衔接机制。实施馆校合作行动，引导中小学充分利用科技馆、博物馆、科普教育基地等科普场所广泛开展各类学习实践活动，组织高校、科研机构、医疗卫生机构、企业等开发开放优质科学教育活动和资源，鼓励科学家、工程师、医疗卫生人员等科技工作者走进校园，开展科学教育和生理卫生、自我保护等安全健康教育活动。广泛开展科技节、科学营、科技小论文（发明、制作）等科学教育活动。加强对家庭科学教育的指导，提高家长科学教育意识和能力。加强学龄前儿童科学启蒙教育。推动学校、社会和家庭协同育人。

——实施教师科学素质提升工程。将科学精神纳入教师培养过程，将科学教育和创新人才培养作为重要内容，加强新科技知识和技能培训。推动高等师范院校和综合性大学开设科学教育本科专业，扩大招生规模。加大对科学、数学、物理、化学、生物学、通用技术、信息技术等学科教师的培训力度。实施乡村教师支持计划。加大科学教师线上培训力度，深入开展"送培到基层"活动，每年培训10万名科技辅导员。

……

● 部门规章及文件

7.《"十四五"国家科学技术普及发展规划》（2022年8月4日）

三、重要任务

……

（三）推动科普工作全面发展。

……

推动科普与学校教育深度融合。坚持科普要"从娃娃抓起"，构建小学、初中、高中阶段循序渐进，校内、校外有机融合的科学教育体系。遴选一批优秀科普工作者以及符合学校需求的科普基地，按照"双向选择"的原则，由学校自主选聘为科技辅导员或合作机构，并参与学校课后服务。鼓励中小学有计划地组织学生就近分期分批到科普场馆和科普基地开展科普教育实践活动，激发青少年好奇心和想象力，增强科学兴趣，培育创新思维和能力。系统考虑新科学知识、新学习需求、新教学手段，加大优质科学教育资源和精品科普课程的开发，切实增强科学性、系统性、适宜性和趣味性，丰富中小学科技教育内容。加强高等教育阶段的科学教育和科普实践，鼓励和支持高校教师、学生开展科普社会实践。

……

8.《"十四五"生态环境科普工作实施方案》（2021年12月7日）

四、生态环境科学素质提升行动

（一）青少年提升行动

28. 加强生态环境科学教育课程师资建设。同教育部门加强联系，协助开发生态环境教学内容，推动课程在线开放，加强教师培训，将生态文明理念和科学精神贯穿于育人全链条，融入科学、自然、物理、化学等课堂教学和课外实践活动中，引导学生掌握基本的生态环境科学知识，树立正确的生态观念和科学思维。

29. 丰富生态环境科学教育活动。实施生态环境科普专家团队进校园行动，通过专家报告、对话等形式激发青少年从事生态环境保护和科技创新的兴趣；推进生态环境研学活动，组织青少年走进生态环境科普基地等校外科普场所，促进校内外学习相衔接；加强与青少年科技活动中心、少年宫等机构合作，组织举办全国中学生水科技发明比赛、生态环境科普创意征集等活动。

9. 《关于加强新时代中小学科学教育工作的意见》（2023年5月17日）

二、改进学校教学与服务

……

6. 创造条件丰富内容，拓展科学实践活动。各地要按照课程标准，开展实验和探究实践活动，落实跨学科主题学习原则上应不少于10%的教学要求。各校要由校领导或聘任专家学者担任科学副校长，原则上至少设立1名科技辅导员、至少结对1所具有一定科普功能的机构（馆所、基地、园区、企业等）。要"请进来""走出去"双向互动开展实践活动。在"请进来"方面，开展"科学家（精神）进校园"、少年科学院、流动科技馆、流动青少年宫、科普大篷车、科技节、科学调查体验等活动。在"走出去"方面，组织中小学生前往科学教育场所，进行场景式、体验式科学实践活动。

7. 纳入课后服务项目，吸引学生主动参与。各地要将科学教育作为课后服务最基本的、必备的项目，开展科普讲座、科学实验、科技创作、创客活动、观测研究等，不断提升课后服务的吸引力。加强对学生科技社团和兴趣小组指导，引导支持有兴趣的学生长期、深入、系统地开展科学探究与实验。健全第三方机构进校园机制，统筹利用社会优质科学教育资源。

8. 加强师资队伍建设，发挥教师主导作用。增加并建强一批培养中小学科学类课程教师的师范类专业，强化实验教学能力。探索选拔和培养一批高水平、复合型的高中阶段理科专业教师。在公费师范生、"优师计划"等项目中提高科学类课程教师培养比例。鼓励高水平综合性大学参与教师培养，从源头上加强高素质专业化科学类课程教师供给。在"国培计划"示范项目中专门设置中小学科学类课程教师培训项目。升级实施中小学教师科学素养提升行动计划，增强科学教育意识与能力，探索开展科学教育专业水平认证工作。落实小学科学教师岗位编制，加强中小学实验员、各级教研部门科学教研员配备，逐步推动实现每所小学至少有 1 名具有理工类硕士学位的科学教师。各地要切实激发广大教师参与科学教育的积极性、创造性，探索建立科学类课程教师多元评价机制。

三、用好社会大课堂

9. 全面动员相关单位，服务科学实践教育。强化部门协作，统筹动员高校、科研院所、科技馆、青少年宫、儿童活动中心、博物馆、文化馆、图书馆、规划展览馆和工农企业等单位，向学生开放所属的场馆、基地、营地、园区、生产线等阵地、平台、载体和资源，为广泛实施科学实践教育提供物质基础。鼓励各有关部门、单位建立"科学教育社会课堂"专家团队，开发适合中小学生的科学教育课程和项目。结合儿童友好城市建设，推动各地建设具备科普、体验等多功能的教育基地。深化环保设施开放，丰富环境科普内容形式，打造生态文明教育基地。利用家长学校、儿童之家、少年科学院、青少年科学工作室等服务形式和模式，面向广大家庭和青少年进行科学教育。

10. 引导企业援建基地，改善实践教学条件。各地要积极动员各类企业，尤其是与高精尖技术密切相关的企业，以企业捐资、挂牌、冠名等形式，为薄弱地区、薄弱学校援建科学教育场所，提供设备、器材、图书、软件等，培训专业讲解人员。引导高科技工农企业开展"自信自立技术产品体验"活动，鼓励中小学生勤于探索、勇于实践。引导中小学生在现实生产生活环境中学习科学知识，体悟劳动精神、钻研精神、创新精神、工匠精神。

11. 鼓励高校和科研院所主动对接中小学，引领科学教育发展。鼓励和支持高校、科研院所建立激励机制，引导科学家（科技工作者）研究和参与中小学科学教育，安排实验室等科技资源向中小学生适当开放，协同组织科学夏（冬）令营等，为科学实践活动提供有力保障。各地要搭建平台，支持中小学与高校、科研院所联系，用好相关实践资源。推动大学与中学联合教研，实现教学内容、教学方法等更好衔接；倡导联合共建创新实验室、科普站、人才培育班，探索大学、中学双导师制，进行因材施教。

12. 推动全媒体传播，营造科学教育氛围。大力弘扬科学精神和科学家精神，推动中央主要媒体所属新媒体平台开设科学教育专栏，加大对科学教育的宣传引导力度，激励中小学生树立科技报国远大志向。将科学教育纳入"双减"宣传工作矩阵重点任务，鼓励中央和各地主要媒体与各级各类科学教育机构、科技类社会组织合作，加强原创科普作品创作，积极推进科学教育传播创新，营造重视支持科学教育浓厚氛围。

13. 优化数字智慧平台，丰富科学教育资源。在国家智慧教育公共服务平台等链接科学教育资源，鼓励社会各界制作上线"科学公开课""家庭科学教育指导课"等，不断丰富平台资源。建立科学家（科技工作者）、科学课、科学教育场所资源库，强化资源征集、对接、调度机制，高效有序安排地方及学校选择使用。

四、做好相关改革衔接

14. 规范科技类校外培训，形成学校教育有益补充。各地要合理规划科技类非学科校外培训机构总体规模、设置标准、审批程序，引导机构合法经营、规范发展，有效满足学生个性化需求。将科技类非学科校外培训机构全部纳入全国校外教育培训监管与服务综合平台，实施全流程监管。可根据实际需要通过政府购买服务等方式，适当引进合规的科技类非学科培训课程。

15. 严格竞赛活动管理，培养学生"献身科学"精神。各地要加强正向宣传引导，指导中小学生理性选择参加"白名单"竞赛，搭建中小学生成长平台，发现有潜质的学生，引导其积极投身科学研究。指导各竞赛组织方在竞赛活动中融入爱国主义教育，培养参赛学生家国情怀；突出集体主义教育，为参赛学生未来从事有组织科研打牢思想基础。

16. 统筹拔尖创新人才项目，探索选拔培养长效机制。各地、各有关高校要积极探索拔尖创新人才选拔培养有效模式，建立统筹协调机制，明确"中学生英才计划""强基计划""基础学科拔尖学生培养计划""高校科学营"等项目在选拔、培育、使用上的各自侧重点，细化支持措施，推进有序实施，提高培养效率。推动各类学校强化跟踪研究和总结，实现在有潜质学生的发现方式、培养路径上取得实效。试点建设科技高中，加强大学与高中教育在人才培养方面的衔接。

17. 推进中高考内容改革，完善学业水平考试命题。各地要完善试题形式，坚持素养立意，增强试题的基础性、应用性、综合性、创新性，减少机械刷题，引导课堂教学提质增效，培养学生科学精神。加强实验考查，提高学生动手操作和实验能力。建立由学科命（审）题人员、学科秘书、教育测量专家、命题组织管理人员等组成的高水平命（审）题队伍，优化队伍结构。强化中学生职业发展规划教育，引导学生明确自己的兴趣特长和职业目标。

18. 重视体系化设计安排，助力不同阶段有机衔接。各地要根据各学段侧重点，推动中小学科学教育向各级各类教育有机发展延伸。注重普通高中、职业教育阶段科学类相关课程的联系与融合。鼓励本科阶段开设《科学技术史》选修课。强化研究生阶段科技创新能力培养，引导学生掌握科学研究方法和创新思维。

19. 实施家庭科学教育，促进家校社协同育人。各地要突出科普价值引领，聚合科普专家力量，推出家庭科普公开课，开展形式多样的家庭科普活动，打造"家门口"科学教育阵地，推动科学教育走进千家万户，提升家长科普意识和学生科学素质。

20. 强化学科专业建设，开展科学教育研究。强化科学教育学科专业建设，打造高素质人才队伍。加强国家科技计划对科学教育相关领域研究的支持。推进科学教育交叉学科研究平台建设。鼓励高校、教科院、科研院所建立科学教育研究中心，开展理论研究与实践。加强教师国际交流，掌握国际科学教育动态，吸纳优秀研究成果。

五、加强组织领导

21. 全面系统部署。切实提高政治站位，充分发挥"双减"工作专门协调机制作用，建立教育部门牵头、有关部门齐抓共管的科学教育工作机制。细化完善措施，确保科学教育落地见效。充分调动社会力量，成立由科学家、各领域科技人才、科技馆所及科普教育基地科技辅导员组成的专家团队，加强谋划指导和推动落实。搭建中小学科学教育研讨交流平台，推广典型工作案例，总结优化改革发展路径。

22. 落实经费保障。统筹各方资金和项目，广泛争取社会资助，加大对科学教育的支持力度。各资源单位要坚持公益定位，免费或优惠向中小学生提供科学教育服务。用好现有彩票公益金项目，切实做好教育助学、中小学生校外研学工作。积极争取中国教育发展基金会等社会组织支持，加大对薄弱地区、薄弱学校、特殊儿童群体支持力度。

23. 强化项目引领。实施"校内科学教育提质计划""科学家（精神）进校园行动"" '千家万馆'科学教育总动员行动""科普进万家行动""少年科学院""中西部地区科学教育场所援建工程""全媒体科普行动"等重点项目，适时发布重点项目方案。设立实验（示范）区、实验（示范）校和示范性基地，引领全国中小学科学教育改革发展。

24. 实施监测指导。加强科学教育调研指导，层层压实责任。强化动态监测，定期对青少年科学素质进行分析研判，公布相关结果。按时完成科普资源统计调查工作，强化对资源薄弱地区建设引导。及时宣传工作进展和成果，提高人民群众感知度、认可度，营造良好改革氛围。

10.《关于加强小学科学教师培养的通知》（2022年5月19日）

四、创新小学科学教师培养协同机制。深化师范院校、地方政府、小学协同培养机制，加强人才培养供需对接，发挥一线小学教师、科技辅导员等对师范生培养的指导作用，聚焦小学科学教师专业核心素养与科学教育实践能力培养协同创新。支持师范院校与理工科大学开放课程、学分互认、互派教师，鼓励中国科学院、中国工程院下辖单位相关专家到师范院校兼职，加强师范院校间协同，合作培养小学科学教师。支持师范院校与科研院所、科技馆、博物馆、天文台、植物园及其他科普教育基地、高新技术企业等建立合作关系，充分利用社会科普资源、科技创新第一现场开展教研，优化教师培养，全面提升面向小学教师培养的相关专业师范生创新开展科学教育活动的能力。

● **案例指引**

在这里，大学老师给小学生上课[①]

典型意义： 福建省漳州市实验小学举行"大手牵小手"科普系列活动，掀起了一股学科学、爱科学的热潮。漳州市实验小学和闽南师范大学、漳州城市职业技术学院签订了"科学共同体"协议，邀请大学的教授们走进小学课堂，带领小学生们探索课堂之外的科学世界，感受不一样的科学实践活动。此次活动让学生们深刻体会

[①] 参见中国科普网，http://www.kepu.gov.cn/education/2024-12/25/content_278542.html，最后访问时间：2024年12月31日。

科学与生活的紧密关系，为他们的科学梦描绘了更加清晰的蓝图。

第二十一条　老年人、残疾人等特殊群体的科普教育

开放大学、老年大学、老年科技大学、社区学院等应当普及卫生健康、网络通信、智能技术、应急安全等知识技能，提升老年人、残疾人等群体信息获取、识别和应用等能力。

● 行政法规及文件

1. 《关于新时代进一步加强科学技术普及工作的意见》（2022年9月4日）

五、强化科普在终身学习体系中的作用

……

（二十四）强化老龄工作中的科普。依托老年大学（学校、学习点）、社区学院（学校、学习点）、养老服务机构等，在老年人群中广泛普及卫生健康、网络通信、智能技术、安全应急等老年人关心、需要又相对缺乏的知识技能，提升老年人信息获取、识别、应用等能力。

六、营造热爱科学、崇尚创新的社会氛围

……

2. 《全民科学素质行动规划纲要（2021—2035年）》（2021年6月3日）

三、提升行动

……

（四）老年人科学素质提升行动。

以提升信息素养和健康素养为重点，提高老年人适应社会发展能力，增强获得感、幸福感、安全感，实现老有所乐、老有所学、老有所为。

——实施智慧助老行动。聚焦老年人运用智能技术、融入智慧社会的需求和困难，依托老年大学（学校、学习点）、老年科技大学、社区科普大学、养老服务机构等，普及智能技术知识和技能，提升老年人信息获取、识别和使用能力，有效预防和应对网络谣言、电信诈骗。

——加强老年人健康科普服务。依托健康教育系统，推动老年人健康科普进社区、进乡村、进机构、进家庭，开展健康大讲堂、老年健康宣传周等活动，利用广播、电视、报刊、网络等各类媒体，普及合理膳食、食品安全、心理健康、体育锻炼、合理用药、应急处置等知识，提高老年人健康素养。充分利用社区老年人日间照料中心、科普园地、党建园地等阵地为老年人提供健康科普服务。

——实施银龄科普行动。积极开发老龄人力资源，大力发展老年协会、老科协等组织，充分发挥老专家在咨询、智库等方面的作用。发展壮大老年志愿者队伍。组建老专家科普报告团，在社区、农村、青少年科普中发挥积极作用。

……

● 部门规章及文件

3.《"十四五"国家科学技术普及发展规划》（2022年8月4日）

三、重要任务

……

（五）抓好公民科学素质提升工作。

……

提升老年人科学生活能力。以提升信息素养和健康素养为重点，提高老年人适应社会发展能力，增强获得感、幸福感、安全感，实现老有所乐、老有所学、老有所为。实施智慧助老行动，提升老年人信息获取、识别和使用能力，有效预防和应对网络谣言、电信诈骗。开展老年人健康素养促进项目，监测老年人健康素养，开展有针对性的健康教育活动。加强老年人健康科普服务，充分利用社区老年人日间照料中心、科普园地、党建园地等阵地为老年人提供健康科普服务。实施银龄科普行动，积极开发老龄人力资源，大力发展老年协会、老科协等组织，充分发挥老专家在咨询、智库等方面的作用。

……

4.《"十四五"生态环境科普工作实施方案》（2021年12月7日）

　　四、生态环境科学素质提升行动

　　……

　　（五）老年人提升行动

36. 开展老年人环境与健康科普服务。推动老年人环境与健康科普进社区，鼓励志愿者面向社区、养老服务机构等单位开展志愿服务，传播重污染天气健康防护、健康饮水、食品安全、垃圾分类等知识和理念，有效增强生态环境信息获取、识别和应用的能力。

> **第二十二条**　科研机构和高校的职责
>
> 　　科学研究和技术开发机构、高等学校应当支持和组织科学技术人员、教师开展科普活动，有条件的可以设置专职科普岗位和专门科普场所，使科普成为机构运行的重要内容，为开展科普活动提供必要的支持和保障，促进科技研发、科技成果转化与科普紧密结合。

● 案例指引

矿产资源开发利用科普宣传[①]

　　典型意义：本次活动从观看科普动画片《一块矿石的故事》开

---

① 参见中国科协技术协会"全国科普日"专题网站，https://www.kepuri.cn/detail-page?id=913857，最后访问时间：2024年12月31日。

始。该视频以通俗生动的语言和形象立体的动画，系统介绍了矿产资源开发利用各环节技术工艺脉络，使社会大众能够通过通俗易懂的语言和动画快速了解矿产资源开发这一专业度较高的领域的基本知识。学生们通过参观矿冶集团研发中心科技展厅，对矿产资源从开采、选别、冶炼到材料制备等关键阶段的研究内容和科技进步方向有了更直观的认识，对矿冶集团作为矿产资源开发领域"国家队"的创新发展历程和重大科技成果有了更全面的了解，对这些重大科技成果取得背后的攻关故事和所蕴含的矿冶科学家精神有了更深刻的体会。本次活动让正在进行地质学、矿物学等矿产资源相关领域专业学习的学生进一步了解了我国矿冶领域前沿科学技术及科技成果，加深了他们对于所学专业领域科技创新和科学家精神内涵的理解。

第二十三条　科技企业的社会责任

科技企业应当把科普作为履行社会责任的重要内容，结合科技创新和职工技能培训面向公众开展科普活动。

鼓励企业将自身科技资源转化为科普资源，向公众开放实验室、生产线等科研、生产设施，有条件的可以设立向公众开放的科普场馆和设施。

● 法　律

1. 《科学技术进步法》（2021 年 12 月 24 日）

第 31 条　国家鼓励企业、科学技术研究开发机构、高等学校和其他组织建立优势互补、分工明确、成果共享、风险共担的合作机制，按照市场机制联合组建研究开发平台、技术创新联盟、创新联合体等，协同推进研究开发与科技成果转化，提高科技成果转移转化成效。

● 行政法规及文件

2.《全民科学素质行动规划纲要（2021—2035年）》（2021年6月3日）

四、重点工程

深化科普供给侧改革，提高供给效能，着力固根基、扬优势、补短板、强弱项，构建主体多元、手段多样、供给优质、机制有效的全域、全时科学素质建设体系，在"十四五"时期实施5项重点工程。

（一）科技资源科普化工程。

建立完善科技资源科普化机制，不断增强科技创新主体科普责任意识，充分发挥科技设施科普功能，提升科技工作者科普能力。

——建立完善科技资源科普化机制。鼓励国家科技计划（专项、基金等）项目承担单位和人员，结合科研任务加强科普工作。推动在相关科技奖项评定中列入科普工作指标。推动将科普工作实绩作为科技人员职称评聘条件。将科普工作纳入相关科技创新基地考核。开展科技创新主体、科技创新成果科普服务评价，引导企业和社会组织建立有效的科技资源科普化机制，支持中国公众科学素质促进联合体等发展，推动科普事业与科普产业发展，探索"产业+科普"模式。开展科普学分制试点。

——实施科技资源科普化专项行动。支持和指导高校、科研机构、企业、科学共同体等利用科技资源开展科普工作，开发科普资源，加强与传媒、专业科普组织合作，及时普及重大科技成果。建设科学传播专家工作室，分类制定科技资源科普化工作指南。拓展科技基础设施科普功能，鼓励大科学装置（备）开发科普功能，推动国家重点实验室等创新基地面向社会开展多种形式的科普活动。

……

● 部门规章及文件

3.《自然资源科学技术普及"十四五"工作方案》（2022年11月29日）

五、推进自然资源科技资源科普化

建立自然资源科技资源科普化机制，增强适宜开放的科技基础设施、科技创新平台等科研设施的科普功能，支持和鼓励将科普成效纳入重大工作性计划（工程）绩效评估体系，培养科技工作者科普责任意识，提高科技工作者科普参与程度，促进科学普及与科技创新协同发展。

（一）建立科技资源科普化机制

在组织实施自然资源重大工作性计划（工程）时，支持和鼓励将科普成效纳入绩效评估体系，明确科普成效考核指标要求。支持和引导具有高质量科技资源的科研机构、企事业单位等加强科普工作衔接和系统部署，开展重大成就、原创成果、重大政策的科普宣传，强化学术资源向科普资源转化，逐步培育和提升科普成果转化能力。

● 案例指引

科普促进成长 科技点亮梦想[①]

典型意义：滁州市的小学生们通过参观奶酪工厂和科技公司，了解了工厂的发展和关于奶酪的有趣知识，以及红外激光和传感器在森林防火、安防监控、消防安全、人工智能等领域的重要作用。本次参观活动让同学们感受到了现代科技的独特魅力和乐趣，激发了他们的科技梦想，鼓励他们为祖国科技繁荣与发展贡献力量。

---

① 参见中国科协技术协会"全国科普日"专题网站，https：//www.kepuri.cn/detail-page? id=917664，最后访问时间：2024年12月31日。

第二十四条　有关社会团体的责任

自然科学和社会科学类社会团体等应当组织开展专业领域科普活动，促进科学技术的普及推广。

● 法　律

《科学技术进步法》（2021年12月24日）

第70条　科学技术人员有依法创办或者参加科学技术社会团体的权利。

科学技术协会和科学技术社会团体按照章程在促进学术交流、推进学科建设、推动科技创新、开展科学技术普及活动、培养专门人才、开展咨询服务、加强科学技术人员自律和维护科学技术人员合法权益等方面发挥作用。

科学技术协会和科学技术社会团体的合法权益受法律保护。

● 案例指引

"石油科普进校园 点燃少年能源梦"科普活动[①]

典型意义：河北省石油学会与华北油田供应学校以"科技进校园，点燃科技梦"为主题，组织开展了"2024年全国科普日"活动。本次活动主要通过科普视频宣传、发放科学实验套装、组织参观科技展览馆等形式开展，同学们活动兴趣浓、参与热情高。活动激发了同学们的好奇心、探索欲和创造力，增长了知识，撒播了石油精神的种子，让同学们感受到了石油之美、能源之美、科技之美。河北省石油学会将积极响应国家号召，持续发挥社会团体平台优势，积极承担社会责任，以提升全民科学素质为己任，为共同助力建设科技强国贡献力量！

---

① 参见中国科协技术协会"全国科普日"专题网站，https://www.kepuri.cn/detail-page?id=919024，最后访问时间：2024年12月31日。

第二十五条　宣传机构的职责

新闻出版、电影、广播电视、文化、互联网信息服务等机构和团体应当发挥各自优势做好科普宣传工作。

综合类报纸、期刊、广播电台、电视台应当开展公益科普宣传；电影、广播电视生产、发行和播映机构应当加强科普作品的制作、发行和播映；书刊出版、发行机构应当扶持科普书刊的出版、发行；综合性互联网平台应当开设科普网页或者科普专区。

鼓励组织和个人利用新兴媒体开展多种形式的科普，拓展科普渠道和手段。

● 宪　法
1.《宪法》(2018年3月11日)

第22条第1款　国家发展为人民服务、为社会主义服务的文学艺术事业、新闻广播电视事业、出版发行事业、图书馆博物馆文化馆和其他文化事业，开展群众性的文化活动。

● 法　律
2.《教育法》(2021年4月29日)

第51条第2款　广播、电视台（站）应当开设教育节目，促进受教育者思想品德、文化和科学技术素质的提高。

3.《野生动物保护法》(2022年12月30日)

第8条第3款　新闻媒体应当开展野生动物保护法律法规和保护知识的宣传，并依法对违法行为进行舆论监督。

● 行政法规及文件
4.《全民科学素质行动规划纲要（2021—2035年）》(2021年6月3日)

四、重点工程

……

(二）科普信息化提升工程。

提升优质科普内容资源创作和传播能力，推动传统媒体与新媒体深度融合，建设即时、泛在、精准的信息化全媒体传播网络，服务数字社会建设。

——实施繁荣科普创作资助计划。支持优秀科普原创作品。支持面向世界科技前沿、面向经济主战场、面向国家重大需求、面向人民生命健康等重大题材开展科普创作。大力开发动漫、短视频、游戏等多种形式科普作品。扶持科普创作人才成长，培养科普创作领军人物。

——实施科幻产业发展扶持计划。搭建高水平科幻创作交流平台和产品开发共享平台，建立科幻电影科学顾问库，为科幻电影提供专业咨询、技术支持等服务。推进科技传播与影视融合，加强科幻影视创作。组建全国科幻科普电影放映联盟。鼓励有条件的地方设立科幻产业发展基金，打造科幻产业集聚区和科幻主题公园等。

——实施全媒体科学传播能力提升计划。推进图书、报刊、音像、电视、广播等传统媒体与新媒体深度融合，鼓励公益广告增加科学传播内容，实现科普内容多渠道全媒体传播。引导主流媒体加大科技宣传力度，增加科普内容、增设科普专栏。大力发展新媒体科学传播。加强媒体从业人员科学传播能力培训。促进媒体与科学共同体的沟通合作，增强科学传播的专业性和权威性。

……

● 部门规章及文件

5.《"十四五"国家科学技术普及发展规划》（2022年8月4日）
　　三、重要任务
　　……

（二）加强国家科普能力建设。

……

构建全媒体科学传播矩阵。引导中央、地方及行业主要新闻媒体参与科普创作与报道，推动在广播、电视、新闻媒体平台、综合性报刊的重要时段或重要版面设立科普专栏专题，打造一批群众喜爱的科普品牌栏目。充分利用有线电视网络资源开展科普服务，提升科普进学校、进家庭的效能。大力发展网络科普，发挥网络新媒体传播速度快、互动性强、覆盖面广的优势，支持适应新媒体特点的科普内容创作和传播载体建设。鼓励和支持以短视频、直播等方式通过新媒体网络平台科普，培育一批具有较强社会影响力的网络科普品牌。打造具有市场竞争力的科普类期刊集群，培育世界一流科普期刊。探索科普传播新形式，重视发展科普讲解、科学演示、科学脱口秀等新型传播形式，增强科学传播效果。

……

● 地方性法规及文件

6.《上海市科学技术普及条例》（2022年2月18日）

第10条　新闻出版、广播影视、文化等机构和团体应当发挥各自优势做好科普宣传工作。

综合类报纸、期刊应当开设科普专栏、专版；广播电台、电视台应当开设科普栏目或者转播科普节目；新闻出版单位应当加强科普类作品的出版、发行；影视生产、发行和放映机构应当加强科普影视作品的制作、发行和放映。新闻媒体应当定期发布一定数量和时段的科普公益广告，并及时报道重大科技成果、重要科技创新项目、杰出科技人物、重大科普活动和社会关注的科学热点等内容。

鼓励户外广告设施的设置人、使用人通过户外广告设施发布科普宣传内容。鼓励城市公共交通工具、出租汽车以及商务、住宅楼宇内的广告设施在适当时段展示科普内容。

鼓励其他媒体通过多种形式加强科普宣传。

第11条　综合性互联网平台应当开设科普专区，制作或者推送科普内容，提供相关科普服务，履行科普责任。

鼓励建立专业性科普网络平台。鼓励科普内容创作主体通过网络开展多种形式的科普活动。

市科技等部门应当支持引导综合性互联网平台、专业性科普网络平台共建共享科普资源，为开展科普工作创造良好环境。

第二十六条　农村基层自治组织的职责

农村基层群众性自治组织协助当地人民政府根据当地经济与社会发展的需要，围绕科学生产、文明健康生活，发挥农村科普组织、农村学校、基层医疗卫生机构等作用，开展科普工作，提升农民科学文化素质。

各类农村经济组织、农业科研和技术推广机构、农民教育培训机构、农村专业技术协（学）会以及科技特派员等，应当开展农民科技培训和农业科技服务，结合推广先进适用技术和科技成果转化应用向农民普及科学技术。

● 宪　法

1.《宪法》（2018年3月11日）

第8条第1款　农村集体经济组织实行家庭承包经营为基础、统分结合的双层经营体制。农村中的生产、供销、信用、消费等各种形式的合作经济，是社会主义劳动群众集体所有制经济。参加农村集体经济组织的劳动者，有权在法律规定的范围内经营自留地、自留山、家庭副业和饲养自留畜。

第111条　城市和农村按居民居住地区设立的居民委员会或者村民委员会是基层群众性自治组织。居民委员会、村民委员会的主任、副主任和委员由居民选举。居民委员会、村民委员会同基层政权的相互关系由法律规定。

居民委员会、村民委员会设人民调解、治安保卫、公共卫生等委员会，办理本居住地区的公共事务和公益事业，调解民间纠纷，协助维护社会治安，并且向人民政府反映群众的意见、要求和提出建议。

● **法　律**

2.《科学技术进步法》（2021年12月24日）

第36条　国家鼓励和支持农业科学技术的应用研究，传播和普及农业科学技术知识，加快农业科技成果转化和产业化，促进农业科学技术进步，利用农业科学技术引领乡村振兴和农业农村现代化。

县级以上人民政府应当采取措施，支持公益性农业科学技术研究开发机构和农业技术推广机构进行农业新品种、新技术的研究开发、应用和推广。

地方各级人民政府应当鼓励和引导农业科学技术服务机构、科技特派员和农村群众性科学技术组织为种植业、林业、畜牧业、渔业等的发展提供科学技术服务，为农民提供科学技术培训和指导。

3.《村民委员会组织法》（2018年12月29日）

第2条第1款　村民委员会是村民自我管理、自我教育、自我服务的基层群众性自治组织，实行民主选举、民主决策、民主管理、民主监督。

第9条　村民委员会应当宣传宪法、法律、法规和国家的政策，教育和推动村民履行法律规定的义务、爱护公共财产，维护村民的合法权益，发展文化教育，普及科技知识，促进男女平等，做好计划生育工作，促进村与村之间的团结、互助，开展多种形式的社会主义精神文明建设活动。

村民委员会应当支持服务性、公益性、互助性社会组织依法开展活动，推动农村社区建设。

多民族村民居住的村，村民委员会应当教育和引导各民族村民增进团结、互相尊重、互相帮助。

4.《教育法》(2021年4月29日)

第20条第3款 国家鼓励发展多种形式的继续教育，使公民接受适当形式的政治、经济、文化、科学、技术、业务等方面的教育，促进不同类型学习成果的互认和衔接，推动全民终身学习。

● 部门规章及文件

5.《自然资源科学技术普及"十四五"工作方案》(2022年11月29日)

七、提升自然资源科普社会服务效能

建立多元化科普投入机制，搭建高水平科普交流合作平台，发挥自然资源科普产业联盟的作用，培育特色科普企业和具有市场竞争力的科普产品，促进科普公益性和市场化协同发展。

(一) 推动自然资源科普与教育服务融合

推动自然资源科普工作与经济社会发展深度融合，充分展现科技创新对推动经济社会高质量发展和满足人民群众美好生活需要的支撑作用。公益事业单位应主动发挥科普事业引领作用和科普资源供给作用，组织开展自然资源科普"进校园""进社区""进乡村"活动，鼓励科技工作者积极参与科学教育服务，开展精品科普课程开发等工作，助力"双减"政策，提供优质教育资源。

……

地方性法规及文件

6.《广东省科学技术普及条例》（2021年5月26日）

第28条　村民委员会应当配合乡镇人民政府开展科普工作，利用农村公共文化体育设施、科普宣传栏向村民宣传科学生产、文明生活的知识和技能。

农业技术推广机构、农村科技特派员应当开展农业科技教育培训，培养农民技术员队伍，结合推广先进适用技术向农民普及科学技术知识。

7.《上海市科学技术普及条例》（2022年2月18日）

第17条　乡镇人民政府、街道办事处应当根据本区域实际，利用科技、教育、文化旅游、卫生健康、体育等资源，结合居民生活、学习、健康娱乐等需求开展科普活动。

居民委员会、村民委员会应当通过举办科普讲座、设立科普画廊、科普宣传栏或者科普活动室、社区书院等方式，推动科普示范创建工作，为社区居民提供智能技术运用、卫生健康等方面的知识和技能。所在地的乡镇人民政府、街道办事处以及相关行政管理部门应当给予必要的指导和帮助。

8.《天津市科学技术普及条例》（2021年11月29日）

第25条　农业农村行政管理部门应当做好农业科普工作，加强农村实用人才培训，促进农业先进技术推广，提升农民科学素质。

第31条　农村基层组织应当根据当地经济与社会发展的需要，围绕科学生产、科学经营、文明生活、移风易俗、反对迷信，发挥乡镇科普组织、学校的作用，开展科普工作。

各类农村经济组织、农业技术推广机构和农村专业技术协会等，应当结合推广先进适用技术，向农民普及科学技术知识，服务乡村全面振兴。

● **案例指引**

"健康土壤的守卫者——蚯蚓"科普宣讲活动[①]

典型意义：科普工作者带领群众走进田间地头，围绕"健康土壤的守卫者——蚯蚓"主题，进行实地科普宣讲活动，对群众日常种植瓜果、蔬菜等农作物中遇到的问题进行了解答以及指导。本次科普活动还邀请了相关领域的专家学者，为群众讲解有关蚯蚓方面的知识以及蚯蚓对土地健康和农作物生长的积极作用。通过本次科普活动，人们不仅了解了关于土地健康的知识，还学习了关于健康土壤的守护者——蚯蚓的大量知识，更解决了人们实际生产种植中遇到的问题。科普工作者们以科普兴农为目标，助力乡村全面发展振兴。

第二十七条　城市基层自治组织的职责

城市基层群众性自治组织协助当地人民政府利用当地科技、教育、文化、旅游、医疗卫生等资源，结合居民的生活、学习等需要开展科普活动，完善社区综合服务设施科普功能，提高科普服务质量和水平。

● **宪　法**

1. **《宪法》**（2018年3月11日）

第21条第1款　国家发展医疗卫生事业，发展现代医药和我国传统医药，鼓励和支持农村集体经济组织、国家企业事业组织和街道组织举办各种医疗卫生设施，开展群众性的卫生活动，保护人民健康。

第111条　城市和农村按居民居住地区设立的居民委员会或者村民委员会是基层群众性自治组织。居民委员会、村民委员会

[①] 参见中国科协技术协会"全国科普日"专题网站，https：//www.kepuri.cn/detail-page?id=918710，最后访问时间：2024年12月31日。

的主任、副主任和委员由居民选举。居民委员会、村民委员会同基层政权的相互关系由法律规定。

居民委员会、村民委员会设人民调解、治安保卫、公共卫生等委员会，办理本居住地区的公共事务和公益事业，调解民间纠纷，协助维护社会治安，并且向人民政府反映群众的意见、要求和提出建议。

● 法 律

2.《城市居民委员会组织法》（2018年12月29日）

第2条第1款 居民委员会是居民自我管理、自我教育、自我服务的基层群众性自治组织。

第3条 居民委员会的任务：

......

（二）办理本居住地区居民的公共事务和公益事业；

......

第4条第1款 居民委员会应当开展便民利民的社区服务活动，可以兴办有关的服务事业。

● 行政法规及文件

3.《全民科学素质行动规划纲要（2021—2035年）》（2021年6月3日）

四、重点工程

......

（四）基层科普能力提升工程。

......

——健全基层科普服务体系。构建省域统筹政策和机制、市域构建资源集散中心、县域组织落实，以新时代文明实践中心（所、站）、党群服务中心、社区服务中心（站）等为阵地，以志愿服务为重要手段的基层科普服务体系。动员学校、医院、科研院所、企业、科学共同体和社会组织等组建科技志愿服务队，完善科技志愿服务管理制度，推进科技志愿服务专业化、规范化、常态化发展，推广群众点单、社区派单、部门领单、科技志愿服务队接单的订单认领模式。建立完善跨区域科普合作和共享机制，鼓励有条件的地区开展全领域行动、全地域覆盖、全媒体传播、全民参与共享的全域科普行动。

——实施基层科普服务能力提升工程。深入实施基层科普行动计划。开展全国科普示范县（市、区）创建活动。加强基层科普设施建设，在城乡社区综合服务设施、社区图书馆、社区书苑、社区大学等平台拓展科普服务功能。探索建立基层科普展览展示资源共享机制。深入开展爱国卫生运动、全国科普日、科技活动周、双创活动周、防灾减灾日、食品安全宣传周、公众科学日等活动，增进公众对科技发展的了解和支持。

……

● **地方性法规及文件**

4.《上海市科学技术普及条例》（2022年2月18日）

第5条 科技部门是科普工作的主管部门，负责对本区域内科普工作的统筹、协调、指导和监督，拟订、组织实施科普工作规划及相关政策，组织科普活动，推动科普工作创新发展。

宣传、新闻出版、广播电视、电影等主管部门按照各自职责，负责对科普公益宣传的指导，推动科普内容创作与出版发行，督促各类媒体开展科普工作，将科普工作纳入精神文明建设工作要求。

教育部门负责推动在校师生的科普工作，将科学素质教育和科普工作实绩纳入对各类教育机构工作考核的内容。

卫生健康部门负责将健康科普工作纳入区域卫生健康规划，制定实施促进健康科普工作的政策，开展健康知识普及活动。

文化旅游部门负责文化旅游行业科普资源的规划及建设，组织协调和指导文化旅游相关科普工作。

农业农村部门负责组织协调和指导农业科普工作，推动农村人口科学素质提高，促进先进实用技术的推广应用和普及。

生态环境、绿化市容、应急、民政、经济信息化、住房城乡建设、交通、体育、气象等其他行政管理部门应当按照各自职责开展科普工作。

5.《天津市科学技术普及条例》（2021年11月29日）

第39条　居民委员会、村民委员会应当利用所在地的科普资源，依托党群服务中心建设科普阵地，建立科普宣传栏和科普活动室（站），结合居民的生活、学习、健康、娱乐等需要开展科普活动。

● 案例指引

食品安全科普[①]

典型意义：为提高社区群众的食品安全意识，普及科学的食品处理和保存知识，璧山区科协在青杠街道青山社区举办了食品安全科普活动。在活动现场，科普志愿者详细介绍了食品安全的重要性、常见的食品污染途径、预防食物中毒的措施以及食品的正确保存方法等方面，使社区群众对食品安全有了更深入的了解，并掌握了在日常生活中如何科学选购、处理和保存食品的实用技巧。社区群众认真听讲，并向志愿者咨询了"如何辨别伪劣食品""食物过敏如何应对"以及"家庭中如何安全使用食品添加剂"等日常生活中常见的食品安全问题，科普志愿者详细解答，现场交流气氛活跃。本次活动普及了食品安全知识，增强了社区群众对食品安全的自我防范能力，让群众将健康饮食牢记于心。下一步，璧山区科协将持续向

---

① 参见中国科协技术协会"全国科普日"专题网站，https：//www.kepuri.cn/detail-page?id=912565，最后访问时间：2024年12月31日。

社区群众科普食品安全知识及正确的饮食习惯，提高群众的生活质量，筑牢健康防线，建立科学的饮食习惯。

第二十八条　科普教育基地、文化场所和公共场所的职责

科技馆（站）、科技活动中心和其他科普教育基地，应当组织开展科普教育活动。图书馆、博物馆、文化馆、规划展览馆等文化场所应当发挥科普教育的作用。

公园、自然保护地、风景名胜区、商场、机场、车站、码头等各类公共场所以及重大基础设施的经营管理单位，应当在所辖范围内加强科普宣传。

● 部门规章及文件

1.《"十四五"国家科学技术普及发展规划》（2022年8月4日）

三、重要任务

……

（二）加强国家科普能力建设。

……

完善科普设施布局。制定完善科普基地管理办法，统筹各地方各部门科普基地建设。鼓励支持各级政府部门、企事业单位、社会团体等适应公众需要，建设具有地域、产业、学科等特色的科普基地。创建一批全国科普教育基地。全面提升科技馆服务能力，加强对基础设施、科普产品和展教服务内容等规范管理。促进全国科技馆均衡发展，推动有条件的地方因地制宜建设科技馆，支持和鼓励多元主体参与科技馆建设。发挥重大科技基础设施、综合观测站等的科普功能。推动在博物馆、文化馆、图书馆、规划展览馆、文化活动中心等公共文化设施开展科普工作。引导公园、广场、购物中心等公共场所因地制宜开展科普宣传和科普惠民活动。加快推进乡村科普活动站、科普宣传栏等建设布

局，持续丰富农村科普设施载体。

……

2. 《"十四五"文物保护和科技创新规划》（2021年10月28日）

八、激发博物馆创新活力

坚持公益属性，突出社会效益，统筹不同地域、层级、属性、类型博物馆发展，提高博物馆公共服务均等化、便捷化、多样化水平……不断推进博物馆改革发展。

（一）优化博物馆布局。

实施中国特色世界一流博物馆创建计划。支持省级、重要地市级博物馆特色化发展。盘活基层博物馆资源。探索建立行业博物馆联合认证、共建共管机制。规范和扶持非国有博物馆发展，落实支持政策，依法依规推进非国有博物馆法人财产权确权。认真履行相关审批程序，有序推动建设一批反映党和国家建设成就的当代主题博物馆和行业博物馆，重点支持建设反映中华文明发展历程的国家级重点专题博物馆，倡导建设特色专题博物馆。探索在文化资源丰厚地区建设"博物馆之城"。

（二）夯实博物馆藏品保护管理基础。

提升博物馆藏品管理能力，健全藏品登录机制，推进藏品档案标准化、信息化建设，逐步推广藏品电子标识。实施馆藏珍贵濒危文物、材质脆弱文物保护修复计划，寓科学研究于保护修复全过程，提高馆藏文物保护修复水平。强化预防性保护，充分运用科学研究成果和环境监测数据，改善博物馆藏品保存环境，推动多元化、低成本、高效能的藏品保存设施设备体系建设。加快推进博物馆藏品数字化，完善藏品数据库，加大基础信息开放力度。

（三）提升博物馆服务能力。

提升博物馆展陈质量，加强对藏品价值的挖掘阐发。支持博物馆联合办展、巡回展览、流动展览、网上展览。探索独立策展人制度，推出更多原创性主题展览。推介"弘扬中华优秀传统文化、培育社会主义核心价值观"主题展览。广泛深入开展在博物馆里过传统节日、纪念日活动。制定博物馆教育服务标准，丰富博物馆教育课程体系，支持大中小学利用博物馆开展研学实践和科普活动等。实施一批智慧博物馆建设示范项目，研究制定相关标准规范。推动博物馆发展线上数字化体验产品，提供沉浸式体验、虚拟展厅、高清直播等新型文旅服务。

（四）创新博物馆管理体制机制。

进一步健全博物馆免费开放机制。分类推进国有博物馆、非国有博物馆理事会制度建设，建立健全决策执行和监督咨询机制。对于部分符合条件的新建博物馆，在不改变藏品权属、确保安全的前提下，经批准可探索开展国有博物馆资产所有权、藏品归属权、开放运营权分置改革试点，赋予博物馆更大办馆自主权。健全激励机制，强化绩效考核和动态管理。推动博物馆公共服务市场化改革，实施"博物馆+"战略。

3.《**市场监管总局办公厅关于公布湖北省计量测试技术研究院、南方电网广东电网公司计量中心为全国计量文化和科普资源创新基地的通知**》（2024年3月13日）

为贯彻落实《计量发展规划（2021—2035年）》，进一步做好计量文化建设和科普工作，市场监管总局持续开展全国计量文化和科普资源创新基地评审工作。经各省级市场监管部门和有关单位遴选、推荐，并经专家评审和社会公示，同意湖北省计量测试技术研究院、南方电网广东电网公司计量中心为全国计量文化和科普资源创新基地，现予公布。

各相关单位和基地要加强对计量文化建设和科普工作的领导，把计量文化建设和计量科普作为加强计量体系和能力建设的重要内容。加强计量文化创作，推动计量文化与法制计量、科学计量、应用计量同步发展。加强计量基础知识普及，及时宣传最新计量科技成果及转化成效。推动计量文化和科普工作更加广泛深入、扎实有效开展，切实提升全社会计量意识，营造人人关心计量、了解计量、享受计量的良好氛围，为高质量发展夯实计量基础。

● **地方性法规及文件**

4.《上海市科学技术普及条例》（2022年2月18日）

第18条 各类公园、绿地、自然保护区、湿地和野生动物栖息地等生态空间的经营管理单位，应当根据所辖范围内生态空间的自然条件和实际情况，因地制宜建设科普设施，组织开展科普活动。

第19条 影剧院、体育馆、机场、火车站、公交站点、客运码头、公路长途客运站、城市轨道交通站点等公共场所的经营管理单位，应当根据场所范围内相关人群特点，因地制宜开展科普活动，并重点针对台风、暴雨等自然灾害防御、消防安全、传染病防控、急救等方面开展科普活动。

5.《天津市科学技术普及条例》（2021年11月29日）

第12条 科普工作主要采取下列形式：

……

（九）参观科学技术场馆，阅读科普图书、报刊，使用科普信息网络，观看科普电影、录像，收听收看广播、电视和新媒体的科普专题节目；

……

第42条 科技馆、博物馆、天文馆、图书馆、青少年科技中心（宫）是专业科普活动场所。

国家投资兴建的科普场所不得挪作他用。

第45条 鼓励行业、企业建设科普体验馆。支持开发利用工业遗存，建设科技博物馆、工业博物馆、安全体验场馆和科普创意园等。

6. 《广东省科学技术普及条例》（2021 年 5 月 26 日）

第 31 条 利用财政性资金建设的博物馆、图书馆、文化馆、体育馆、青少年宫、妇女儿童活动中心以及动物园、植物园、向社会开放的自然保护地等场所应当结合各自特点，以文字、图片或者电子信息等方式向公众宣传相关科学知识，组织开展相关科普活动。

第 36 条 地级以上市人民政府应当建设与人口和经济社会发展相适应的综合性科普场馆，并配备必要的专职人员。

县级人民政府可以根据实际，建设有地方特色的科普场馆，在基层公共设施中增加和完善科普功能。

县级以上人民政府可以通过财政补助方式，引导社会资金投资建设科普场馆，并向社会公众开放。

县级以上人民政府推动利用互联网技术建设各类专业特色数字科技馆，使公众能够便捷地实现在线虚拟互动参与。

第 37 条 各类科普场馆可以结合大学城、职教城、游学研学基地、动物园、植物园、自然保护地、主题公园等的规划建设，促进相关设施的一体化发展和综合利用。

第 38 条 利用财政性资金建设的综合性科技馆、校园科技馆、主题科技馆等科普场馆，以及科普教育基地应当发挥科普主阵地作用，常年向公众开放，并制定对老年人、残疾人、现役军人、退役军人和未成年人的免费或者优惠措施。

利用财政性资金建设的流动科技馆，应当重点支持欠发达地区的科普工作。

第 39 条 鼓励和支持机场、车站、码头、公园、景区、宾馆、银行、商场等公共场所，以及飞机、列车、客车、客轮等公共交通工具，设立向公众开放的科普设施或者提供科普服务。

第四章 科普活动

第二十九条　科普创作

国家支持科普产品和服务研究开发，鼓励新颖、独创、科学性强的高质量科普作品创作，提升科普原创能力，依法保护科普成果知识产权。

鼓励科学研究和技术开发机构、高等学校、企业等依托现有资源并根据发展需要建设科普创作中心。

● **法　律**

1. 《促进科技成果转化法》（2015年8月29日）

第3条第2款　科技成果转化活动应当尊重市场规律，发挥企业的主体作用，遵循自愿、互利、公平、诚实信用的原则，依照法律法规规定和合同约定，享有权益，承担风险。科技成果转化活动中的知识产权受法律保护。

● **行政法规及文件**

2. 《关于新时代进一步加强科学技术普及工作的意见》（2022年9月4日）

三、加强科普能力建设

……

（十四）加强科普作品创作。以满足公众需求为导向，持续提升科普作品原创能力。依托现有科研、教育、文化等力量，实施科普精品工程，聚焦"四个面向"创作一批优秀科普作品，培育高水平科普创作中心。鼓励科技工作者与文学、艺术、教育、传媒工作者等加强交流，多形式开展科普创作。运用新技术手段，丰富科普作品形态。支持科普展品研发和科幻作品创作。加大对优秀科普作品的推广力度。

（十五）提升科普活动效益。发挥重大科技活动示范引领作用，展示国家科技创新成就，举办科普惠民活动，充分展现科技创新对推动经济社会高质量发展和满足人民群众美好生活需要的支撑作用。面向群众实际需求和经济社会发展典型问题，积极开展针对性强的高质量公益科普。

……

● 部门规章及文件

3. 《"十四五"国家科学技术普及发展规划》（2022年8月4日）

　　三、重要任务

　　……

　　（二）加强国家科普能力建设。

　　强化科普理论研究。构建新时代科普理论体系。进一步深化对习近平总书记关于科学普及与科技创新的重要指示的理论研究和宣传。深刻把握新时代科普工作的本质和发展需求，加强科普领域的理论和实践战略研究，构建新时代科普理论体系。

　　增强科普创作能力。加大对原创科普作品的扶持力度。研究制定支持科普创作的政策措施，健全科普创作扶持办法。引导社会力量参与科普创作。依托科研、教育、文化等现有力量，实施科普精品工程，培育高水平的科普创作中心。推动制定实施优秀科普和科幻作品创作计划。搭建科普创作研究平台，健全科学家与创作人员交流机制，建设科幻电影科学顾问库，积极培养创作制作队伍。完善国家、地方科普作品奖评体系，提升优秀作品推介水平，激励更多优秀作品产出。

　　……

4. 《"十四五"生态环境科普工作实施方案》（2021年12月7日）

　　三、主要任务

　　……

（四）丰富拓展生态环境科普内容创作

14. 开发系列主题科普作品。围绕碳达峰碳中和、生物多样性、臭氧层保护、核与辐射安全、电磁辐射、噪声、水污染治理和水生态保护修复、海洋生态保护、细颗粒物和臭氧污染协同防控、土壤污染防治及安全利用、地下水和农业面源污染防治、固体废物与化学品污染防治、光污染治理、新污染物治理、生态环境与健康、排污许可制度等主题，原创开发一批图书、剧本、漫画、动画、微视频、H5等科普作品，数量不少于100项。

15. 推陈出新科普作品。加大对现有科普资源的梳理，更新修订知识内容和创新表现形式……继续推进漫画、视频、游戏等二次开发，扩大传播效果。持续加大中国环保科普资源网建设，丰富科普内容，推进科普资源共享。推进科普与文化、旅游等产业融合发展，鼓励社会力量参与科普展览、教育和文创开发，培育专业化、市场化科普机构，促进生态环境科普产业发展。

16. 推介优秀科普作品。围绕社会热点，开展全国优秀生态环境科普图书、影视、文章、绘画等作品推介活动，每年向社会推介10部以上优秀科普作品。积极向科技部、中国科协等部门推荐一批优秀科普作品。

……

5.《自然资源科学技术普及"十四五"工作方案》（2022年11月29日）

三、打造自然资源优质科普作品

聚焦自然资源科学知识、前沿进展和重大科技创新成果等，依托科研、教育、出版等现有力量，搭建科普创作研究平台，健全科研人员与创作人员交流机制，提升自然资源科普作品原创能力，打造一支优秀的自然资源科普创作队伍，创作一批高质量的科普作品，力争全国优秀科普作品、优秀科普微视频较"十三五"明显增长。

（一）强化自然资源科普理论和战略研究

深刻把握新时代科普工作的本质和发展需求，结合自然资源科普工作实际，加强自然资源科普领域科普理论和实践战略研究，创新自然资源科普工作理念和方式方法，将科普融入自然资源高质量发展新格局。

（二）打造原创精品科普图书

重点围绕土地、矿产、森林、草原、湿地、水、海洋等自然资源领域科学知识、前沿进展和重大科技创新成果，推动出版机构与自然资源首席科学传播专家、科研人员合作，培养创作制作队伍，针对公众感兴趣的热点话题，创作一批精品科普图书。做精做强《地球》《地图》《自然资源科普与文化》《海洋世界》等自然资源科普期刊。

（三）创作优质网络科普作品

开展适应新媒体特点的科普内容创作和传播载体建设。建立科技工作者和媒体工作者联动机制，创作动画、短视频、影视等新媒体科普作品，发展科普讲解、科学演示、科学脱口秀等新型传播形式，加大自然资源领域网络科普内容供给，助力营造积极向上的自然资源网络科普空间。

（四）评选推介优秀科普作品

开展自然资源科普微视频大赛和优秀科普图书评选推介，增强自然资源科普作品创作能力，力争在全国优秀科普作品和优秀科普视频大赛中实现新突破。强化优秀科普作品的展示推介，引导中央及地方主要新闻媒体、广播、电视、综合性报刊宣传推介自然资源科普作品。

第三十条　产业融合

国家发展科普产业，鼓励兴办科普企业，促进科普与文化、旅游、体育、卫生健康、农业、生态环保等产业融合发展。

● **行政法规及文件**

1. 《关于新时代进一步加强科学技术普及工作的意见》（2022年9月4日）

　　三、加强科普能力建设
　　……

（十七）推动科普产业发展。培育壮大科普产业，促进科普与文化、旅游、体育等产业融合发展。推动科普公共服务市场化改革，引入竞争机制，鼓励兴办科普企业，加大优质科普产品和服务供给。鼓励科技领军企业加大科普投入，促进科技研发、市场推广与科普有机结合。加强科普成果知识产权保护。

　　……

● **部门规章及文件**

2. 《"十四五"国家科学技术普及发展规划》（2022年8月4日）

　　三、重要任务
　　……

（二）加强国家科普能力建设。

　　……

促进科普领域市场化发展。开展促进科普领域市场化发展的政策研究。推进科普与科技、文化、旅游、体育等产业融合发展，培育专业化、市场化科普机构。鼓励建立科普园区和企业联盟。探索制定科普产品和服务相关技术标准和规范，提升优质产品和服务的供给能力。引导各类科普机构开展科普展览、影视、书刊、动漫、玩具、游戏及科普旅游产品、科普新媒体等开发、应用与推广，服务新时代公众日益增长的品质化、个性化、定制化科普需求。鼓励举办科普产品博览会、交易会，搭建科普产品和服务交易平台。鼓励开展科普亲子活动、定制化讲解、科学导游等增值服务，促进科普公益性和市场化协同发展。

　　……

● **案例指引**

多肉成语拼盘活动 助力全国科普日[1]

　　典型意义：邯郸本源多肉基地举办了一场独具特色的多肉成语拼盘活动。参与者们充分发挥想象力和创造力，用形态各异的多肉植物精心拼摆出一个个寓意深刻的成语图案。此次多肉成语拼盘活动不仅为全国科普日增添了一抹亮丽的色彩，更是将科技与文化、自然与创意完美结合。它激发了人们对科学知识的探索热情，同时也传承和弘扬了邯郸的成语文化，为提升全民科学素质、建设科技强国贡献了一份独特的力量。相信在未来，邯郸本源多肉基地将继续举办更多富有创意的活动，让科技与文化在这片古老的土地上绽放更加绚烂的光彩。

第三十一条	科技成果的传播与推广

　　国家推动新技术、新知识在全社会各类人群中的传播与推广，鼓励各类创新主体围绕新技术、新知识开展科普，鼓励在科普中应用新技术，引导社会正确认识和使用科技成果，为科技成果应用创造良好环境。

● **行政法规及文件**

1.《关于新时代进一步加强科学技术普及工作的意见》（2022年9月4日）

　　四、促进科普与科技创新协同发展

　　……

　　（二十）发挥科普对科技成果转化的促进作用。聚焦战略导向基础研究和前沿技术等科技创新重点领域开展针对性科普，在安全保密许可的前提下，及时向公众普及科学新发现和技术创新

---

[1]　参见中国科协技术协会"全国科普日"专题网站，https://www.kepuri.cn/detail-page?id=918424，最后访问时间：2024年12月31日。

成果。引导社会正确认识和使用科技成果，让科技成果惠及广大人民群众。鼓励在科普中率先应用新技术，营造新技术应用良好环境。推动建设科技成果转移转化示范区、高新技术产业开发区等，搭建科技成果科普宣介平台，促进科技成果转化。

● **部门规章及文件**

2. 《"十四五"城镇化与城市发展科技创新专项规划》（2022年11月18日）

　　五、保障措施

　　……

　　（五）推动科技成果示范应用与试点推广。

结合国家可持续发展议程创新示范区建设，在城镇化基础条件好和可持续发展需求迫切的重点领域，围绕智能建造装备、低碳技术集成应用等方面，开展新模式、新技术、新产品试点示范，形成有效的经验和模式，选择标杆企业和产品进行推广。

　　……

3. 《关于加快场景创新 以人工智能高水平应用促进经济高质量发展的指导意见》（2022年7月29日）

　　5. 围绕安全便捷智能社会建设打造重大场景。

以更智能的城市、更贴心的社会为导向，在城市管理、交通治理、生态环保、医疗健康、教育、养老等领域持续挖掘人工智能应用场景机会，开展智能社会场景应用示范。城市管理领域探索城市大脑、城市物联感知、政务数据可用不可见、数字采购等场景。交通治理领域探索交通大脑、智慧道路、智慧停车、自动驾驶出行、智慧港口、智慧航道等场景。生态环保领域重点探索环境智能监测、无人机器自主巡检等场景。智慧社区领域探索未来社区、无人配送、社区电商、数字餐厅等场景。医疗领域积极探索医疗影像智能辅助诊断、临床诊疗辅助决策支持、医用机器人、互联网医院、智能医疗设备管理、智慧医院、智能公共卫生服务等场景。教育领域积极探索在线课堂、虚拟课堂、虚拟仿真实训、虚拟教研室、新型教材、教学资源建设、智慧校园等场景。养老领域积极探索居家智能监测、智能可穿戴设备应用等场景。农村领域积极探索乡村智慧治理、数字农房、在线政务服务等场景。

13. 支持举办高水平人工智能场景活动。

鼓励各地举办高水平场景创新活动，发布场景创新成果、场景合作机会，为场景供给方、研究机构、企业、投资机构提供高端交流平台，加强场景创新主体交流合作。鼓励组织人工智能场景主题创新大赛，围绕社会治理、产业创新等需求开展场景创新，形成一批具有示范推广性的解决方案。鼓励建设集测试、展示、路演、体验为一体的人工智能场景创新体验区、展示馆等场景展示体验环境，定期面向社会举办场景展示体验活动，增强人工智能的科技体验感和获得感。

● 案例指引

野生动植物保护宣传月 八桂科普大行动[①]

典型意义：通过科普讲座、动植物图片展、标本展、发放宣传资料等形式，以通俗易懂、图文并茂的科普方式向孩子们讲解生态保护基础的知识，让孩子们更加深入地了解了全国科普和生物多样性的重要性，认识到保护生物多样性需要我们每个人的共同努力，激发了大家对自然生态环境的热爱和自然保护意识。

| 第三十二条 | 新技术领域重大科技任务的科普规则 |

国家部署实施新技术领域重大科技任务，在符合保密法律法规的前提下，可以组织开展必要的科普，增进公众理解、认同和支持。

---

① 参见中国科协技术协会"全国科普日"专题网站，https：//www.kepuri.cn/detail-page？id=918005，最后访问时间：2024年12月31日。

● 法　律

1.《科学技术进步法》(2021 年 12 月 24 日)

第 106 条第 1 款　国家实行科学技术保密制度,加强科学技术保密能力建设,保护涉及国家安全和利益的科学技术秘密。

● 部门规章及文件

2.《"十四五"卫生与健康科技创新专项规划》(2022 年 11 月 1 日)

五、保障措施

……

(四)推动国际合作和科学普及

针对全球共同关注的健康促进相关重大议题和挑战,采取联合研发、技术推广、人才培养等方式,积极同主要发达国家和发展中国家开展双多边科技创新合作,为推动解决全球健康共性问题提供中国方案。建立健全健康知识科学普及体系,引导公众建立正确健康观,提高公众科学素养和健康素养,形成有利于健康的生活方式、生态环境和社会环境。

● 案例指引

"大科学"科普研讨会在湖北武汉召开[①]

典型意义:"大科学"科普研讨会以"打造'大科学'科普之翼 加强国家科普能力建设"为主题,在武汉市中国光谷科技会展中心召开。会议邀请中国科学院国家天文台武向平院士等专家,向公众介绍了 DEST(又称"地镜",深部岩土工程扰动模拟设施)、EAST(又称"人造太阳",全超导托卡马克核聚变实验装置)、LHAASO(高海拔宇宙观测站)等大科学工程以及极地考察、第二

---

① 参见中华人民共和国科学技术部网站,https://www.most.gov.cn/zzjg/jgsz/yjgwzlgls/yjgwgzdt/202410/t20241022_192183.html,最后访问时间:2024 年 12 月 31 日。

次青藏科考等大科学计划实施情况，让公众切实了解科技前沿新知，感受科学魅力，有效推动科学普及与科技创新深度融合、相互促进。党的十八大以来，我国对重大科技基础设施进行了前瞻部署和系统布局，截至2023年底，已布局建设70余个国家重大科技基础设施。同时，我国积极推动ITER（国际热核聚变实验堆）、SKA（平方公里射电望远镜）等国际大科学计划，对于我国增强科技创新能力、深度参与国际科技治理发挥了重要的作用。

第三十三条　应急科普响应机制

国家加强自然灾害、事故灾难、公共卫生事件等突发事件预防、救援、应急处置等方面的科普工作，加强应急科普资源和平台建设，完善应急科普响应机制，提升公众应急处理能力和自我保护意识。

● **行政法规及文件**

1.《应急管理科普宣教工作总体实施方案》（2005年10月21日）

二、主要内容

（一）以国家总体预案为核心，做好预案的宣传和解读工作。一是深入分析我国公共安全形势，宣传做好应急管理工作的重要意义。宣传政府切实履行社会管理和公共服务职能，提高保障公共安全和处置突发公共事件能力，最大程度预防突发公共事件并减少其损失，保障公众生命财产安全和合法权益的总体思路和具体措施。二是宣传在党中央、国务院领导下，各地区、各部门围绕预案编制，建立健全突发公共事件应急机制、体制和法制（以下简称"一案三制"），所做的大量卓有成效的工作。三是宣传预案的主要内容和处置规程。宣传抓好国家总体预案的落实要坚持防患于未然，加强预案的培训和演练，不断完善各类应急预案，特别要抓好基层，包括社区、农村、重点企事业单位应急预案的编制工作。四是宣传加强公共安全科学研究和技术开发，采用先进的检测、预测、预警、预防和应急处理技术及设备，预防与应急相结合、常态与非常态相结合，积极做好应对突发公共事件的各项准备工作。

（二）以应急知识普及为重点，提高公众的预防、避险、自救、互救和减灾等能力。按照灾前、灾中、灾后的不同情况，分类宣传普及应急知识。灾前教育以了解突发公共事件的种类、特点和危害为重点，掌握预防、避险的基本技能；灾中教育以自救、互救知识为重点，普及基本逃生手段和防护措施，告知公众在事发后第一时间如何迅速做出反应，如何开展自救、互救；灾后教育以经历过突发公共事件的公众为重点，抚平心理创伤，恢复正常社会生产生活秩序。

（三）以典型案例为抓手，增强公众的公共安全意识和法制意识。通过介绍国内外应对突发公共事件的正反两方面案例，剖析公众在遭遇突发公共事件时，临危不乱、灵活运用自救互救知识配合政府救援、减少人员伤亡的正确做法，增强公众"思危有备，有备无患"的忧患意识和法制意识，提高公众应对突发公共事件的综合素质。同时，通过总结分析案例中使用的处置手段、采用的应对措施等，进一步提高应对和处置突发公共事件的能力和水平。

三、组织实施

（一）广泛开展预案的宣传报道，营造全社会关心公共安全的舆论氛围。

1. 围绕总体预案进行深入报道。介绍制定总体预案的背景、目的、意义、原则和主要内容，及时报道各级政府认真贯彻落实总体预案的要求，积极采取有效措施，切实做好应急管理工作情况。

2. 开展专项预案的解读宣传。国家总体预案简本公布后，由新华社陆续播发可对外公开的 21 件国家专项预案简本（见附件

2）及其解读文章、背景材料，供媒体选用。

3. 进行典型案例宣传。通过选择有代表性的典型案例，对各地区、各部门推进"一案三制"工作，成功应对突发公共事件，以及在应急处置中涌现出的先进集体和先进个人进行宣传报道。

（二）开展专题宣传活动，树立公共安全意识和社会责任意识。

1. 开展公共安全主题宣传活动。通过公共安全宣传周和每年"全国科普活动周"、"全国安全生产月"、"国际减灾日"、"全国消防日"、"全国法制宣传日"等，开展形式多样、内容丰富、声势浩大的公共安全主题宣传活动，使社区、乡村基层群众了解公共安全知识，掌握避险和自救、互救等基本知识，增强公共安全意识。

2. 宣传普及应急管理法律法规知识。结合普法、依法行政等宣传活动，宣传普及有关应急管理的法律、法规知识。

3. 结合政府应急能力建设规划进行宣传……宣传提高政府预防和处置突发公共事件的能力，是全面履行政府职能，进一步提高行政能力的重要内容，以及加强公共安全科技研究对提高政府预防和处置突发公共事件能力的重要作用。

（三）加强应急知识的科教普及，提高公众的预防、自救和互救能力。

1. 开辟应急管理科普知识专栏。在有关新闻媒体，包括广播、电视、报刊、杂志、网络，中国政府网和中央主要新闻媒体所属网站上开辟专栏、专版、专题、专刊，介绍普及应急知识。

2. 编辑出版科普读物和音像制品。广泛收集有关资料，分类别整理有关应急知识，编辑出版科普读物及音像制品，指导协调制作和播出有关电影、电视、广播和动漫等作品。

3. 举办论坛、讲座等活动。通过举办论坛、讲座、科普展览、知识竞赛和专题文艺晚会等多种形式，从不同层面加大应急管理工作研讨、交流和宣传的力度。

4. 开展公共安全知识进社区、进农村、进企业活动。编印发放公共安全手册，制作张贴宣传海报、投放公益广告，在社区、高危企业、建筑群和车站、机场、码头、商场、宾馆等公共场所设置应急标识。结合宣传贯彻十六届五中全会精神，把应急管理进农村作为建设社会主义新农村的重要内容之一。

（四）根据不同对象特点，有针对性地开展公共安全教育培训。

1. 学校教育。组织编写大、中、小学及幼儿园公共安全课程教材，尽快进入课堂。同时，利用教育电视台等远程教育平台，对社区、农村、企业等基层单位开展普及教育。

2. 公务员培训。制订培训计划，对各级领导干部进行培训，不定期举行短训班或专题研讨班；对各地区、各部门的应急管理机构负责人进行培训，对公务员和各地方政府、各部门新闻发言人进行培训。

3. 职业培训。对高危行业的从业人员进行安全知识的教育培训，在职业资格认定考试中增加相关内容。

4. 志愿者培训。

（五）各级地方政府组织开展形式多样的科普宣教活动。由各省（自治区、直辖市）人民政府制订本地区科普宣教工作方案。一是根据地域特点，编发公共安全手册；二是制作宣传海报，在社区、农村、企业、学校以及工地、机场、车站、市场、广场、公园等公共场所广泛张贴；三是拍摄公益广告和应急知识短片，在各地电台、电视台播出，在公共汽车、地铁列车、民航班机等运输工具上广泛宣传；四是在主要公共场所设立宣传栏，摆放展板，悬挂标语，发放宣传提纲；五是围绕公共安全主题宣传日（周、月）开展宣传活动，当地应急管理机构主要负责人要亲自参加，组织青年志愿者及社会各界人士积极参与；六是不定期开展应急知识和技术展览等活动。

军队应急管理科普宣教工作，由军队应急办组织实施。

四、工作要求

（一）积极配合新闻媒体，主动开展科普宣教工作。国务院有关部门要根据统一安排，成立由本部门负责人牵头的工作小组，细化方案，分步实施；同时要落实责任，及时提供素材，主动接受采访，积极做好科普宣教工作；各省、自治区、直辖市政府负责组织本地区的科普宣教工作。工作中注意把握好以下几个方面：

一是根据总体实施方案要求，各地区、各有关部门和新闻单位要制订科普宣传工作计划……初步在全社会树立公共安全意识和社会责任意识，宣传"尊重生命，热爱生活"的理念，普及基本的预防、避险、自救、互救、减灾等技能，逐步在公众中推广应急识别系统，倡导通过健康文明的生产、生活方式减少突发公共事件的发生，妥善应对突发公共事件以及减少因此而导致的生命和财产损失。

二是采取群众喜闻乐见、寓教于乐的方式，利用广播、电视、报刊、网络等多种媒体，细分受众层次，尽可能使用通俗语言，简明扼要，多题材、多角度、有针对性地进行宣传报道，将科普宣教工作的网络和触角延伸进社区、农村、企业、学校和家庭，在真正取得实效上下功夫。

三是将日常宣传与重、特大突发公共事件发生后的科普宣教工作结合起来。利用突发公共事件发生后，社会各界广泛关注的有利时机，结合救援和调查等工作的开展，及时、动态地进行科普宣教，扩大宣传效果。要宣传在应急处置工作中涌现出的先进典型。同时，还可以结合应急演练进行科普宣教。

四是动员社会各界积极参与。要组织动员社会团体、企事业单位以及志愿者等社会力量，发挥其在科普、宣传、教育、培训等方面的作用。

（二）加强组织指导和督促检查，确保科普宣教效果。国务院应急办会同中宣部、新闻办共同负责科普宣教工作总体实施方案的指导和协调工作，对各地区、各有关部门科普宣教工作进行督查和评优，确保科普宣教工作取得实效。

（三）提供专项经费保障，确保科普宣教工作顺利进行。各级地方政府及有关部门开展的应急管理科普宣教工作所需经费，由同级财政部门予以积极支持。国务院有关部门开展科普宣教工作所需经费，原则上在各部门相关预算中优先安排，需增加的经费在年度预算中申请。同时，也要动员、鼓励、支持媒体和社会团体、企事业单位等社会各界发挥好公益宣传作用。

……

附件2

国家专项预案简本目录

（共21件）

国家自然灾害救助应急预案

国家防汛抗旱应急预案

国家地震应急预案

国家突发地质灾害应急预案

国家处置重、特大森林火灾应急预案

国家安全生产事故灾难应急预案

国家处置铁路行车事故应急预案

国家处置民用航空器事故应急预案

国家海上搜救应急预案

国家处置城市地铁事故灾难应急预案

国家处置电网大面积停电事件应急预案

国家核应急预案

国家突发环境事件应急预案

国家通信保障应急预案

国家突发公共卫生事件应急预案

国家突发公共事件医疗卫生救援应急预案

国家突发重大动物疫情应急预案

国家重大食品安全事故应急预案

国家粮食应急预案

国家金融突发事件应急预案

国家涉外突发事件应急预案

2.《全民科学素质行动规划纲要（2021—2035年）》（2021年6月3日）

四、重点工程

……

（四）基层科普能力提升工程。

建立健全应急科普协调联动机制，显著提升基层科普工作能力，基本建成平战结合应急科普体系。

——建立应急科普宣教协同机制。利用已有设施完善国家级应急科普宣教平台，组建专家委员会。各级政府建立应急科普部门协同机制，坚持日常宣教与应急宣传相统一，纳入各级突发事件应急工作整体规划和协调机制。储备和传播优质应急科普内容资源，有效开展传染病防治、防灾减灾、应急避险等主题科普宣教活动，全面推进应急科普知识进企业、进农村、进社区、进学校、进家庭。突发事件状态下，各地各部门密切协作，统筹力量直达基层开展应急科普，及时做好政策解读、知识普及和舆情引导等工作。建立应急科普专家队伍，提升应急管理人员和媒体人员的应急科普能力。

……

● 部门规章及文件

3. 《"十四五"国家科学技术普及发展规划》（2022年8月4日）

　　三、重要任务

　　……

　　（三）推动科普工作全面发展。

　　……

　　加强应急科普工作。建立健全国家应急科普协调联动机制，完善各级政府应急管理预案中的应急科普措施，推动将应急科普工作纳入政府应急管理考核范畴。统筹自然灾害、卫生健康、安全生产、应急避难等科普工作，加强政府部门、社会机构、科研力量、媒体等协调联动，建立应急科普资源库和专家库，搭建国家应急科普平台。积极开展应急科普宣传活动，推进面向大众的应急演练、防灾减灾等科普工作，增强科普宣教的知识性、趣味性、交互性。完善应急科普基础设施，建设安全生产主题公园等安全文化教育基地，推动应急科普融入公众生产生活。持续提升应急管理人员、媒体从业人员的应急科普能力。

　　……

4. 《"十四五"国家防震减灾规划》（2022年4月7日）

　　三、主要任务

　　……

　　（四）提升防震减灾公共服务能力。

　　构建服务框架。形成防震减灾决策服务、公众服务、专业服务和专项服务体系。面向政府地震应急管理，提供震前防御、震时响应和震后救灾与恢复重建的决策服务。面向社会公众，拓展地震速报、预警信息、防震减灾科普宣传等公众服务。面向高铁、桥梁、大坝、核电等重点行业和国防建设，强化监测预警、结构健康诊断和地震安全性评价等专业服务。面向国家重大战略和重要活动，强化地震安全保障等专项服务。

　　……

（七）加强防震减灾科普宣传。

做好全国防灾减灾日等重点时段的科普宣传，推进防震减灾科普宣传进学校、进机关、进企事业单位、进社区、进农村、进家庭，普及防震减灾知识，提升公众防震减灾科学素养和应急避险、自救互救技能。繁荣科普创作，联合社会各界力量共同研发推广科普精品。强化科普阵地建设，推进防震减灾科普纳入地方综合科普场馆建设。整合全国资源，建设融媒体中心，利用新媒体传播优势，推进科普品牌体系建设，扩大社会影响力。推动防震减灾科普产业化发展。

……

四、重点工程项目

……

（五）防震减灾公共服务信息化工程。

围绕决策服务、公众服务、专业服务、专项服务，建设统一标准、开放接口、云端部署的公共服务平台，汇集大数据、人工智能、情景模拟等高新技术，建设产品管理、产品展示、地震数据资源目录服务、产品推广等系统，提供集约化、便捷化、智能化防震减灾公共服务，提升精细化、精准化、个性化服务水平。建设防震减灾融媒体中心，打造防震减灾宣传科普网络和新媒体传播平台，形成新媒体传播矩阵。建设中国数字地震科普馆，实现三维数字影像展示，开发防震减灾科学实验、情景视频、动漫游戏等产品，提供体验式、沉浸式、互动式科普服务。

……

五、保障措施

……

（二）健全投入机制。

优化防震减灾资金投入，拓宽资金投入渠道，加大防震减灾重点工程项目建设、科学研究、人才培养、技术研发、科普宣传等方面的经费投入。完善经费保障机制，引导社会资金支持，加强资金使用的管理与监督。

……

● **地方性法规及文件**

5. 《**广东省科学技术普及条例**》（2021年5月26日）

第21条 县级以上人民政府应当建立健全重大突发公共事件应急科普工作机制，加强应急科普基础设施和服务体系建设，组织开展应急科普活动，提高公众对突发公共事件的应急处理能力。

县级以上人民政府应急管理部门应当加强突发事故应急处置、防灾减灾救灾知识普及以及基本技能培训，提高公众抗灾救灾意识和自救互助能力。

县级以上气象、地震主管部门应当结合本地气候和震情特点，综合运用各种传播载体和发布渠道，做好应对气候变化和防震减灾的科普工作。

6. 《**天津市科学技术普及条例**》（2021年11月29日）

第21条 应急、气象、地震等行政管理部门应当做好安全生产、消防、气象和防震减灾等方面的科普工作，组织开展应急科普活动。

● **人大代表建议、政协委员提案答复**

7. 《**对十三届全国人大五次会议第4188号建议的答复**》（2022年7月9日）

一、不断强化公民应急素养教育顶层设计

应急管理部不断夯实公民应急教育法律基础，在安全生产法中对安全生产宣传教育作出明确规定，要求各级人民政府及其部门采取多种形式，加强对有关安全生产的法律、法规和安全生产知识的宣传，增强全社会安全生产意识。同时，在对突发事件应对法修改过程中，重点对应急管理教育培训、公民自救互救等内容进行完善。切实推动公民应急素质提升，国务院安委会办公室、应急管理部2020年印发《推进安全宣传"五进"工作方案》，活动开展两年多来，有力普及安全知识，扎实推进安全宣传进企业、进农村、进社区、进学校、进家庭。推动"建立健全应急科普协调联动机制"纳入《全民科学素质行动规划纲要（2021-2035年）》重点工程，构建起横向到边、纵向到底的应急科普体系。强化突发事件应急科普工作，应急管理部会同中国科协、中央宣传部、科技部、国家卫生健康委等部门联合印发《关于进一步加强突发事件应急科普宣教工作的意见》，促进应急科普资源共建共享，不断提升社会公众安全避险意识、自救互救技能和防灾减灾救灾能力。教育部2021年10月印发《生命安全与健康教育进中小学课程教材指南》，引导学生学会科学应对自然灾害、事故灾难和社会危机事件，提升危险预判、紧急避险、求生逃生等自救和他救技能，培养应急救护能力。财政部每年安排专项工作经费保证应急管理学科建设，并指导各地落实支出责任，安排资金做好应急宣传教育工作。

二、积极拓展安全宣传社会载体平台

应急管理部高度重视社会面安全宣传，将其作为提升公众应急素养的重要渠道。充分利用机场、车站、码头、广场、公园、影院、物流、快递、外卖等公共载体和流通环节，以及交通工具电子显示屏、楼宇户外广告牌、电子阅报栏等社会媒介滚动播放安全知识。在各地新时代文明实践中心、党群服务中心、社区服务中心等场所设置安全知识宣传点4000余个，普及消防、用电等居家应急避险常识和技能。持续推动国家应急广播体系建设，利用村村通、大喇叭等形式，播发安全提示和安全避险常识，协调通信运营商在重要节点发送安全公益短信，让安全宣传直达社区、乡村的"房前屋后""田间地头"。不断拓展数字资源，开发储备覆盖自然灾害、事故灾难、生活安全等15个领域123个分类的应急科普资源库，打造中国应急信息网应急科普馆、全民消防学习平台、科普中国"应急科普"专号等国家级应急知识传播平台，加强生活安全、自然灾害、安全生产等知识传播，其中"全民消防学习平台"目前已注册超7000万人，除了供社会公众免费学习消防知识以外，每年组织两场"全国中小学校消防安全网络公开课"，每场活动辐射学生超3000万，有力推进了安全知识的普及和全民应急素质的提升。

三、广泛开展各类应急安全宣教活动

应急管理部会同有关部门结合全国防灾减灾日、安全生产月、消防宣传月等重要时间节点，广泛开展系列应急科普宣教活动。突出公众实践和参与，通过防灾避险应急演练、安全宣传咨询日、公众开放日、主题公开课、微课堂、公益讲座等线上线下活动，以标语、宣传画、挂图、动漫、微视频、公益广告等方式，开展地震避险、消防逃生等小型化、经常化的应急演练和灾害事故应对技能普及。2022年"安全生产月"活动期间，广泛开展"线上+线下"、多平台联动的安全宣传活动，"消地结合"开展燃气安全宣传进家庭、进企业，张贴燃气安全宣传海报5000余万份；"新安法知多少"知识竞赛参与答题1420万人次，累计答题8.5亿次，共有11.6万名企业主要负责人参与竞赛活动；"美好生活从安全开始"抖音话题参与量达4972.8万次；各地组织开展参与性广、互动性强的应急科普教育、互动体验和应急演练等活动，全员应急救援演练和知识技能培训参与1409万人次；"第一责任人安全倡议书"活动参与590.8万人次；"我是安全吹哨人""查找身边的隐患"等活动参与169.3万人次；"主播讲安全""专家远程会诊""进门入户送安全""安全志愿者在行动"等活动参与3946.4万人次；曝光企业主体责任落实不到位的典型案例1.1万个；曝光问题隐患1.02万条，举报重大隐患和违法违规行为14.5万条次。2020—2022年，每年组织开展全国防灾减灾日活动，通过形式多样的防灾减灾救灾科普宣传教育，年均受益5亿余人次。2022年全国防灾减灾日宣传期间，联合教育部学校安全教育平台上线专题活动，通过幼儿阶段、小学阶段、中学阶段的分年龄"微课堂"，有针对性地提升不同学生群体的应急素养。

四、持续推进应急素养教育形式创新

近年来，应急管理部积极推进安全体验基地场馆建设，分类推进防灾减灾、安全应急、消防安全等科普基地建设，探索新改建融合应急科普、消防安全、防灾减灾教育于一体的综合性安全体验场馆，推动科技馆、博物馆、教学培训基地、工业厂矿旧址、灾害事故遗址等设立安全专区，增加应急科普内容，融入安全元素，常态化开展安全教育。目前，中国地震局建设国家防震减灾科普教育基地114个，应急管理部消防救援局建设应急消防科普教育基地3745个，有力拓展了体验式应急素养教育方式，增强了公众的互动性和参与度。结合全国中小学生安全教育日、科技活动周、全国科普日等时间节点，向社会公众开放消防博物馆、防震减灾科普教育基地等设施场所，组织各地应急、地震、消防等专业力量走进校园、社区等，不断提高公众应急避险和安全防护意识能力。同时，不断加强对各地的指导，鼓励有条件的地区因地制宜，积极探索应急素养教育新途径，扎实推进安全宣传"五进"工作走实走深，如北京、河北开展中小学生公共安全"开学第一课"，甘肃、河南加强应急频道栏目和广播体系建设，安徽、黑龙江、河北发挥乡村干部、安全网格员、灾害信息员、志愿者作用，广东、山东、浙江、上海大力发挥安全体验场馆作用，各级消防救援机构开展"进门入户"消防宣传、咨询服务、教育培训、社区演练、安全提示、宣传检查，以及消防文化主题公园、消防文创作品征集、消防宣传公益代言等，各地分别结合地域特点和力量资源，努力打通安全宣传"最后一公里"。

8.《关于政协第十三届全国委员会第五次会议第02936号（工交邮电类348号）提案答复的函》（2022年8月26日）

一、建立健全防灾减灾科普宣传教育协同推进机制

围绕深入学习贯彻习近平总书记关于应急管理重要论述，国务院安委会办公室、应急管理部2020年印发《推进安全宣传"五进"工作方案》，将公共安全知识宣传教育作为重点，扎实推进安全宣传进企业、进农村、进社区、进学校、进家庭，普及与人民群众生产生活息息相关的风险防范、隐患排查、应急处置和自救互救等安全常识，引导社会各界增强风险意识，提高应对灾害事故的能力。应急管理部会同中国科协、中央宣传部、科技部、国家卫生健康委等部门联合印发《关于进一步加强突发事件应急科普宣教工作的意见》，促进应急科普资源共建共享，推动公共卫生、自然灾害、事故灾害等突发事件应急科普宣传教育工作常态化长效化，不断提升社会公众安全避险意识和自救互救技能。中国科协会同我部将安全应急科普工作纳入《全民科学素质行动规划纲要（2021—2035年）》，建立应急科普宣传教育协同机制，不断提高基层科普工作能力，提升全民安全素质。

二、扎实开展自然灾害科普宣传教育活动

结合全国防灾减灾日、安全生产月、全国科普日、全国科技活动周等重要节点，应急管理部广泛开展防灾避险应急演练、安全宣传咨询日、公众开放日、主题公开课、微课堂等线上线下活动，大力普及龙卷风、暴雨、山洪、泥石流等自然灾害知识。2020—2022年，每年组织开展全国防灾减灾日活动，加大科普宣传教育力度，年均受益5亿余人次。连续两年组织"应急使命"实兵演习，通过全方位、立体化、多视角的直播报道，邀请群众代表以"灾民""伤员"和志愿者等身份亲身参与、现场观摩应急装备，增强公众对灾害事故的直观认识和切身体验。2022年全国防灾减灾日宣传期间，紧紧围绕"减轻灾害风险 守护美好家

园"主题，联合教育部在学校安全教育平台上线专题活动，通过幼儿阶段、小学阶段、中学阶段的分年龄"微课堂"，有针对性地提升学生应急素养。中国科协通过组织讲座研讨、举办专题展览、播放科普作品、开展知识竞赛、张贴海报标语、印发科普读物和科普挂图等方式，积极开展自然灾害科普宣传活动。同时借助科普中国等网络平台，与央视频、腾讯新闻、新浪微博、抖音、快手、今日头条等多家平台合作，举办"云端"防灾减灾科普活动，扩大宣传影响效果。

三、持续加强自然灾害防范应对社会宣传

各级应急管理部门充分利用机场、车站、码头、广场、公园、影院等公共场所，以及交通工具电子显示屏、楼宇户外广告牌、电子阅报栏等社会媒介，滚动播放防灾减灾救灾知识。在各地新时代文明实践中心、党群服务中心、社区服务中心等场所设置安全知识宣传点4000余个。持续推动国家应急广播体系建设，利用村村通、大喇叭等形式，播放安全提示和安全避险常识，协调通信运营商在重要节点发送安全公益短信。不断拓展数字资源，打造中国应急信息网应急科普馆、全民消防学习平台、科普中国"应急科普"专号等国家级应急知识传播平台，其中"全民消防学习平台"注册用户超7000万人，每年组织两场"全国中小学校消防安全网络公开课"，每场活动辐射学生超3000万，有力推进了安全知识的普及。中国科协借助各地实体科技馆、流动科技馆、科普大篷车、农村中学科技馆等组成的现代科技馆体系，向公众宣传自然灾害知识，同时动员专业科普场馆（例如鄂尔多斯市气象防灾减灾科普馆、徐州市防震减灾科普馆）、应急消防科普教育基地、防震减灾科普教育基地、气象科普教育基地、生命安全教育培训体验基地、重特大灾害事故遗址遗迹等场所，分专题开展防灾减灾科普宣传活动。

四、不断壮大防灾减灾科普宣传教育队伍

围绕防范极端天气自然灾害，应急管理部组织专家队伍，及时有效发声，发表科学、专业、有深度的时事文章，通过新闻报道、视频直播、微博话题等多种形式，正面引导舆论。开展全国应急管理科普讲解大赛等活动，动员全社会广泛关注、积极参加应急科普知识传播。中国气象学会等发挥专业优势，组织开展线上直播、科普讲座、图书资料发放等活动。中国科协鼓励各地建立应急科普专家队伍，以举办线上线下培训班、理论与实践考核等方式，对各级应急管理工作人员、各类媒体从业人员、基层科普管理人员等加强培训，提升基层应急科普工作能力。

9.《关于政协第十三届全国委员会第五次会议第 02297 号（社会管理类 214 号）提案答复的函》（2022 年 9 月 15 日）

一、建立健全安全宣传和应急科普工作机制

围绕深入学习贯彻习近平总书记关于应急管理重要论述，国务院安委会办公室、应急管理部 2020 年印发《推进安全宣传"五进"工作方案》，将公共安全知识宣传教育作为重点，扎实推进安全宣传进企业、进农村、进社区、进学校、进家庭，引导社会各界增强风险意识，提高应对灾害事故的能力。应急管理部会同中国科协、中央宣传部、科技部、国家卫生健康委等部门联合印发《关于进一步加强突发事件应急科普宣教工作的意见》，促进应急科普资源共建共享，推动自然灾害、事故灾难等突发事件应急科普宣传教育常态化长效化。积极推进安全应急科普工作纳入《全民科学素质行动规划纲要（2021-2035 年）》，建立应急科普宣传教育协同机制，不断提高基层科普工作能力，推动提升全民安全素质。教育部印发《中小学德育工作指南》《义务教育学校管理标准》《中小学校岗位安全工作指南》等文件，制定《中小学公共安全教育指导纲要》，为青少年安全教育提供政策指导和工作遵循。

二、扎实开展安全宣传和应急科普宣传教育活动

结合全国防灾减灾日、安全生产月、全国科普日、全国科技活动周、全国中小学安全教育日、消防宣传月等重要节点，应急管理部门广泛开展防灾避险应急演练、安全宣传咨询、主题公开课等线上线下活动，大力普及自然灾害、事故灾难、生活安全等应急知识，年均受益5亿余人次。2022年全国防灾减灾日期间，紧紧围绕"减轻灾害风险 守护美好家园"主题，联合教育部在学校安全教育平台上线专题活动，通过幼儿阶段、小学阶段、中学阶段的分年龄"微课堂"，有针对性地提升学生应急素养。各地应急管理部门和消防救援队伍因地制宜，加强与教育、科技等部门合作，开展中小学生安全知识竞赛、校园安全公开课、千校万剧、"小手拉大手"家校共建等活动，开放消防博物馆、防震减灾科普教育基地等设施场所，组织虚拟灭火、模拟报警、VR自然灾害逃生等现场体验活动，不断增强社会公众安全意识和能力。

三、积极拓展安全宣传社会载体平台

各级应急管理部门充分利用机场、车站、码头、广场、公园、影院等公共场所，以及交通工具电子显示屏、楼宇户外广告牌、电子阅报栏等媒介载体，滚动播放生产生活安全常识和应急科普知识，在各地新时代文明实践中心、党群服务中心、社区服务中心等场所设置安全知识宣传点4000余个。持续推动国家应急广播体系建设，利用村村通、大喇叭等形式，播放安全提示和安全避险常识，协调通信运营商在重要节点发送安全公益短信。不断拓展数字资源，打造中国应急信息网应急科普馆、全民消防学习平台、科普中国"应急科普"专号等国家级应急知识传播平台，推进安全知识普及。结合季节天气变化、自然灾害和事故发生规律特点，在暑期、汛期、森林草原防火期等重要时段，加强与主流媒体合作，刊播电视公益广告……扩大科普宣传效果。

四、积极推动安全知识进校园

各级应急管理部门以安全宣传"五进"为抓手,持续推动安全宣传进学校,在课堂教学、社会实践、班级活动中落实安全教育内容,普及生活安全、交通安全、消防安全等方面知识。消防救援局开发"全民消防学习平台",注册用户超7000万人,每年组织两场"全国中小学校消防安全网络公开课",每场活动辐射学生超3000万,推进安全知识普及。教育部在中小学道德与法治、体育与健康、化学等课程融入相关教育内容,组织开展全国中小学生安全教育日活动,在国家中小学智慧学校平台、智慧教育平台设置生命与安全专栏,不断增强师生安全防范意识,做到能应急懂避险、能自救会互救。

● 案例指引

"小小钦天监"气象科普游园会在江西举行[①]

典型意义:江西省气象学会联合省气象服务中心、省华云气象广告有限公司、省人工影响天气中心和江西信息应用职业技术学院,在省气象科普教育基地举办以"科技之光·气象先行"为主题的"小小钦天监"科普展区亮相北京科学嘉年华气象科普游园会,通过寓教于乐、互动体验的方式,普及气象科学知识,增强公众对气象灾害的认识与防范能力。

第三十四条　产业工人、农民和公职人员的科普教育

国家鼓励在职业培训、农民技能培训和干部教育培训中增加科普内容,促进培育高素质产业工人和农民,提高公职人员科学履职能力。

[①] 参见中国气象局网站,https://www.cma.gov.cn/2011xwzx/2011xqxxw/2011xqyw/202409/t20240925_6605464.html,最后访问时间:2024年12月31日。

● 行政法规及文件

1. 《关于新时代进一步加强科学技术普及工作的意见》（2022年9月4日）

　　五、强化科普在终身学习体系中的作用

　　……

　　（二十二）强化对领导干部和公务员的科普。在干部教育培训中增加科普内容比重，突出科学精神、科学思想培育，加强前沿科技知识和全球科技发展趋势学习，提高领导干部和公务员科学履职能力。

　　……

2. 《全民科学素质行动规划纲要（2021—2035年）》（2021年6月3日）

　　三、提升行动

　　……

　　（二）农民科学素质提升行动。

　　以提升科技文化素质为重点，提高农民文明生活、科学生产、科学经营能力，造就一支适应农业农村现代化发展要求的高素质农民队伍，加快推进乡村全面振兴。

　　——树立相信科学、和谐理性的思想观念。重点围绕保护生态环境、节约能源资源、绿色生产、防灾减灾、卫生健康、移风易俗等，深入开展科普宣传教育活动。

　　——实施高素质农民培育计划。面向保障国家粮食安全和重要农副产品有效供给、构建乡村产业体系、发展农村社会事业新需求，依托农广校等平台开展农民教育培训，大力提高农民科技文化素质，服务农业农村现代化。开展农民职业技能鉴定和技能等级认定、农村电商技能人才培训，举办面向农民的技能大赛、农民科学素质网络竞赛、乡土人才创新创业大赛等，开展农民教育培训1000万人次以上，培育农村创业创新带头人100万名以上。实施农村妇女素质提升计划,帮助农村妇女参与农业农村现代化建设。

……

(三)产业工人科学素质提升行动。

以提升技能素质为重点,提高产业工人职业技能和创新能力,打造一支有理想守信念、懂技术会创新、敢担当讲奉献的高素质产业工人队伍,更好服务制造强国、质量强国和现代化经济体系建设。

——开展理想信念和职业精神宣传教育。开展"中国梦·劳动美"、最美职工、巾帼建功等活动,大力弘扬劳模精神、劳动精神、工匠精神,营造劳动光荣的社会风尚、精益求精的敬业风气和勇于创新的文化氛围。

——实施技能中国创新行动。开展多层级、多行业、多工种的劳动和技能竞赛,建设劳模和工匠人才创新工作室,统筹利用示范性高技能人才培训基地、国家级技能大师工作室,发现、培养高技能人才。组织开展"五小"等群众性创新活动,推动大众创业、万众创新。

——实施职业技能提升行动。在职前教育和职业培训中进一步突出科学素质、安全生产等相关内容,构建职业教育、就业培训、技能提升相统一的产业工人终身技能形成体系。通过教育培训,提高职工安全健康意识和自我保护能力。深入实施农民工职业技能提升计划、求学圆梦行动等,增加进城务工人员教育培训机会。

——发挥企业家提升产业工人科学素质的示范引领作用。弘扬企业家精神,提高企业家科学素质,引导企业家在爱国、创新、诚信、社会责任和国际视野等方面不断提升,做创新发展的探索者、组织者、引领者和提升产业工人科学素质的推动者。鼓励企业积极培养使用创新型技能人才,在关键岗位、关键工序培养使用高技能人才。发挥学会、协会、研究会作用，引导、支持企业和社会组织开展职业能力水平评价。发挥"科创中国"平台作用，探索建立企业科技创新和产业工人科学素质提升的双促进机制。推动相关互联网企业做好快递员、网约工、互联网营销师等群体科学素质提升工作。

……

（五）领导干部和公务员科学素质提升行动。

进一步强化领导干部和公务员对科教兴国、创新驱动发展等战略的认识，提高科学决策能力，树立科学执政理念，增强推进国家治理体系和治理能力现代化的本领，更好服务党和国家事业发展。

——深入贯彻落实新发展理念。切实找准将新发展理念转化为实践的切入点、结合点和着力点，提高领导干部和公务员科学履职水平，强化对科学素质建设重要性和紧迫性的认识。

——加强科学素质教育培训。认真贯彻落实《干部教育培训工作条例》、《公务员培训规定》，加强前沿科技知识和全球科技发展趋势学习，突出科学精神、科学思想培养，增强把握科学发展规律的能力。大力开展面向基层领导干部和公务员，特别是革命老区、民族地区、边疆地区、脱贫地区干部的科学素质培训工作。

——在公务员录用中落实科学素质要求。不断完善干部考核评价机制，在公务员录用考试和任职考察中，强化科学素质有关要求并有效落实。

● 部门规章及文件

3.《"十四五"国家科学技术普及发展规划》（2022年8月4日）

三、重要任务

……

（五）抓好公民科学素质提升工作。

培育一大批具备科学家潜质的青少年群体。将弘扬科学精神贯穿于育人全过程、各环节。坚持立德树人，实施科学家精神进校园行动，将科学精神融入课堂教学和课外实践活动，激励青少年树立投身建设世界科技强国的远大志向，培养学生爱国情怀、社会责任感、创新精神和实践能力。提升基础教育科学教育水平，推进职业教育和普通高等教育阶段科学教育和科普工作。实施科技创新后备人才培育计划。建立校内外科学教育资源有效衔接机制。以科学类课程教师为重点加强教师培训，提升教师科学素质。在民族地区、边远地区实施"小手牵大手"行动，由在校学生向家人进行科普。

提升领导干部和公务员科学履职能力。进一步强化领导干部和公务员对科教兴国战略、创新驱动发展战略等的认识，提高科学履职能力，增强推进国家治理体系和治理能力现代化的本领，更好服务党和国家事业发展。深入贯彻落实新发展理念，提高领导干部和公务员科学履职水平，强化对科学素质建设重要性和紧迫性的认识。认真贯彻落实《干部教育培训工作条例》《公务员培训规定》，加强前沿科技知识和全球科技发展趋势学习，突出科学精神、科学思想培养，增强领导干部和公务员把握科学发展规律的能力。

提升制造业从业人员职业技能。以提升职业素质为重点，提高产业工人职业技能和创新能力，打造一支有理想守信念、懂技术会创新、敢担当讲奉献的高素质工人队伍，更好服务制造强国、质量强国和现代化经济体系建设。开展理想信念和职业精神宣传教育。开展"中国梦·劳动美"主题宣传教育，最美职工、大国工匠、巾帼建功等活动，大力弘扬劳模精神、劳动精神、工匠精神，营造劳动光荣的社会风尚、精益求精的敬业风气和勇于创新的文化氛围。实施技能中国创新行动。发挥企业家提升产业工人科学素质的示范引领作用。

提升农业从业人员科学素质。以提升科技文化素质为重点，提高农民文明生活、科学生产、科学经营能力，造就一支适应农业农村现代化发展要求的高素质农民队伍，加快推进乡村全面振兴。树立相信科学、和谐理性的思想观念。广泛开展面向农村的科普活动，实施乡村振兴科技支撑行动。加强革命老区、民族地区、边疆地区科普工作。引导社会科普资源向欠发达地区农村倾斜。开展兴边富民行动、边境边民科普活动和科普边疆行活动，大力开展科技援疆援藏，提高边远地区农民科技文化素质。提升农村低收入人口职业技能，增强内生发展能力。

……

4.《"十四五"生态环境科普工作实施方案》(2021年12月7日)

四、生态环境科学素质提升行动

……

（二）农民提升行动

30. 开展千乡万村生态环保科普行动。组织大学生志愿者利用寒暑假社会实践，进入千乡万村开展农村垃圾与污水治理、秸秆焚烧及综合利用、畜禽粪污治理及综合利用、农药化肥科学施用、村容村貌提升、饮用水安全保障、环境与健康等专题科普活动，着力改善农村人居环境。筛选一批优质活动案例和资源，加大宣传推广。

31. 实施科技助力乡村振兴行动。筛选和推广一批农村生态环境保护适用技术，组织专家深入农村一线开展农业面源污染防治、秸秆与畜禽粪污治理及综合利用、农村环境综合整治、水产养殖尾水处理、有机食品等技术帮扶，帮助地方制定生态产品价值转化技术方案，巩固生态脱贫攻坚成果，推进农业绿色发展，助力乡村生态振兴。加大对边远贫困地区、边疆民族地区和革命老区的科技帮扶力度。

（三）产业工人提升行动

32. 广泛开展生态文明科普教育。加强与行业主管部门、社会组织等单位联系，推动生态环境保护知识进企业、进厂矿、进车间，增强产业工人的环境与健康意识，提升自我防护本领。弘扬企业家精神，增强企业家生态环境保护责任意识，积极开展环境治理和技术升级改造。

33. 实施职业技能提升行动。在生态环境从业人员技能培训中弘扬科学精神和工匠精神，组织开展生态环境监测专业技术人员大比武、生态环境保护执法大练兵、大国工匠年度人物、最美职工等活动，增强职业技能和创新能力。

（四）领导干部和公务员提升行动

34. 深入贯彻生态文明理念。组织编写领导干部和公务员培训教材，将习近平生态文明思想和科技创新重要论述、生态环境保护政策法规、绿色低碳发展、环境风险防范化解的科学内涵等纳入领导干部和公务员教育培训的重要内容，树立领导干部和公务员绿色发展理念，增强科学思维，提高科学执政水平，助力生态环境高水平保护和经济高质量发展。

35. 加强生态环境科学知识培训。在生态环境部党校和全国环保网络学院开设生态环境保护知识课程，举办"科学·文化·素养"系列讲座、科技大讲堂，在国家生态环境科技成果转化综合服务平台开展技术直播培训，加强碳达峰碳中和、新污染物治理等前沿科学知识学习，增强精准、科学、依法治污的本领。

……

● 案例指引

中国流动科技馆湖南巡展[①]

典型意义： 一是借助中国流动科技馆巡展平台，使公众近距离

[①] 参见中国科协技术协会"全国科普日"专题网站，https://www.kepuri.cn/detail-page?id=854575，最后访问时间：2024年12月31日。

接触和体验先进科技知识，使公众对科学有更直观、更深刻的理解。二是对青少年学生开展科普教育，让其通过亲身体验，感受科学的乐趣和魅力，从而激发其对科学的兴趣和热爱，培养其科学思维和实践能力，为未来科技创新人才的培养奠定基础……四是推动科普教育事业的发展……本次活动组织了中小学学生、产业工人、社区居民等重点人群观展，服务公众不少于3.5万人次，有效带动全民科学素质的整体提升。

第三十五条　合法性与科学性原则

组织和个人提供的科普产品和服务、发布的科普信息应当具有合法性、科学性，不得有虚假错误的内容。

● 宪　法

1. 《宪法》（2018年3月11日）

第5条第5款　任何组织或者个人都不得有超越宪法和法律的特权。

● 部门规章及文件

2. 《"十四五"生态环境科普工作实施方案》（2021年12月7日）

三、主要任务

……

（七）构建完善生态环境科普传播网络

24. 构建科普传播网络阵地。建立政府、单位、专家等多主体联动，新媒体和传统媒体多渠道融合的生态环境科普传播网络阵地。充分发挥全国生态环境政务新媒体矩阵的作用，开辟科普专栏，各级生态环境部门每年发布原创科普内容12篇以上。各级生态环境部门所属单位建立符合本单位业务领域的科普传播工作体系，及时展示科研成果、解读社会热点、回应社会关切。推进核安全新媒体平台及联动科普机制建设，增强涉核风险防范化解能力。国家大气污染防治攻关联合中心、国家长江生态环境保护修复联合研究中心、国家黄河流域生态保护和高质量发展联合研究中心、国家生态环境科技成果转化综合服务平台等发挥国家级平台作用，建立本业务领域科普工作机制。专家通过单位和个人公众号积极撰写科普文章，及时为公众释疑解惑。坚决破除封建迷信思想，反对伪科学、反科学，坚决打击假借科普名义抹黑诋毁行为，积极传播正能量。

25. 大力提升科普服务信息化水平。完善全国生态环境科普管理系统。推动生态环境科普传播、评估监测、组织动员、运营服务等向网络化、智能化发展，充分利用网络直播、短视频、公众号、微博等新媒体手段，高效提供科普服务。建立公民生态环境科学素质监测与预警体系，评估生态环境科普工作成效，精准把握公众科普需求，科学指导科普工作重心。

……

3.《国家交通运输科普基地管理办法》（2020年7月10日）

第17条 对未认真履行职责、运行不良的科普基地，有下列情况之一的，取消科普基地称号，且四年内不得再次申报：

（一）未履行科普义务，或因客观原因无法运行，主动申请撤销的。

（二）评估不合格，并经责令整改后仍不合格的。

（三）不提交年度科普工作总结与计划，不提交考核材料，不参加考核的。

（四）发生其他严重损害公众利益和科普基地名誉行为的。

对发生重大安全责任事故，或宣传伪科学、涉嫌商业欺诈等违法违纪行为的科普基地，交通运输部将会同科技部取消其科普基地称号，并依法严肃处理。

| 第三十六条 | 信息发布和传播的监测与评估 |

国家加强对科普信息发布和传播的监测与评估。对传播范围广、社会危害大的虚假错误信息,科学技术或者有关主管部门应当按照职责分工及时予以澄清和纠正。

网络服务提供者发现用户传播虚假错误信息的,应当立即采取处置措施,防止信息扩散。

● 法 律

1.《刑法》(2023年12月29日)

第291条之一 投放虚假的爆炸性、毒害性、放射性、传染病病原体等物质,或者编造爆炸威胁、生化威胁、放射威胁等恐怖信息,或者明知是编造的恐怖信息而故意传播,严重扰乱社会秩序的,处五年以下有期徒刑、拘役或者管制;造成严重后果的,处五年以上有期徒刑。

编造虚假的险情、疫情、灾情、警情,在信息网络或者其他媒体上传播,或者明知是上述虚假信息,故意在信息网络或者其他媒体上传播,严重扰乱社会秩序的,处三年以下有期徒刑、拘役或者管制;造成严重后果的,处三年以上七年以下有期徒刑。

● 行政法规及文件

2.《关于新时代进一步加强科学技术普及工作的意见》(2022年9月4日)

六、营造热爱科学、崇尚创新的社会氛围

(二十五)加强科普领域舆论引导。坚持正确政治立场,强化科普舆论阵地建设和监管。增强科普领域风险防控意识和国家安全观念,强化行业自律规范。建立科技创新领域舆论引导机制,掌握科技解释权。坚决破除封建迷信思想,打击假借科普名义进行的抹黑诋毁和思想侵蚀活动,整治网络传播中以科普名义欺骗群众、扰乱社会、影响稳定的行为。

……

第三十七条　国际交流合作

有条件的科普组织和科学技术人员应当结合自身专业特色组织、参与国际科普活动，开展国际科技人文交流，拓展国际科普合作渠道，促进优秀科普成果共享。国家支持开展青少年国际科普交流。

● **法　律**

1.《科学技术进步法》（2021年12月24日）

第79条　国家促进开放包容、互惠共享的国际科学技术合作与交流，支撑构建人类命运共同体。

2.《高等教育法》（2018年12月29日）

第36条　高等学校按照国家有关规定，自主开展与境外高等学校之间的科学技术文化交流与合作。

● **行政法规及文件**

3.《关于新时代进一步加强科学技术普及工作的意见》（2022年9月4日）

三、加强科普能力建设

……

（十八）加强科普交流合作。健全国际科普交流机制，拓宽科技人文交流渠道，实施国际科学传播行动。引进国外优秀科普成果。积极加入或牵头创建国际科普组织，开展青少年国际科普交流，策划组织国际科普活动，加强重点领域科普交流，增强国际合作共识。打造区域科普合作平台，推动优质资源共建共享。

4.《**全民科学素质行动规划纲要（2021—2035年）**》（2021年6月3日）

　　四、重点工程

　　……

　　（五）科学素质国际交流合作工程。

　　拓展科学素质建设交流渠道，搭建开放合作平台，丰富交流合作内容，增进文明互鉴，推动价值认同，提升开放交流水平，参与全球治理。

　　——拓展国际科技人文交流渠道。围绕提升科学素质、促进可持续发展，充分发挥科学共同体优势和各类人文交流机制作用。开展青少年交流培育计划，拓展合作领域，提升合作层次。

　　——丰富国际合作内容。深入开展科学教育、传播和普及双多边合作项目，促进科普产品交流交易。聚焦应对未来发展、粮食安全、能源安全、人类健康、灾害风险、气候变化等人类可持续发展共同挑战，加强青少年、妇女和教育、媒体、文化等领域科技人文交流。

　　——积极参与全球治理。推进科学素质建设国际合作，探索制订国际标准，推动建立世界公众科学素质组织，参与议题发起和设置，在多边活动中积极提供中国方案、分享中国智慧。

　　——促进"一带一路"科技人文交流。坚持共商共建共享原则，深化公共卫生、绿色发展、科技教育等领域合作。推进科学素质建设战略、规划、机制对接，加强政策、规则、标准联通，推动共建"一带一路"高质量发展。

● 部门规章及文件

5.《**"十四五"国家科学技术普及发展规划**》（2022年8月4日）

　　三、重要任务

　　……

（六）开展科普交流与合作。

拓展国际科普交流机制。完善科普多边和双边国际交流机制，拓宽科技人文交流渠道，积极加入或牵头创建国际性科普组织。加强民间科普合作交流，鼓励高校、社会组织、企业等开展国际科普交流与合作。面向全球开发科普产品，鼓励优秀科普作品、展览进行国际交流和推广。鼓励引进国外优秀科普成果。实施国际科学传播行动，办好世界公众科学素质促进大会，推动成立世界公众科学素质促进联盟。合作举办国际科普论坛、科普竞赛等活动。

深入开展青少年国际科普交流。聚焦自然资源、生态环境、减灾防灾、科学考古、宇宙探索、机器人等世界青少年关注的主题，推动线上与线下相结合，打造具有全球影响力的国际青少年科普交流合作平台，促进青少年跨地域、跨文化、跨语言的科学互通与交流。组织开展跨国青少年科技竞赛等活动。

加强重点领域国际科普合作。发挥我国科技优势特色，推动深空、深海、深地、深蓝等领域的国际科普合作。聚焦粮食安全、能源安全、人类健康、灾害风险、气候变化、环境安全等人类共同挑战，策划组织国际科普活动，增强国际合作共识。围绕先进适用技术领域和科学文化历史，加强与共建"一带一路"国家的科普交流合作和科学文明互鉴。

促进与港澳台科普合作。推动科技活动周、科普日、公众科学日等重大科普活动更好辐射香港、澳门。组织优秀科普展览到香港、澳门展出，联合开展科普夏（冬）令营、科普乐园等青少年科普交流活动。推进海峡两岸科普交流合作，鼓励科普场馆间互展互动，加强优秀科普作品、产品、展品等交流推广。

6.《"十四五"生态环境科普工作实施方案》（2021年12月7日）

三、主要任务

……

（八）稳步推进生态环境科普国际交流

26. 开展科普交流与合作。积极加入国际性科普组织，将生态环境科普纳入绿色"一带一路"沿线国家的合作框架，充分利用国际论坛、研讨会、展览、竞赛等渠道，向全球推广我国生态环境科普产品，传播生态文明建设成就，分享中国方案，并引进国外优秀生态环境科普成果，促进生态环境科普文化交融。促进港澳台科普交流。每年组织或参与1次生态环境科普国际交流活动。

27. 开展国际履约科普宣传。围绕《联合国气候变化框架公约》《生物多样性公约》《斯德哥尔摩公约》《水俣公约》《维也纳公约》《蒙特利尔议定书》《巴塞尔公约》《鹿特丹公约》《伦敦公约》等履约需求，组织主题科普活动，宣传我国履约成效，树牢人类命运共同体意识。

第三十八条　科普事业成效监测

国家完善科普工作评估体系和公民科学素质监测评估体系，开展科普调查统计和公民科学素质测评，监测和评估科普事业发展成效。

● 部门规章及文件

1. 《"十四五"国家科学技术普及发展规划》（2022年8月4日）
   四、组织保障
   ……
   （六）强化监督、监测与评估。

加强科普调查统计、公民科学素质测评等基础性工作。加强科普规范化建设，研究建立科普标准和评价体系，构建国家和区域科普发展指数评价体系。完善符合国情的新时代公民科学素质评价标准。依法开展科普工作督促检查。合理设置科普工作指标在文明城市、卫生城镇、园林城市、环境保护模范城市、生态文明示范区等评选体系中的比重。

2. 《"十四五"生态环境科普工作实施方案》(2021年12月7日)

　　五、保障措施

　　……

　　(四)强化监督评估

　　40. 实施《中华人民共和国科学技术普及法》,深入研究科普发展动向,完善生态环境科普相关制度政策,加强生态环境科普工作调查统计和监督检查,开展绩效评价试点。提升科普工作在科研项目实施,国家环境保护重点实验室、工程技术中心、科学观测研究站建设,国家生态文明建设示范市县、"绿水青山就是金山银山"实践创新基地、国家环保模范城市、国家生态工业示范园区等创建和验收评价中的比重。

3. 《科技部发布2023年度全国科普统计数据》(2024年12月30日)

　　全国科普经费投入创出新高。2023年全国科普工作经费投入首次突破200亿元规模,筹集额达到215.06亿元,比2022年增长12.60%。以公共财政支持为主的科普经费投入格局稳健持续,各级政府部门拨款167.11亿元,比2022年增长8.3%,占当年全国经费筹集额的77.7%。全国人均科普专项经费5.76元,比2022年增加0.46元。科普活动支出81.87亿元,占当年科普经费使用额的39.42%,科普场馆基建支出31.37亿元,占15.1%,科普展品、设施支出22.72亿元,占10.94%。

　　科普人员队伍建设不断完善。2023年科普工作人员队伍建设在"小核心+大协作"模式下多点推进,形成以专职人员为核心、兼职人员为补充、志愿者为后备的人才蓄水池。全国科普专、兼职人员共计215.63万人,比2022年增长7.99%。其中,科普专职人员29.32万人,科普兼职人员186.31万人。中级职称及以上或大学本科及以上学历的科普人员数量达到 134.99 万人，比 2022 年增长 10.11%。女性科普人员 98.01 万人，比 2022 年增长 11.42%。科普讲解与辅导人员 38.86 万人，比 2022 年增长 5.81%。专职从事科普创作与研发人员 2.22 万人，比 2022 年增长 9.26%。注册科普志愿者数量达到 804.53 万人，比 2022 年增长 17.16%。

科普基础设施建设稳中求进。全国科技馆和科学技术类博物馆共计 1779 个，比 2022 年增加 96 个；展厅面积 660.03 万平方米，比 2022 年增加 6.04%。其中，科技馆 703 个，科学技术类博物馆 1076 个。全国范围内共有青少年科技馆站 519 个，城市社区科普（技）专用活动室 4.8 万个，农村科普（技）活动场地 16.19 万个，科普宣传专用车 1203 辆，流动科技馆站 856 个，科普宣传专栏 25.94 万个。

公众参与各类科普活动积极踊跃。2023 年全国组织线上线下科普（技）讲座 130.54 万次，吸引 19.26 亿人次参加；举办线上线下科普（技）专题展览 10.75 万次，共有 5.14 亿人次参观；举办线上线下科普（技）竞赛 4.13 万次，参加人次达 5.66 亿；建设青少年科技兴趣小组 12.74 万个，参加人数达 877.33 万人次；青少年科技夏（冬）令营活动共举办 2.69 万次，参加人次为 147.13 万；科研机构和大学向社会开放 8391 个，接待访问 1964.17 万人次；举办线上线下科普国际交流活动 1315 次，参加人次达 1150.76 万。2023 年全国科技活动周以"热爱科学 崇尚科学"为主题，举办线下线上各类科普专题活动 12.65 万次，共有 4.48 亿人次参加。

网络化科普表现抢眼，成为科普传媒矩阵中具有广泛影响力的重要阵地。2023 年全国科普类网站建设 2045 个；科普类微信公众号建设 9561 个，关注数 10.45 亿个；科普类微博建设 1513 个，粉丝数 2.86 亿个。电视台播出科普（技）节目 22.69 万小时。广播电台播出科普（技）节目 24.85 万小时。科普期刊发行 6622.92 万册，科普图书发行 4989.74 万册，科技类报纸发行 8026.41 万份。

全国科普统计工作由科技部相关司局负责，中国科学技术信息研究所具体承担。2023 年度数据的统计范围包括 31 个省（自治区、直辖市）和新疆生产建设兵团，31 个中央和国家机关有关单位，共回收调查表 8.49 万份，是目前国内统计范围最广、涵盖面最大、内容最丰富、最为权威的政府科普工作基础数据。

● 地方性法规及文件

4.《上海市科学技术普及条例》（2022 年 2 月 18 日）

第 42 条 市科技部门应当会同相关部门建立科普评估制度，完善科普评估指标体系，构建科普监测工作网络，定期对市民的科学素质进行测评，对科普场馆运行情况、科普项目和重大科普活动的开展情况进行考核、评估。科普评估结果应当作为编制和调整科普规划、制定科普政策的重要依据。

第五章　科 普 人 员

第三十九条　专业化科普人才队伍建设

国家加强科普工作人员培训和交流，提升科普工作人员思想道德品质、科学文化素质和业务水平，建立专业化科普工作人员队伍。

● 宪　法

1.《宪法》（2018 年 3 月 11 日）

第 23 条 国家培养为社会主义服务的各种专业人才，扩大知识分子的队伍，创造条件，充分发挥他们在社会主义现代化建设中的作用。

● **行政法规及文件**

2. 《关于新时代进一步加强科学技术普及工作的意见》（2022年9月4日）

三、加强科普能力建设

……

（十六）壮大科普人才队伍。培育一支专兼结合、素质优良、覆盖广泛的科普工作队伍。优化科普人才发展政策环境，畅通科普工作者职业发展通道，增强职业认同。合理制定专职科普工作者职称评聘标准。广泛开展科普能力培训，依托高等学校、科研院所、科普场馆等加强对科普专业人才的培养和使用，推进科普智库建设。加强科普志愿服务组织和队伍建设。

……

● **部门规章及文件**

3. 《"十四五"国家科学技术普及发展规划》（2022年8月4日）

四、组织保障

……

（四）大力培育科普人才。

建立健全科普培训体系，研究制定科普工作者能力提升培训大纲，广泛开展面向科普从业人员培训。提高科普专业化水平，培养一批理论和实践经验丰富的高素质科普人员。畅通科普工作者的职业发展通道。推动建设科普人才大数据平台，建立涵盖科普创作、活动策划、决策咨询等各领域专业人才的科普专家库。充分发挥老科技工作者科普作用，积极推广"老科学家科普演讲团"成功经验。积极动员科技工作者，特别是青年科技工作者开展科普志愿服务。加强科普志愿者组织和队伍建设。

……

4. **《自然资源科学技术普及"十四五"工作方案》**（2022年11月29日）

六、培育自然资源科普人才队伍

完善自然资源首席科学传播专家聘任制度，建立健全自然资源科普人员培训交流体系，研究制定科普人才评价和激励机制，优化科普人才发展环境，开展常态化国际交流合作，建设高质量自然资源科普人才队伍，夯实自然资源科普工作基础。

（一）壮大科普人才队伍

完善自然资源首席科学传播专家聘任制度，鼓励有条件的单位设立科学传播专家工作室。提高科普志愿者素质，加强自然资源科普志愿者队伍建设。鼓励有关科研院所、企事业单位设立科普职能部门和科普岗位。充分发挥行业学会、协会作用，发展行业科普组织，汇聚多方力量参与科普。

（二）提升科普人才专业化水平

建立健全自然资源科普人员培训交流体系，每年举办自然资源科普能力提升培训班，研究制定培训大纲，建立科普业务骨干培训长效机制。扶持科普创作人才成长，培养科普创作领军人物。研究制定科普人才评价和激励机制，优化科普人才发展环境，建立一支具有现代科学理念和传播技能的专业化科普工作队伍。建立"一带一路"沿线国家和港澳台自然资源科普合作交流机制，开展常态化交流合作。

5. **《国家交通运输科普基地管理办法》**（2020年7月10日）

第9条　科普基地应加强科普人才队伍建设。有计划地开展专、兼职科普工作人员业务培训，积极发展科普志愿者队伍。

● 地方性法规及文件

6. **《天津市科学技术普及条例》**（2021年11月29日）

第46条　科技工作者、科学课程教师、科普创作人员、大众传媒的科技记者和编辑、科普场馆的展览设计制作人员、科普活动的策划和经营管理人员、科普理论研究工作者等从事科普工作的人员是科普工作者。

7.《上海市科学技术普及条例》(2022年2月18日)

第33条 市、区人民政府应当加强科普队伍建设，扩大队伍规模，优化队伍结构。

鼓励国家机关、社会团体、企业事业单位以及其他组织等根据实际，确定科普工作相关负责人以及工作人员，建立科普队伍。

第34条第1款和第2款 本市支持开展科普理论与实践研究，将科普人才纳入科技创新人才培育计划，加强高端科普人才建设。

市科技部门应当会同相关部门完善科普培训体系，为科普人员提供专业培训；建立科普人才库，推进科普理论人才和智库建设，加强对科普专业人才的培养和使用。

8.《广东省科学技术普及条例》(2021年5月26日)

第36条第1款 地级以上市人民政府应当建设与人口和经济社会发展相适应的综合性科普场馆，并配备必要的专职人员。

第40条 县级以上人民政府应当加强科普人才队伍建设，利用高等学校和科学技术研究开发机构等科普教育资源，扩大科普人才队伍规模，优化科普人才队伍结构。

依法承担科普工作的单位或者组织应当安排专职兼职人员承担科普工作，并加强对专业人才的培养和支持。

第42条 县级以上人民政府应当完善科普人才培养、使用和评价制度，推动将科普成果和科普工作业绩纳入相关专业技术职称评聘指标。

● **案例指引**

从田间到餐桌，科技引领未来①

典型意义：中国粮油学会米制主食营养与安全科学传播专家团队在广州城市职业学院食品健康学院分别开展 6 场系列科普活动，通过提问、举例、讲解等方式提高学生对粮食安全的认识，弘扬爱粮节粮的优良传统，进一步说明了中国粮油产业发展现状，让同学们认识到粮油的重要性，要减少浪费，携手并进，共同期待一个更加美好、健康、可持续的粮油未来。

第四十条　科技人员带头支持

科学技术人员和教师应当发挥自身优势和专长，积极参与和支持科普活动。

科技领军人才和团队应当发挥表率作用，带头开展科普。

鼓励和支持老年科学技术人员积极参与科普工作。

● **法　律**

1.《科学技术进步法》（2021 年 12 月 24 日）

第 10 条　科学技术人员是社会主义现代化建设事业的重要人才力量，应当受到全社会的尊重。

国家坚持人才引领发展的战略地位，深化人才发展体制机制改革，全方位培养、引进、用好人才，营造符合科技创新规律和人才成长规律的环境，充分发挥人才第一资源作用。

● **部门规章及文件**

2.《自然资源科学技术普及"十四五"工作方案》（2022 年 11 月 29 日）

五、推进自然资源科技资源科普化

……

---

① 参见中国科协技术协会"全国科普日"专题网站，https：//www.kepuri.cn/detail-page?id=907804，最后访问时间：2024 年 12 月 31 日。

（三）提高科技工作者科普参与度

鼓励和引导科技工作者发挥自身优势和专长，积极参与国家重大和部级主题科普示范活动，培养科技工作者参与科普工作的责任意识。支持科研人员通过撰写科普文章、举办科普讲座、参与科普活动、翻译国外科普作品等多种形式开展科普工作。搭建科技工作者与科普作家、科普团队之间的交流合作平台，选树自然资源科技创新先进典型，注重发挥资深科技工作者的作用，大力弘扬科学家精神，共同创作优质科普作品，讲好自然资源科技创新故事。

● 地方性法规及文件

3.《上海市科学技术普及条例》（2022年2月18日）

第35条　科技人员应当积极参与和支持科普活动。鼓励高层次科技人员领衔实施科普项目，开展科普作品创作，普及和宣传科技知识。

科技人员以及其他具有专业背景的人员参与科普活动，其所在单位应当予以支持。

● 案例指引

1. "科学大咖 科普筑梦" 院士报告会《理解宇宙》[1]

典型意义：本次主题活动是市科协进一步贯彻习近平总书记视察天津重要讲话精神，助力京津冀协同发展，深入落实天津市加强新时期科学教育实施方案的举措。通过院士们的巡讲，学生在轻松、和谐、愉快的氛围中真切地体会到了"科学就是力量""科技就在身边"。市科协将进一步用好首都科普教育资源，将首都优势资源引入天津，推进全域科普工作向纵深发展。

---

[1] 参见中国科协技术协会"全国科普日"专题网站，https：//www.kepuri.cn/detail-page? id=904752，最后访问时间：2024年12月31日。

2. 云南省科普活动走进基层校园①

典型意义：由云南省科技厅、云南省科协主办的院士专家科普进校园活动在腾冲实验学校举行。来自中国科学院、中国电子信息产业发展研究院等机构的数位专家学者与腾冲实验学校师生开展交流活动。活动以"弘扬科学精神 启迪智慧人生"为主题，为青少年搭建与院士、专家面对面交流的平台，以高质量科普激发青少年崇尚科学、探索未知的兴趣，激励青少年勇于追逐科学梦想。

第四十一条　专业培养

国家支持有条件的高等学校、职业学校设置和完善科普相关学科和专业，培养科普专业人才。

● 法　律

1. 《科学技术进步法》（2021年12月24日）

第59条　国家完善创新人才教育培养机制，在基础教育中加强科学兴趣培养，在职业教育中加强技术技能人才培养，强化高等教育资源配置与科学技术领域创新人才培养的结合，加强完善战略性科学技术人才储备。

2. 《高等教育法》（2018年12月29日）

第10条　国家依法保障高等学校中的科学研究、文学艺术创作和其他文化活动的自由。

在高等学校中从事科学研究、文学艺术创作和其他文化活动，应当遵守法律。

第35条　高等学校根据自身条件，自主开展科学研究、技术开发和社会服务。

---

① 参见中华人民共和国科学技术部网站，https://www.most.gov.cn/dfkj/yn/zxdt/202412/t20241216_192691.html，最后访问时间：2024年12月31日。

国家鼓励高等学校同企业事业组织、社会团体及其他社会组织在科学研究、技术开发和推广等方面进行多种形式的合作。

国家支持具备条件的高等学校成为国家科学研究基地。

● 行政法规及文件

3.《全民科学素质行动规划纲要（2021—2035 年）》（2021 年 6 月 3 日）

四、重点工程

……

（四）基层科普能力提升工程。

……

——加强专职科普队伍建设。大力发展科普场馆、科普基地、科技出版、新媒体科普、科普研究等领域专职科普人才队伍。鼓励高校、科研机构、企业设立科普岗位。建立高校科普人才培养联盟，加大高层次科普专门人才培养力度，推动设立科普专业。

……

● 部门规章及文件

4.《"十四五"生态环境科普工作实施方案》（2021 年 12 月 7 日）

三、主要任务

……

（二）着力加强生态环境科普队伍建设

6. 推进科普人才队伍建设。鼓励设有生态环境类专业的高校、科研院所、职业院校等开办科普专业或增设科普研究方向，培养专业化的科普人才。生态环境部门所属科研单位，国家环境保护重点实验室、工程技术中心、科学观测研究站等加强人员科普专业化培训，支持生态环境科普创作人才成长。推动公众影响力较大和知名度较高的科研人员成长为科普明星。适时推动将科普工作纳入专业技术人员职称评聘条件，提高科技工作者参与科普的主动性和积极性。

7.完善国家科普专家库。持续吸纳生态环境领域院士、知名专家、中青年学者加入专家库，建立国家生态环境首席科普专家制；按要素、按领域组建若干支全国性生态环境科普专家团队，优化专家团队运行管理机制，激励专家库成员发挥专业优势，积极参与生态环境科普创作、热点解读、科普报告等工作。各省至少组建1支本地区生态环境科普专家团队。加大优秀生态环境科技人物和创新团队的宣传力度，选树一批最美生态环境科技工作者典型。

8.推动老科学家参与科普。组建全国生态环境领域老科学家演讲团，鼓励具备条件的地方组建本地区老科学家演讲团，以"大手拉小手"方式推进生态环境科普；组织撰写生态环境领域知名老科学家传记和先进事迹，挖掘和弘扬科学家精神，引导更多中青年科研人员投身生态环境科技创新和科普工作，增强未成年人对生态环境事业的兴趣和热爱。

9.加强科普志愿者队伍建设。优化生态环境科普志愿服务管理机制，激励广大教师、大学生、环保从业者、传媒从业者等积极参与生态环境科普志愿服务，并依托各类基层组织，带动大学生村官、中小学教师和社区工作人员等担任当地生态环境科普宣传员。

10.加大科普能力提升培训。组织开展形式多样的科普交流和培训，提高各类生态环境科普人员的专业水平和服务能力，每年培训生态环境科普骨干不少于300名。加强基层生态环境科普工作者的培训力度，每2年轮训一次基层生态环境科普工作者。

……

第四十二条　志愿服务

国家完善科普志愿服务制度和工作体系，支持志愿者开展科普志愿服务，加强培训与监督。

● 行政法规及文件

1. 《关于新时代进一步加强科学技术普及工作的意见》（2022年9月4日）

　　三、加强科普能力建设

　　（十二）强化基层科普服务。围绕群众的教育、健康、安全等需求，深入开展科普工作，提升基层科普服务能力。依托城乡社区综合服务设施，积极动员学校、医院、科研院所、企业、社会组织等，广泛开展以科技志愿服务为重要手段的基层科普活动。建立完善跨区域科普合作和共享机制，鼓励有条件的地区开展全领域行动、全地域覆盖、全媒体传播、全民参与共享的全域科普行动。

　　……

2. 《志愿服务条例》（2017年8月22日）

　　第2条第2款　本条例所称志愿服务，是指志愿者、志愿服务组织和其他组织自愿、无偿向社会或者他人提供的公益服务。

　　第3条　开展志愿服务，应当遵循自愿、无偿、平等、诚信、合法的原则，不得违背社会公德、损害社会公共利益和他人合法权益，不得危害国家安全。

　　第7条　志愿者可以将其身份信息、服务技能、服务时间、联系方式等个人基本信息，通过国务院民政部门指定的志愿服务信息系统自行注册，也可以通过志愿服务组织进行注册。

　　志愿者提供的个人基本信息应当真实、准确、完整。

　　第11条　志愿者可以参与志愿服务组织开展的志愿服务活动，也可以自行依法开展志愿服务活动。

　　第16条　志愿服务组织安排志愿者参与的志愿服务活动需要专门知识、技能的，应当对志愿者开展相关培训。

　　开展专业志愿服务活动，应当执行国家或者行业组织制定的标准和规程。法律、行政法规对开展志愿服务活动有职业资格要求的，志愿者应当依法取得相应的资格。

第18条　志愿服务组织开展志愿服务活动，可以使用志愿服务标志。

第22条　志愿者接受志愿服务组织安排参与志愿服务活动的，应当服从管理，接受必要的培训。

志愿者应当按照约定提供志愿服务。志愿者因故不能按照约定提供志愿服务的，应当及时告知志愿服务组织或者志愿服务对象。

第23条　国家鼓励和支持国家机关、企业事业单位、人民团体、社会组织等成立志愿服务队伍开展专业志愿服务活动，鼓励和支持具备专业知识、技能的志愿者提供专业志愿服务。

国家鼓励和支持公共服务机构招募志愿者提供志愿服务。

第25条　任何组织和个人不得强行指派志愿者、志愿服务组织提供服务，不得以志愿服务名义进行营利性活动。

第26条　任何组织和个人发现志愿服务组织有违法行为，可以向民政部门、其他有关部门或者志愿服务行业组织投诉、举报。民政部门、其他有关部门或者志愿服务行业组织接到投诉、举报，应当及时调查处理；对无权处理的，应当告知投诉人、举报人向有权处理的部门或者行业组织投诉、举报。

第29条　学校、家庭和社会应当培养青少年的志愿服务意识和能力。

高等学校、中等职业学校可以将学生参与志愿服务活动纳入实践学分管理。

第30条　各级人民政府及其有关部门可以依法通过购买服务等方式，支持志愿服务运营管理，并依照国家有关规定向社会公开购买服务的项目目录、服务标准、资金预算等相关情况。

第34条　县级以上人民政府应当建立健全志愿服务统计和发布制度。

● 地方性法规及文件

3.《广东省科学技术普及条例》(2021年5月26日)

第45条 县级以上科学技术协会应当会同有关部门建立健全科技志愿服务组织管理制度和科技志愿服务激励机制，构建科技志愿者服务平台，组织科普业务培训和工作交流，维护科技志愿者合法权益。

4.《上海市科学技术普及条例》(2022年2月18日)

第36条 本市建立健全科普志愿者组织管理制度，加强科普志愿服务组织和队伍建设，开展科普志愿服务培训和经验推广等工作。

5.《天津市科学技术普及条例》(2021年11月29日)

第40条 鼓励开展科普志愿服务。鼓励支持科技工作者、高等学校师生等人员从事科普志愿服务。

● 案例指引

1. 天津科技大学"御灾先锋"实践队深入基层普及防灾知识[①]

典型意义：实践队到企业深入了解科技在气象防灾减灾中的创新应用，并探讨了未来发展方向。在天津市宁河区和滨海新区的多个村庄，实践队通过讲座、实地调查及互动问答等形式，向村民普及了气象防灾知识，并结合农作物的实际情况，提出了有针对性的防灾减灾建议。实践队还走进校园，为学生们带来了一堂别开生面的气象科普宣讲课，丰富了孩子们的课外知识，并引导他们深入思考气象与人类生活的联系。为扩大科普宣传的覆盖面，实践队通过微信公众号等渠道，向广大市民普及气象灾害的识别、防御与应对措施。天津科技大学"御灾先锋"气象防灾减灾科普实践队开展的一系列气象防灾减灾科普活动，有效推动了气象知识的普及与应用。

[①] 参见中国气象局网站，https：//www.cma.gov.cn/ztbd/2024zt/20240708/2024070802/202409/t20240903_6530729.html，最后访问时间：2024年12月31日。

2. 南京信息工程大学"风云绘地，科普领航"小分队开展"三下乡"活动①

典型意义：南京信息工程大学地理科学学院"风云绘地，科普领航"小分队响应第十六届"气象防灾减灾宣传志愿者中国行"活动号召，结合学校气象学科优势和地理学科特色，开展科普"三下乡"活动。在落桥社区，小分队开展气象防灾减灾科普活动，向居民们展示气象科普海报，发放防灾减灾知识宣传册，介绍预警获取渠道，引导他们关注气象部门发布的权威预报预警信息，防范灾害风险。在程桥社区，小分队成员结合自身专业特长，精心安排近十个主题，开展"宁育未来，童乐一夏"暑期课程，在每堂课中穿插介绍气象灾害的应急防护措施，增强了青少年的防灾减灾意识，提高其应对气象灾害的能力。

第四十三条　职称绩效评价机制

国家健全科普人员评价、激励机制，鼓励相关单位建立符合科普特点的职称评定、绩效考核等评价制度，为科普人员提供有效激励。

● **法　律**

1.《科学技术进步法》（2021年12月24日）

第63条　国家实行科学技术人员分类评价制度，对从事不同科学技术活动的人员实行不同的评价标准和方式，突出创新价值、能力、贡献导向，合理确定薪酬待遇、配置学术资源、设置评价周期，形成有利于科学技术人员潜心研究和创新的人才评价体系，激发科学技术人员创新活力。

---

① 参见中国气象局网站，https://www.cma.gov.cn/ztbd/2024zt/20240708/2024070802/202408/t20240819_6498553.html，最后访问时间：2024年12月31日。

● 部门规章及文件

2. 《"十四五"国家科学技术普及发展规划》(2022年8月4日)

　　四、组织保障

　　……

　　(五)强化科普奖励激励。

　　……推动在科技人才计划中设立科普专项计划。研究制定科普工作业绩评价标准,鼓励相关单位把科普工作成效作为职工职称评聘、业绩考核的参考。

　　……

3. 《"十四五"生态环境科普工作实施方案》(2021年12月7日)

　　五、保障措施

　　……

　　(三)完善激励机制

　　39. 将科普工作纳入生态环境科技成果转化范畴,参与科技成果转化的奖励与收益分配;将科普工作业绩作为生态环境科技人员职称评聘条件;增加环境保护科学技术奖(科普成果类)的类型和数量。对在生态环境科普工作中作出突出贡献的集体和个人给予表扬激励,加大先进事迹的宣传力度。同等条件下,优先推荐科普成效显著的科研人员申报人才计划……

4. 《自然资源科学技术普及"十四五"工作方案》(2022年11月29日)

　　八、保障措施

　　……

　　(二)强化激励机制

　　各有关单位将科普工作纳入单位年度重点工作、考评和职称评定体系,研究制定科普工作业绩评价标准,把科普工作成效作为科技工作者职称评聘、绩效考核的重要参考。在自然资源部高层次科技创新人才工程推荐评选中,将具有社会影响力的高水平原创科普作品纳入代表性成果范围。鼓励自然资源相关学会、协会将科普工作纳入科学技术奖励范畴。根据国家有关规定,对落实《工作方案》任务作出突出贡献的单位及个人予以表扬。

……

5. **《国家中医药管理局办公室关于进一步加强中医药文化科普巡讲团巡讲专家管理工作的通知》**(2013 年 9 月 18 日)

为了传播科学、准确、通俗易懂的中医药健康理念,不断满足人民群众对中医药文化科普知识的需求,我局组建了中医药文化科普巡讲团,以积极推进中医药文化科普巡讲活动。为进一步加强对我局中医药文化科普巡讲团巡讲专家(以下简称"巡讲专家")管理工作,我局建立了国家中医药管理局中医药文化科普巡讲团巡讲专家信息库(以下简称"专家信息库"),现将有关事项通知如下:

一、巡讲专家条件

(一)热爱中医药文化科普宣传工作,政治坚定、作风正派、专业思想牢固,能够传播科学、准确、权威的中医药文化科普知识;

(二)中医药相关专业毕业(本科以上学历),具有副高以上专业技术职称,有中医药临床工作经历;

(三)熟悉中医药专业知识和中医药文化,在中医药文化科普领域有一定的威望和影响;

(四)五官端正,思路开阔,思维敏捷,具备流畅的语言表达能力;

(五)身体健康,能够按时参加巡讲团活动并承担有关工作;

(六)具有良好的道德操守,自觉接受监督与管理。

二、巡讲专家权利

(一)获得由国家中医药管理局统一印制的聘用证书;

（二）享有优先被国家中医药管理局向有关广播、电视、网络等媒体推荐并在政务公开网站设专栏介绍的权利；

（三）参加由国家中医药管理局组织的巡讲培训活动，按照《中医药继续教育学分管理办法》的要求，每次授予相应的国家级Ⅰ类学分；

（四）可参加国家中医药管理局组织的中医药文化科普巡讲交流会，提高中医药文化科普相关知识与技能。

三、巡讲专家责任

（一）热心中医药文化科普公益活动，积极参加国家中医药管理局及所在省（区、市）组织的公益性巡讲活动；

（二）承担中医药文化科普巡讲人才培养任务，指导并培训所在省（区、市）中医药文化科普巡讲人才；

（三）及时更新、完善巡讲内容，定期创作并提供与本专业相关的中医药文化科普作品，国家中医药管理局将择优结集出版，向社会推荐；

（四）遵守国家有关法律法规，不发表伪科学、违背中医药理论知识、不利于中医药事业发展的相关言论，不宣讲个人不熟悉和本人专业领域以外的中医药文化科普知识。

四、巡讲专家管理

……

（二）巡讲专家每年需通过专家信息库报送1篇以上与本专业相关的中医药文化科普原创作品（字数1500-2000字）。国家中医药管理局文化建设与科学普及专家委员会负责相关材料的审核。

（三）……局新闻办将对巡讲专家当年工作情况进行考核，对成绩突出者予以表彰。

（四）巡讲专家应积极参加国家中医药管理局、所在省（区、市）中医药管理部门（或局直属单位）组织指派的公益性巡讲及培训活动。对无正当理由，连续3次不参加活动者，经省级中医药管理部门（或局直属单位）核实后，视为自动退出巡讲团，并在我局政务公开网上公布退出名单。

（五）各省级中医药管理部门及局直属单位要切实履行监管职责、加强管理，如发现巡讲专家违反相关管理要求，或以"国家中医药管理局中医药文化科普巡讲团巡讲专家"名义谋取不当利益的，应及时报告我局新闻办，并按照有关管理规定予以处理。

● 地方性法规及文件

6.《上海市科学技术普及条例》（2022年2月18日）

第37条 本市鼓励和引导符合条件的科普人员申报相关专业技术职称，畅通职业发展通道。

开展其他专业技术职称评聘时，相关人员取得的科普成果和科普工作业绩应当作为参考。

鼓励高等学校、科研院所、职业学校、中小学校、医疗卫生机构等单位将科普工作业绩纳入员工日常业务考核和评奖评优指标。相关人员开展单位安排或者认可的科普活动所取得的业绩可以视为其职务业绩。

7.《天津市科学技术普及条例》（2021年11月29日）

第49条 科普工作者按照国家和本市有关规定参加科学传播专业或者其他专业技术职称评审时，其科普著作、论文、直接参与指导的科普竞赛成绩和开展科普工作的其他成果，应当作为晋升科学传播专业技术职称的依据或者其他专业技术职称的参考条件。

● 政协委员提案答复

8.《关于政协第十四届全国委员会第二次会议第00607号（科学技术类032号）提案答复的函》（2024年8月12日）

一、相关工作进展

……

（三）关于激发科研工作者投身科普。一是积极拓展科研人员投身科普的职业发展路径。2023年，中国科协首次试点开展在京中央单位自然科学研究系列科普专业职称评审。北京、安徽、甘肃、贵州、广西、四川、青海等地开展了科普职称评定的有益探索……

第六章 保障措施

第四十四条　经费保障

各级人民政府应当将科普经费列入本级预算，完善科普投入经费保障机制，逐步提高科普投入水平，保障科普工作顺利开展。

各级人民政府有关部门应当根据需要安排经费支持科普工作。

● 法　律

1.《科学技术进步法》（2021年12月24日）

第87条第1款　财政性科学技术资金应当主要用于下列事项的投入：

……

（八）科学技术普及。

● 部门规章及文件

2.《"十四五"生态环境科普工作实施方案》（2021年12月7日）

五、保障措施

……

（二）加大经费投入

38. 各级生态环境部门、各单位应加大经费投入，保障生态环境科普专项工作经费。在生态环境工程建设项目、科研业务项目、专项任务等工作中安排一定比例经费用于生态环境科普。鼓励设立生态环境科普基金，建立政府投入、企业资助、个人捐赠等多元投入机制。

……

● **地方性法规及文件**

3. 《**广东省科学技术普及条例**》（2021年5月26日）

第46条 县级以上人民政府应当将科普经费列入同级财政预算，逐步增加科普经费投入。

县级以上人民政府承担科普工作的有关部门应当安排相应经费开展科普工作。

县级以上人民政府及其有关主管部门应当加大对公益性科普设施建设和运行经费的公共投入，可以通过购买服务等方式，支持科普场馆、科普教育基地、科普组织、有条件的企业和社会组织等开展科普活动。

4. 《**上海市科学技术普及条例**》（2022年2月18日）

第38条 市、区人民政府应当将科普经费列入同级财政预算，逐步提高科普投入水平，保障科普工作顺利开展。

5. 《**天津市科学技术普及条例**》（2021年11月29日）

第50条 各级人民政府应当保证对科普经费的投入，逐步提高科普投入水平。科普经费应当列入同级财政预算，及时划拨，专款专用，提高资金使用效益。

第四十五条　场馆设施与信息化建设

国家完善科普场馆和科普基地建设布局，扩大科普设施覆盖面，促进城乡科普设施均衡发展。

国家鼓励有条件的地方和组织建设综合型科普场馆和专业型科普场馆，发展数字科普场馆，推进科普信息化发展，加强与社区建设、文化设施融合发展。

> 省、自治区、直辖市人民政府和其他有条件的地方人民政府，应当将科普场馆、设施建设纳入国土空间规划；对现有科普场馆、设施应当加强利用、维修和改造升级。

● **行政法规及文件**

1.《关于新时代进一步加强科学技术普及工作的意见》（2022年9月4日）

三、加强科普能力建设

……

（十三）完善科普基础设施布局。加强科普基础设施在城市规划和建设中的宏观布局，促进全国科普基础设施均衡发展。鼓励建设具有地域、产业、学科等特色的科普基地。全面提升科技馆服务能力，推动有条件的地方因地制宜建设科技馆，支持和鼓励多元主体参与科技馆等科普基础设施建设，加强科普基础设施、科普产品及服务规范管理。充分利用公共文化体育设施开展科普宣传和科普活动。发挥重大科技基础设施、综合观测站等在科普中的重要作用。充分利用信息技术，深入推进科普信息化发展，大力发展线上科普。

……

2.《全民科学素质行动规划纲要（2021—2035年）》（2021年6月3日）

四、重点工程

……

（三）科普基础设施工程。

加强科普基础设施建设，建立政府引导、多渠道投入的机制，实现资源合理配置和服务均衡化、广覆盖。

——加强对科普基础设施建设的统筹规划与宏观指导。制定科普基础设施发展规划，将科普基础设施建设纳入各地国民经济和社会发展规划。完善科普基础设施建设管理的规范和标准，建立健全分级评价制度。完善社会资金投入科普基础设施建设的优惠政策和法规。推行科技馆登记注册制度和年报制度。推进符合条件的科技馆免费开放。

——创新现代科技馆体系。推动科技馆与博物馆、文化馆等融合共享，构建服务科学文化素质提升的现代科技馆体系。加强实体科技馆建设，开展科普展教品创新研发，打造科学家精神教育基地、前沿科技体验基地、公共安全健康教育基地和科学教育资源汇集平台，提升科技馆服务功能。推进数字科技馆建设，统筹流动科技馆、科普大篷车、农村中学科技馆建设，探索多元主体参与的运行机制和模式，提高服务质量和能力。

——大力加强科普基地建设。深化全国科普教育基地创建活动，构建动态管理和长效激励机制。鼓励和支持各行业各部门建立科普教育、研学等基地，提高科普服务能力。推进图书馆、文化馆、博物馆等公共设施开展科普活动，拓展科普服务功能。引导和促进公园、自然保护区、风景名胜区、机场、车站、电影院等公共场所强化科普服务功能。开发利用有条件的工业遗产和闲置淘汰生产设施，建设科技博物馆、工业博物馆、安全体验场馆和科普创意园。

……

● 部门规章及文件

3.《"十四五"国家科学技术普及发展规划》（2022年8月4日）

三、重要任务

……

（二）加强国家科普能力建设。

……

持续推进科普信息化建设。依托中国科普网分步骤建设国家科技资源科普化平台,建设科普专家、科普舆情、科技传播数据库。持续完善科普中国平台建设,提升科普资源汇集、整理、应用的能力。推进基层科普服务平台与国家平台间的互通互联,推动形成覆盖全国的科普服务网络,促进优质科普资源的共建共享共用。加快推进科普与大数据、云计算、人工智能等技术深度融合,打造一批科普数字化应用示范场景。深入实施科普信息化提升工程,强化科普信息与智慧教育、智慧城市、智慧社区等深度融合。推动优质科普信息化资源向革命老区、民族地区、边疆地区、脱贫地区倾斜。

……

4.《"十四五"生态环境科普工作实施方案》(2021年12月7日)

三、主要任务

……

(五)整体提升生态环境科普设施水平

17. 加强国家生态环境科普基地建设。新建一批国家生态环境科普基地,实现全国省级层面全覆盖;加大对科普基地的支持,对已命名科普基地开展综合评估,持续调动和发挥示范带动作用。推动生态环境领域创建国家科普示范基地。积极推进核与辐射安全监管展厅建设。推进生态环境科普馆建设。

18. 推进地方生态环境科普基地建设。支持地方加强科普基地的挖掘和培育,积极创建省级生态环境科普基地,逐步实现"一市一基地"全覆盖;鼓励有条件的地方建设生态环境主题科普场所。

19. 拓展生态环境科普服务功能。积极支持国家生态文明建设示范市县、"绿水青山就是金山银山"实践创新基地、国家生态工业示范园区、自然保护地等加大科普设施投入,增加特色科普服务内容。鼓励各类自然风景区增加科普服务功能,开发科普旅游文化线路。鼓励各地科技馆、博物馆、文化馆、图书馆、工业遗迹、公园等公共文化机构建设生态环境科普展区。支持条件成熟的科普场所创建国家生态环境科普基地。

……

5.《自然资源科学技术普及"十四五"工作方案》（2022年11月29日）

四、加强自然资源科普信息化建设

充分运用先进信息技术，动员社会力量，整合科普资源，丰富科普内容，创新表达形式，增强自然资源信息化服务能力，构建自然资源科普信息化服务平台，提升自然资源科普新媒体平台影响力。

（一）提升科普资源信息化服务能力

探索多元参与的运行机制和模式，推进地质博物馆、海洋标本馆、海洋馆、测绘科技馆、规划展览馆等场馆的数字化建设，打造移动三维立体的科普展馆。鼓励引导科普场馆增加数字化、智能化展示设备，探索利用VR、AR等融合技术，打造5G时代虚拟科普展览新模式。

（二）构建科普信息化服务平台

建立科普资源库，整合科普基地、科研单位、科普专家、科普作品、科普活动等科普信息，提供优质科普资源，提升科普资源的应用能力和效果。在自然资源融媒体平台开设科普频道，推动自然资源科普基地、首席科学传播专家等入驻，开展线上科普活动，形成专题化、系列化科普资源。

6.《国家交通运输科普基地管理办法》（2020年7月10日）

第3条 科普基地是展示交通运输科技成果与发展实践的重要场所、设施或单位，应以面向社会公众开展交通运输科技知识普及、宣传交通运输发展和现代化交通理念及先进交通文化为主要任务，并在开展社会性、群众性、经常性的科普活动中发挥示范引领作用。

第4条 科普基地享有依法开展科普活动的权利，享受国家给予公益性科普事业的相关优惠政策。主要包括交通运输科技场馆、教育科研平台、生产设施等类别。

第5条 交通运输部会同科技部共同负责科普基地的评审、命名、管理及评估，具体工作由交通运输部科技主管部门和科技部科普工作主管部门共同承担。各省、自治区、直辖市交通运输主管部门会同科技主管部门负责本行政区域内的科普基地审核、推荐工作。国家铁路局、中国民用航空局、国家邮政局（以下称部管国家局）及中央级交通运输企业、科技部直属单位、交通运输部直属单位（系统）、共建高校和行业学（协）会负责本单位（系统）科普基地的推荐工作。

第6条 依托有关专业机构设立科普基地管理办公室（以下称基地办公室），负责组织科普基地申报及评审、日常运行管理等事务性工作。具体如下：

（一）参与受理科普基地申报、推荐材料审查、组织专家咨询评审等有关工作；

（二）参与组织开展科普基地评估考核工作；

（三）组织开展科普基地建设相关研究和业务交流活动；

（四）提供科普基地建设的技术咨询和信息社会化服务；

（五）承办科普基地的工作信息汇集、数据统计、活动宣传等日常管理工作。

第7条 科普基地申报单位应具备以下基本条件：

（一）中国大陆境内注册，具有独立法人资格。

（二）突出交通运输科普特色，开展主题内容明确、形式多样的科普活动，年对外开放30天以上（科技场馆等有条件的基地应常年开放），年参观人数5000人次以上，并拥有各类支撑保障资源。

（三）具备一定规模的专门用于交通运输科学技术传播与普

及的固定场所、平台及技术手段（展馆类基地面积原则上应在1000m² 以上，综合交通枢纽、场站、码头等交通生产服务设施及大型交通工具应通过电子屏幕、展板安排一定比例的科普宣传内容）。

（四）设有负责科普工作的职能部门，并配备开展科普活动的专（兼）职人员队伍。

（五）管理制度健全，将科普工作纳入本单位年度工作计划及目标。

（六）能够保障开展经常性科普活动所需的经费。

（七）面向公众开放，具备一定规模的接待能力，符合相关公共场馆、设施或场所的安全、卫生、消防标准。

（八）具备策划、创作、开发交通运输科普作品的能力，并具有网站、微信、微博等对外宣传渠道。

7.《国家自然资源科普基地管理办法（试行）》（2021年12月23日）

第3条 国家自然资源科普基地（以下简称"科普基地"）是展示自然资源科技成果，普及地球科学知识，传播生态文明理念，倡导树立节约资源、人与自然和谐共生意识的重要场所，是国家特色科普基地的重要组成部分，主要包括科普场馆类、自然资源场景类、科学研究类等三个类别。

第6条 科普基地应当符合以下基本条件：

（一）在中国境内注册，具有独立法人资格或者受法人单位授权，能够独立开展科普工作的单位；

（二）具有鲜明的自然资源行业科普特色，具备展示自然资源科学知识、创新成果的固定场所、平台和技术手段；

（三）具有稳定的科普经费投入或专项科普经费；

（四）围绕世界地球日、世界海洋日暨全国海洋宣传日、全国土地日、全国测绘法宣传日暨国家版图意识宣传周、科技活动周、全国科普日、世界人居日、世界城市日等节点，开展内容丰富、形式多样的主题科普活动，并在活动期间对公众免费或者优惠开放；

（五）具有网站、微博、微信公众号等对外宣传渠道，及时更新科普基地建设、科普活动、科普知识等内容；

（六）配备从事科普研究、科普创作的工作人员，开展科普活动的专（兼）职讲解人员等科普人才队伍，定期对科普工作人员进行专业培训；

（七）面向公众开放，具备一定规模的接待能力，符合相关公共设施、场所安全标准；

（八）制定发展规划和管理制度，加强与社区、学校的联动，科普受众逐年递增。

第7条　科普场馆类科普基地是指以展示、宣传自然资源领域科学技术知识及优秀成果、自然资源先进管理理念等为主要内容的博物馆、科技馆等科普场所。科普场馆类科普基地应当具备下列分类条件：

（一）具有固定的馆址，馆内有相应的科普场所和支撑科普工作的公众服务、业务研究、管理保障等用房及设备；

（二）科普场所包括常设展厅、临时展厅、报告厅、科普活动室等展览教育场所，展厅面积不小于1000平方米；

（三）科普展览应突出区域、专题特色，具有展品、展板等形式多样，以及多媒体、数字化、互动类的科普设施设备，及时更新扩展科普内容；

（四）开展经常性科普活动，利用新媒体、新技术手段，创新活动方式，针对热点科技问题及时组织专家向公众科普；

（五）组织开展自然资源科普研究、科普项目，每年发表科普文章，创作科普图书、视频，设计研学课程，研发文化创意产品等；

（六）每年开放时间不少于250天。

第8条　自然资源场景类科普基地，是指具有室外自然资源科普资源和条件，展现国土空间、土地整治、海洋生态、地质地貌、自然遗迹等相关的景观实体、示范区等。自然资源场景类科普基地应当具备下列分类条件：

（一）拥有典型的自然景观体系，并获得相关部门批准；

（二）建有免费向公众开放的科普展馆或者展室，展示面积不小于200平方米；

（三）具备形式多样的科普设施设备，设置合理的科普游线，和内容丰富、通俗易懂的科普内容，且经过相关领域专家审定；

（四）开展经常性科普活动，充分利用自然资源禀赋，组织开展科普研学、标本采集观测等科普实践活动；

（五）组织开展自然资源科普研究、科普项目，发表科普文章，创作科普图书、视频，设计研学课程，研发文化创意产品等。

第9条　科学研究类科普基地，是指有条件向社会公众普及自然资源科学知识与方法、展示科技成果、弘扬科学精神的自然资源领域相关科研院所、高校、企业等，以及重点实验室、野外科学观测研究站等科技创新平台。科学研究类科普基地应当具备下列分类条件：

（一）在自然资源某研究领域具有领先地位，科研特色鲜明，创新成果突出，科研基础设施齐备，可供公众参观的设施面积不少于200平方米；

（二）具备良好的开放和参观条件，科普设施设备形式多样，并根据最新科研成果、科技前沿发展等，及时更新扩展内容，相关内容应准确、通俗易懂；

（三）根据资源特色，面向社会公众特别是青少年开展具有启发性、科学性的科普活动；

（四）能够将科研成果，通过科普文章、科普图书、科普视频等方式进行科普转化，每年针对科研成果创作科普作品；

（五）建有公众开放制度，能够提供团队预约科普服务。

第 18 条 科普基地实行动态管理，适时组织开展综合评估工作，经评估合格的继续保留科普基地称号，评估不合格的责令整改。

第 19 条 已命名的科普基地，有下列行为之一的，撤销命名：

（一）评估不合格，经责令整改后仍不合格；

（二）不按要求提交年度工作总结和计划，不提交评估材料，不参加评估活动；

（三）发生有损科普基地荣誉的行为；

（四）发生安全责任事故等违法违规行为。

● 人大代表建议答复

8.《对十三届全国人大五次会议第 8017 号建议的答复》（2022 年 6 月 19 日）

二、关于生态环境部和科技部支持将衡水湖保护区打造成为国家级生态环境科普基地的建议

国家生态环境科普基地（以下简称科普基地）是践行习近平生态文明思想、展示生态环境保护科技成果与生态文明实践的重要场所，是向公众普及生态环境科技知识、宣传生态文明建设成就、提高全民生态与科学文化素质的重要阵地，在开展社会性、群众性、经常性的科普活动中具有示范性作用，是国家特色科普基地的重要组成部分。科普基地申报工作由我部和科技部联合组织，每两年开展一次。截至目前，累计建成科普基地 102 家。科普基地年服务人数上亿人次，示范引领、辐射带动效应明显，现已成为公众接受科学、体验科学、运用科学的重要场所。2022 年

1月，我部与科技部联合印发《关于开展第八批国家生态环境科普基地申报工作的通知》（环办科财函〔2022〕38号），现已完成第八批科普基地的形式审查，下一步拟开展会议评议和现场评议。

根据《国家生态环境科普基地管理办法》（环科财函〔2019〕74号）相关规定，科普基地主要包括场馆类、自然保护地类、企业类、产业园区类、科研院所类和教育培训类六项类别。自然保护地类科普基地是指各类自然资源保护场地，如国家公园、自然保护区、森林公园、湿地公园、风景名胜区等。申报自然保护地类科普基地应具备以下分类条件：（1）拥有典型的自然景观体系，已获得4A级及以上国家旅游景区资质；（2）建有室内生态环境科普展馆，展示面积不低于200 m^2，配有能容纳100人以上的影视报告厅或专业性户外影视设施；（3）室内展示内容应根据单位资源优势，紧扣生态环境主题，传播的生态环境内容准确，科技含量高，信息量丰富；（4）室内外展示内容相匹配，设有通俗易懂的生态环境解说系统，包括完整的生态环境导游词、科普标识等；（5）配备专兼职生态环境科普人员，每年定期对讲解员、导游进行生态环境科普培训；（6）常年向公众开放，年接待公众10万人次以上，定期开展生态环境科普宣传活动；（7）积极面向青少年组织开展环境教育、自然体验等活动。

下一步，我部将会同科技部积极指导衡水湖保护区按照上述标准开展科普基地筹建工作，符合要求后支持其纳入第九批国家生态环境科普基地。

● **案例指引**

安徽省科技馆举办新质生产力主题科普展[①]

典型意义：展览位于安徽省科技馆一楼，展厅面积800余平方

---

① 参见中国科协技术协会"全国科普日"专题网站，https://www.kepuri.cn/detail-page?id=648141，最后访问时间：2024年12月31日。

米。展览内容围绕宣传贯彻习近平总书记关于新质生产力重要论述及其核心内容,向公众进行新质生产力科普,利用多种展示形式全面阐释什么是新质生产力、新质生产力的形成机制、提出背景及重大意义等;结合安徽省新质生产力相关政策文件精神、新质生产力知识内容,对省内具有新质生产力代表性产业成果的相关企业和科研院所代表成果进行展示,展示方向为战略性新兴产业和未来产业成果等,包括新一代信息技术、新材料、新能源汽车、新型显示产业、智能终端产业、人工智能与产业等展品共 31 件。临展期间开展专家科普报告、科普讲座,解读前沿科技,传播科学知识,让科技知识更容易被公众理解和接受,并围绕展览内容,策划丰富的教育活动,向社会公众普及新质生产力及科技创新知识。

第四十六条　场馆运维

各级人民政府应当对符合规划的科普场馆、设施建设给予支持,开展财政性资金资助的科普场馆运营绩效评估,保障科普场馆有效运行。

政府投资建设的科普场馆,应当配备必要的专职人员,常年向公众开放,对青少年实行免费或者优惠,并不得擅自改为他用;经费困难的,政府可以根据需要予以补贴,使其正常运行。

尚无条件建立科普场馆的地方,应当利用现有的科技、教育、文化、旅游、医疗卫生、体育、交通运输、应急等设施开展科普,并设立科普画廊、橱窗等。

● 法　律

1.《科学技术进步法》(2021 年 12 月 24 日)

第 32 条第 1 款　利用财政性资金设立的科学技术计划项目所形成的科技成果,在不损害国家安全、国家利益和重大社会公共利益的前提下,授权项目承担者依法取得相关知识产权,项目承担者可以依法自行投资实施转化、向他人转让、联合他人共同实施转化、许可他人使用或者作价投资等。

● 部门规章及文件

2.《自然资源科学技术普及"十四五"工作方案》（2022年11月29日）

二、加强自然资源科普基地建设

引导和规范国家自然资源科普基地建设和运行管理，完善自然资源科普基础设施布局，建设各类国家级自然资源科普基地，建立完善科普基地跨区域合作和共享机制，加强科普基地联动，全面提升科普基地服务能力。

（一）研究完善科普基地管理制度

落实《国家自然资源科普基地管理办法（试行）》有关要求，规范科普基地申报、评审、命名、评估程序，形成科普基地建设运行标准，突出自然资源行业科普基地特色。编制《国家自然资源科普基地发展规划》《国家自然资源科普基地建设工作指南》，指导自然资源科普基地建设发展。

（二）命名建设国家自然资源科普基地

开展国家自然资源科普基地命名工作，推荐创建全国科普教育基地，到2025年争取命名创建100家国家级自然资源科普基地。发挥重大科技基础设施、综合观测站等科普功能。对国家自然资源科普基地进行科学评估，评估优秀的在申报科普项目、奖励和培训等方面给予优先支持。

（三）加强科普基地能力建设

组织开展科普基地专业培训、研讨，联合科普基地开展重大科普活动，搭建科普基地与科研机构、科普专家的合作平台。引导科普基地适应公众科普需要，开展科普宣传和科普惠民活动，提升科普内容、形式、手段和文创能力，总结提炼科普基地的科普形式，推出一批可复制、可推广的创新模式和示范基地。

3.《国家生态环境科普基地管理办法》(2019年6月3日)

第一章 总 则

第1条 根据《中华人民共和国环境保护法》《中华人民共和国科学技术普及法》，为加强和规范国家生态环境科普基地（以下简称科普基地）的建设与管理，顺应全面加强生态环境保护和加快建设世界科技强国的有关要求，制定本办法。

第2条 本办法适用于科普基地的申报、评议、命名、运行与管理等工作。

第3条 科普基地是践行习近平生态文明思想，展示生态环境保护科技成果与生态文明实践的重要场所，是向公众普及生态环境科技知识、宣传生态文明建设成就、提高全民生态与科学文化素质的重要阵地，在开展社会性、群众性、经常性的科普活动中具有示范性，是国家特色科普基地的重要组成部分。主要包括场馆、自然保护地、企业、产业园区、科研院所、教育培训等类别。

第4条 生态环境部会同科技部共同负责科普基地的管理，具体工作由生态环境部科技与财务司和科技部引进国外智力管理司共同承担。各省、自治区、直辖市生态环境主管部门会同科技主管部门负责本行政区域内的科普基地审核、推荐和运行配套保障工作。

第5条 成立科普基地管理办公室（以下简称管理办公室），负责科普基地建设、运行和管理等日常工作。管理办公室设在中国环境科学学会。

第二章 申报条件

第6条 科普基地申报单位应具备以下基本条件：

（一）中国大陆境内注册，具有独立法人资格；

（二）具有鲜明的生态环境特色；

（三）建有生态环境科普展示场馆，展示内容与技术手段在同类性质单位居领先水平；

（四）面向公众开放，具有一定规模的接待能力；

（五）具有开展科普活动的专职部门，配备专兼职生态环境科普人员；

（六）具有年度生态环境科普工作计划；

（七）具有固定的生态环境特色科普活动；

（八）具有稳定的科普工作经费，保障科普场馆的运行和科普活动的开展；

（九）具备策划、创作、开发生态环境科普宣传作品的能力；

（十）具有网站、微信、微博等对外宣传渠道。

第7条 场馆类科普基地是指具有生态环境特色的科普场馆，如博物馆、科技馆等。申报场馆类科普基地应具备以下分类条件：

（一）生态环境科普展示面积不低于 $500m^2$；

（二）展示内容准确，科技含量高，信息量丰富；

（三）具有稳定的生态环境科普专业队伍，包括创意策划、导游讲解、活动组织等人员，并定期对科普人员进行培训；

（四）年开放天数不少于 200 天，年接待公众 10 万人次以上；

（五）定期面向周边社区、农村、学校、基层单位等举办生态环境科普巡展等活动。

第8条 自然保护地类科普基地是指各类自然资源保护场地，如国家公园、自然保护区、森林公园、湿地公园、风景名胜区等。申报自然保护地类科普基地应具备以下分类条件：

（一）拥有典型的自然景观体系，已获得4A级及以上国家旅游景区资质；

（二）建有室内生态环境科普展馆，展示面积不低于 $200m^2$，配有能容纳100人以上的影视报告厅或专业性户外影视设施；

（三）室内展示内容应根据单位资源优势，紧扣生态环境主题，传播的生态环境内容准确，科技含量高，信息量丰富；

（四）室内外展示内容相匹配，设有通俗易懂的生态环境解说系统，包括完整的生态环境导游词、科普标识等；

（五）配备专兼职生态环境科普人员，每年定期对讲解员、导游进行生态环境科普培训；

（六）常年向公众开放，年接待公众10万人次以上，定期开展生态环境科普宣传活动；

（七）积极面向青少年组织开展环境教育、自然体验等活动。

第9条 企业类科普基地是指从事污水、废气、土壤、固体废物等处理处置的污染治理型企业和践行绿色发展、从事清洁生产、循环经济的环境友好型企业。申报企业类科普基地应具备以下分类条件：

（一）核心技术在同行业中处于领先地位；

（二）展示传播内容符合本单位专业特点，体现生态环境特色；

（三）建有固定生态环境科普展厅，展示面积不低于200 m^2，配有能容纳50人以上的影视报告厅；

（四）设有参观通道和匹配的生态环境科普标识，具有体现单位特色的生态环境解说词；

（五）平均每周至少开放1天，年接待公众5000人次以上；

（六）配备2名以上专职生态环境科普人员；

（七）同周边社区、学校等建立长期联系，定期组织开展共建活动。

第10条 产业园区类科普基地是指体现生态环境友好的各行业产业园区，如物流园区、科技园区、文化创意园区、工业园区、生态农业园区等。申报产业园区类科普基地应具备以下分类条件：

（一）展示传播内容结合行业特点，体现生态环境特色；

（二）建有固定生态环境科普展厅，展示面积不低于 $500m^2$，配有能容纳 100 人以上的影视报告厅；

（三）设有参观通道和匹配的生态环境科普标识，具有体现行业特色的生态环境解说词；

（四）年开放天数不少于 200 天，年接待公众 1 万人次以上；

（五）配备 3 名以上专职生态环境科普人员。

第 11 条 科研院所类科普基地是指从事生态环境科学研究或生态环境友好型科学研究的科研机构、高等院校、环境监测站（中心）等单位。申报科研院所类科普基地应具备以下分类条件：

（一）展示传播内容具有鲜明的生态环境特色；

（二）建有室内生态环境科普展厅，展示面积不低于 $200m^2$，配有能容纳 100 人以上的影视报告厅；

（三）具有用于公众开展生态环境实验、互动体验的开放场所；

（四）对公众开放的实验室设有参观通道和匹配的生态环境科普标识及解说词；

（五）定期开展接待公众参观，举办生态环境科普活动；

（六）平均每周至少开放 1 天，年接待公众 5000 人次以上。

第 12 条 教育培训类科普基地是指具有生态环境科普和教育特色，主要针对青少年的培训学校、实践科普基地等单位。申报教育培训类科普基地应具备以下分类条件：

（一）教育和实践内容具有鲜明的生态环境特色；

（二）建有固定生态环境科普展厅，展示面积不低于 $200m^2$，用于科普教育活动的场所面积不低于 $5000m^2$；

（三）室内外开放场所设有参观通道、生态环境科普标识；

（四）教学大纲设有生态环境教育版块，配备生态环境科普特色教材，传授的生态环境内容准确，科技含量高，信息量丰富；

（五）拥有 2 名以上从事生态环境科普教育的专兼职教师，建有科普教育人员定期培训制度；

（六）年开放天数不少于 200 天，年培训学生 5 万人次以上。

第三章　申报程序

第 13 条　科普基地申报工作每两年开展一次。

第 14 条　符合上述申报条件的单位，按要求准备《国家生态环境科普基地申报表》（见附表）以及相关附件和证明材料，报送所在省、自治区、直辖市生态环境主管部门。

第 15 条　各省、自治区、直辖市生态环境主管部门会同科技主管部门联合进行审核与推荐，并报送至生态环境部和科技部。

第 16 条　生态环境部直属单位、科技部直属单位可直接报送申请材料。

第四章　评议与命名

第 17 条　生态环境部和科技部组织管理办公室开展科普基地的评议工作。

第 18 条　评议程序分为会议评议和现场评议两个阶段。申报材料通过会议评议后，方可进入现场评议。

第 19 条　会议评议内容包括科普资源、科普展示、科普活动、科普管理等方面。现场评议重点核实申报材料是否与实际相符。

第 20 条　科普基地评议工作实行公示制度。评议结果向社会公示，公示期为自公示之日起 30 天。有异议者，应在公示期内提出实名书面材料，并提供必要的证明文件，逾期和匿名异议不予受理。

第 21 条　对通过评议且没有异议，或经处理消除异议的申报场所，生态环境部和科技部正式命名为国家生态环境科普基地，并颁发证书和牌匾。

第五章 运行与管理

第22条 已命名科普基地应发挥自身特色，积极传播习近平生态文明思想和生态环境科学知识，服务国家生态环境中心工作。

第23条 已命名科普基地每年应在科技活动周和世界环境日等期间积极开展科普活动，积极参与生态环境科普讲解、科学实验展演汇演等全国性科普活动，积极参加全国生态环境科普工作交流和培训，积极开发公众喜闻乐见的科普作品，通过各种媒体渠道对外传播。

第24条 已命名科普基地每年按要求向管理办公室提交年度科普工作总结和计划。

第25条 管理办公室对已命名科普基地择优给予能力建设支持，同时向生态环境部、科技部、地方政府等优先推荐承担科普项目。

第26条 生态环境部和科技部对已命名科普基地实行动态管理，命名有效期为三年。有效期结束后，经综合评估认定为合格的，可被继续命名为国家生态环境科普基地。

第27条 已命名科普基地有下列情况之一的，视为自动放弃国家生态环境科普基地称号，四年内不得重新申报：

（一）综合评估不合格，经整改后仍达不到要求的；

（二）拒不提交年度科普工作总结与计划的；

（三）发生重大环境污染、生态破坏、安全责任事故的；

（四）发生其他有损国家生态环境科普基地荣誉的行为。

4.《国家交通运输科普基地管理办法》（2020年7月10日）

第8条 科普基地应充分发挥公益性科普示范作用，结合本单位职能定位和优势条件，制定开展科普工作的规划和年度计划，面向公众开展常态化科普活动，或结合促进交通运输科学发展和交通强国建设需要，开展主题性科普宣传活动。

第 13 条 已获命名的科普基地应认真履行职责，不断提升科普能力，服务交通运输中心工作。在全国科技活动周、全国科普日、中国航海日及交通运输行业重大活动期间积极组织开展持续有效的主题性及常规科普活动。积极开发公众喜闻乐见的科普作品，通过各类媒体渠道对外传播。

第 14 条 科普基地应加强自身制度建设，于每年 11 月底前向基地办公室和推荐单位提交年度科普工作总结和下年度工作计划，并在组织及参与重大科普活动结束后及时报送活动总结。

第 15 条 交通运输部将支持和指导科普基地发展建设，并优先推荐申报各类科普项目、奖励，优先提供培训机会，择优推荐工作成效突出的基地争创国家科普示范基地。各省级交通运输主管部门和科技主管部门、有关行业学会，应充分利用相关政策和交通运输重大工程建设，支持科普基地建设及运行，加强宣传和推介，扩大科普基地的社会认可度和影响力。

5.《国家自然资源科普基地管理办法（试行）》（2021 年 12 月 23 日）

第 15 条 已命名的科普基地应当在弘扬科学精神、传播科学思想、倡导科学方法、普及科学知识方面发挥引领示范作用；在助力科技创新、加速科技成果转化、服务国民经济高质量发展方面作出表率；在加强自然资源科普能力建设、提高公民科学文化素质中作出重要贡献。

第 16 条 已命名的科普基地应不断提升科普能力，加强基础设施和科普人才队伍建设，创作科普作品，开展日常性科普活动，积极参与世界地球日等重大科普活动，及时报送活动总结。每年 12 月 20 日前向科普办提交本年度科普工作总结及下一年度科普工作计划。

第 17 条 自然资源部、科技部支持和指导科普基地建设，并优先推荐申报各类科普项目、奖励，优先提供培训机会，择优推荐国家示范科普基地。各级自然资源主管部门和科技主管部门，加强与相关部门、学会、协会的沟通协作，积极创造条件支持科普基地建设及运行。科普办加强与科普基地的联系，组织开展交流、培训等活动，编制科普基地年度报告。

● 地方性法规及文件

6. 《广东省科学技术普及条例》（2021年5月26日）

第31条 利用财政性资金建设的博物馆、图书馆、文化馆、体育馆、青少年宫、妇女儿童活动中心以及动物园、植物园、向社会开放的自然保护地等场所应当结合各自特点，以文字、图片或者电子信息等方式向公众宣传相关科学知识，组织开展相关科普活动。

● 政协委员提案答复

7. 《关于政协第十四届全国委员会第一次会议第02392号（医疗卫生类206号）提案答复的函》（2023年8月29日）

五、关于全面加强中医体检的宣传与推广

一是联合多部门实施中医药健康文化推进行动，通过举办大型主题宣传、健康文化知识大赛、科普巡讲、进校园等活动，加强新媒体运用，扩大传播覆盖面，做好包括心脑血管病、糖尿病等常见慢性病健康知识和中医体检知识在内的中医药科普宣传工作。2023年6月，我局印发《关于进一步加强中医药科普工作的实施方案》，初步构建起行业参与、协同联动的中医药科普工作新格局。

二是推动国家基本公共卫生服务中医药项目实施，指导基层医疗卫生机构为65岁以上老年人、0~36个月儿童提供包括中医体质信息采集、中医体质辨识、中医保健指导在内的中医药健康管理服务，充分发挥中医药在公共卫生服务中的作用。截至2021

年底，全国65岁以上老年人和0~36个月儿童中医药健康管理率分别为67.50%、76.95%。

下一步，我局将联合国家卫生健康委进一步研究完善中医体检相关规定；加强中医体检和道地药材相关标准的研究制定，强化标准的推广应用；持续开展名老中医药专家传承工作室及全国基层名老中医药专家传承工作室建设，为中医体检发展提供人才支撑。继续实施国家级中医药继续教育项目、中医治未病传承创新团队建设等措施，进一步促进中医体检人才培养和团队建设；持续推动实施"一老一小"中医药健康管理项目，积极做好基层中医体检相关工作；进一步丰富中医科普宣传活动、规范中医药科普信息传播、加强科普保障机制建设，提高广大人民群众对中医体检的积极性和参与度。

第四十七条　共建共享

国家建设完善开放、共享的国家科普资源库和科普资源公共服务平台，推动全社会科普资源共建共享。

利用财政性资金设立的科学研究和技术开发机构、高等学校、职业学校，有条件的应当向公众开放科技基础设施和科技资源，为公众了解、认识、参与科学研究活动提供便利。

● 法　律

1.《科学技术进步法》（2021年12月24日）

第102条　国务院科学技术行政部门应当会同国务院有关主管部门，建立科学技术研究基地、科学仪器设备等资产和科学技术文献、科学技术数据、科学技术自然资源、科学技术普及资源等科学技术资源的信息系统和资源库，及时向社会公布科学技术资源的分布、使用情况。

科学技术资源的管理单位应当向社会公布所管理的科学技术

资源的共享使用制度和使用情况,并根据使用制度安排使用;法律、行政法规规定应当保密的,依照其规定。

科学技术资源的管理单位不得侵犯科学技术资源使用者的知识产权,并应当按照国家有关规定确定收费标准。管理单位和使用者之间的其他权利义务关系由双方约定。

● 行政法规及文件

2. 《国务院关于国家重大科研基础设施和大型科研仪器向社会开放的意见》(2014 年 12 月 31 日)

国家重大科研基础设施和大型科研仪器(以下称科研设施与仪器)是用于探索未知世界、发现自然规律、实现技术变革的复杂科学研究系统,是突破科学前沿、解决经济社会发展和国家安全重大科技问题的技术基础和重要手段。近年来,科研设施与仪器规模持续增长,覆盖领域不断拓展,技术水平明显提升,综合效益日益显现。同时,科研设施与仪器利用率和共享水平不高的问题也逐渐凸显出来,部分科研设施与仪器重复建设和购置,存在部门化、单位化、个人化的倾向,闲置浪费现象比较严重,专业化服务能力有待提高,科研设施与仪器对科技创新的服务和支撑作用没有得到充分发挥。为加快推进科研设施与仪器向社会开放,进一步提高科技资源利用效率,现提出以下意见。

一、总体要求

(一)指导思想。以邓小平理论、"三个代表"重要思想、科学发展观为指导,深入贯彻党的十八大和十八届二中、三中、四中全会精神,认真落实党中央和国务院的决策部署,围绕健全国家创新体系和提高全社会创新能力,通过深化改革和制度创新,加快推进科研设施与仪器向高校、科研院所、企业、社会研发组织等社会用户开放,实现资源共享,避免部门分割、单位独占,充分释放服务潜能,为科技创新和社会需求服务,为实施创新驱动发展战略提供有效支撑。

（二）主要目标。力争用三年时间，基本建成覆盖各类科研设施与仪器、统一规范、功能强大的专业化、网络化管理服务体系，科研设施与仪器开放共享制度、标准和机制更加健全，建设布局更加合理，开放水平显著提升，分散、重复、封闭、低效的问题基本解决，资源利用率进一步提高。

（三）基本原则。

制度推动。制定促进科研设施与仪器开放的管理制度和办法，明确管理部门和单位的责任，理顺开放运行的管理机制，逐步纳入法制化轨道，推动非涉密和无特殊规定限制的科研设施与仪器一律向社会开放。

信息共享。搭建统一的网络管理平台，实现科研设施与仪器配置、管理、服务、监督、评价的全链条有机衔接。

资源统筹。既要盘活存量，统筹管理，挖掘现有科研设施与仪器的潜力，促进利用效率最大化；又要调控增量，合理布局新增科研设施与仪器，以开放共享推动解决重复购置和闲置浪费的问题。

奖惩结合。建立以用为主、用户参与的评估监督体系，形成科研设施与仪器向社会服务的数量质量与利益补偿、后续支持紧密挂钩的奖惩机制。

分类管理。对于不同类型的科研设施与仪器，采取不同的开放方式，制定相应的管理制度、支撑措施及评价办法。

（四）适用范围。科研设施与仪器包括大型科学装置、科学仪器中心、科学仪器服务单元和单台套价值在 50 万元及以上的科学仪器设备等，主要分布在高校、科研院所和部分企业的各类重点实验室、工程（技术）研究中心、分析测试中心、野外科学观测研究站及大型科学设施中心等研究实验基地。其中，科学仪器设备可以分为分析仪器、物理性能测试仪器、计量仪器、电子测量仪器、海洋仪器、地球探测仪器、大气探测仪器、特种检测仪器、激光器、工艺试验仪器、计算机及其配套设备、天文仪器、医学科研仪器、核仪器、其他仪器等15类。

二、重点措施

（一）所有符合条件的科研设施与仪器都纳入统一网络平台管理。

科技部会同有关部门和地方建立统一开放的国家网络管理平台，并将所有符合条件的科研设施与仪器纳入平台管理。科研设施与仪器管理单位（以下简称管理单位）按照统一的标准和规范，建立在线服务平台，公开科研设施与仪器使用办法和使用情况，实时提供在线服务。管理单位的服务平台统一纳入国家网络管理平台，逐步形成跨部门、跨领域、多层次的网络服务体系。

管理单位建立完善科研设施与仪器运行和开放情况的记录，并通过国家网络管理平台，向社会发布科研设施与仪器开放制度及实施情况，公布科研设施与仪器分布、利用和开放共享情况等信息。

（二）按照科研设施与仪器功能实行分类开放共享。

对于大型科学装置、科学仪器中心，有关部门和管理单位要将向社会开放纳入日常运行管理工作。对于科学仪器服务单元和单台套价值在50万元及以上的科学仪器设备，科技行政主管部门要加强统筹协调，按不同专业领域或仪器功能，打破管理单位的界限，推动形成专业化、网络化的科学仪器服务机构群。对于单台套价值在50万元以下的科学仪器设备，可采取管理单位自愿申报、行政主管部门择优加入的方式，纳入国家网络管理平台管理。对于通用科学仪器设备，通过建设仪器中心、分析测试中心等方式，集中集约管理，促进开放共享和高效利用。对于拟新建设施和新购置仪器，应强化查重评议工作，并将开放方案纳入建设或购置计划。管理单位应当自科研设施与仪器完成安装使用验收之日起30个工作日内，将科研设施与仪器名称、规格、功能等情况和开放制度提交国家网络管理平台。

鼓励国防科研单位在不涉密条件下探索开展科研设施与仪器向社会开放服务。

对于利用科研设施与仪器形成的科学数据、科技文献（论文）、科技报告等科技资源，要根据各自特点采取相应的方式对外开放共享。开放共享情况要作为科技资源建设和科技计划项目管理考核的重要内容。

（三）建立促进开放的激励引导机制。

管理单位对外提供开放共享服务，可以按照成本补偿和非盈利性原则收取材料消耗费和水、电等运行费，还可以根据人力成本收取服务费，服务收入纳入单位预算，由单位统一管理。管理单位对各类科研设施与仪器向社会开放服务建立公开透明的成本核算和服务收费标准，行政主管部门要加强管理和监督。对于纳入国家网络管理平台统一管理、享受科教用品和科技开发用品进口免税政策的科学仪器设备，在符合监管条件的前提下，准予用于其他单位的科技开发、科学研究和教学活动。探索建立用户引导机制，鼓励共享共用。

统筹考虑和严格控制在新上科研项目中购置科学仪器设备。将优先利用现有科研设施与仪器开展科研活动作为各科研单位获得国家科技计划（专项、基金等）支持的重要条件。

鼓励企业和社会力量以多种方式参与共建国家重大科研基础设施，组建专业的科学仪器设备服务机构，促进科学仪器设备使用的社会化服务。

（四）建立科研设施与仪器开放评价体系和奖惩办法。

科技部会同有关部门建立评价制度，制定评价标准和办法，引入第三方专业评估机制，定期对科研设施与仪器的运行情况、管理单位开放制度的合理性、开放程度、服务质量、服务收费和开放效果进行评价考核。评价考核结果向社会公布，并作为科研设施与仪器更新的重要依据。对于通用科研设施与仪器，重点评价用户使用率、用户的反馈意见、有效服务机时、服务质量以及相关研究成果的产出、水平与贡献；对于专用科研设施与仪器，重点评价是否有效组织了高水平的设施应用专业团队以及相关研究成果的产出、水平与贡献。

管理单位应在满足单位科研教学需求的基础上，最大限度推进科研设施与仪器对外开放，不断提高资源利用率。对于科研设施与仪器开放效果好、用户评价高的管理单位，同级财政部门会同有关部门根据评价考核结果和财政预算管理的要求，建立开放共享后补助机制，调动管理单位开放共享积极性。对于不按规定如实上报科研设施与仪器数据、不按规定公开开放与利用信息、开放效果差、使用效率低的管理单位，科技行政主管部门会同有关部门在网上予以通报，限期整改，并采取停止管理单位新购仪器设备、在申报科技计划（专项、基金等）项目时不准购置仪器设备等方式予以约束。对于通用性强但开放共享差的科研设施与仪器，结合科技行政主管部门的评价考核结果，相关行政主管部门和财政部门可以按规定在部门内或跨部门无偿划拨，管理单位也可以在单位内部调配。科技行政主管部门、相关行政主管部门要建立投诉渠道，接受社会对科研设施与仪器调配的监督。

（五）加强开放使用中形成的知识产权管理。

用户独立开展科学实验形成的知识产权由用户自主拥有，所完成的著作、论文等发表时，应明确标注利用科研设施与仪器情况。加强网络防护和网络环境下数据安全管理，管理单位应当保护用户身份信息以及在使用过程中形成的知识产权、科学数据和技术秘密。

（六）强化管理单位的主体责任。

管理单位是科研设施与仪器向社会开放的责任主体，要强化法人责任，切实履行开放职责，自觉接受相关部门的考核评估和社会监督。要根据科研设施与仪器的类型和用户需求，建立相应的开放、运行、维护、使用管理制度，保障科研设施与仪器的良好运行与开放共享。要落实实验技术人员岗位、培训、薪酬、评价等政策。科学仪器设备集中使用的单位，要建立专业化的技术服务团队，不断提高实验技术水平和开放水平。

各行政主管部门要切实履行对管理单位开放情况的管理和监督职责，实施年度考核，把开放水平和结果作为年度考核的重要内容。

● 部门规章及文件

3. **《自然资源科学技术普及"十四五"工作方案》**（2022 年 11 月 29 日）

五、推进自然资源科技资源科普化

……

（二）加强科技基础设施资源开放力度

具备条件的部级以上重点实验室、工程技术创新中心、野外科学观测研究站、重大科技基础设施等科技创新平台，要积极开展科普工作，建立科普开放日制度，与高等院校、中小学和社区固定联系，加大向公众开放力度，因地制宜开展形式多样的科普活动。加强与媒体的交流互动，宣传最新工作动态和科研成果，提升公众感知度。

……

4. **《市场监管总局办公厅关于公布第一批全国计量文化和科普资源创新基地的通知》**（2022 年 10 月 19 日）

各相关单位和基地要加强对计量文化建设和科普工作的领导，深入推进理念创新、内容创新、手段创新、机制创新，积极开展计量文化和科普资源搜集、整理、数字化、推广传播等工作,加大计量优质文化和科普服务供给,不断提升计量文化建设和科普工作的社会参与度、影响力、群众满意度,为增强全社会计量意识、保障人民群众幸福美好生活作出应有贡献。

附件
第一批全国计量文化和科普资源创新基地名单
(共 12 个)

1. 中国计量科学研究院
2. 中国计量大学
3. 山东省计量科学研究院
4. 上海市计量测试技术研究院
5. 中国计量测试学会
6. 合肥市蜀山区人民政府、国仪量子(合肥)技术有限公司(联合申报)
7. 河东晋南(山西)古建工程有限公司、运城度量衡博物馆(联合申报)
8. 安徽省计量科学研究院
9. 内蒙古自治区计量测试研究院
10. 国网辽宁省电力有限公司营销服务中心(计量中心)
11. 北京自来水博物馆
12. 上海交通大学

● 地方性法规及文件

5. 《广东省科学技术普及条例》(2021 年 5 月 26 日)

第 32 条第 1 款　省人民政府应当建立完善科普资源库和科普资源名录,汇集国内外优质科普资源,推动科普资源和服务共建共享。

第 34 条第 2 款　鼓励以社会资金建设的实验室、科技基础设施和购置的科学仪器设备向社会开放共享,为科普活动提供服务。

第44条 县级以上人民政府及其有关部门、科学技术协会应当鼓励和扶持公民、法人、其他组织依法设立科普组织,支持其承接相关科普工作;支持高等学校、中等职业学校、科学技术研究开发机构等组建专业性科普联盟,推动科普资源共建共享和交流合作。

6.《上海市科学技术普及条例》(2022年2月18日)

第11条第3款 市科技等部门应当支持引导综合性互联网平台、专业性科普网络平台共建共享科普资源,为开展科普工作创造良好环境。

第22条第2款 市科技部门应当建设科普资源公共服务平台,促进优质科普资源共享共用,提升科普公共服务的质量和效率,推进科普资源数字化转型。

第四十八条 引导社会资金投入

国家鼓励和引导社会资金投入科普事业。国家鼓励境内外的组织和个人设立科普基金,用于资助科普事业。

● 行政法规及文件

1.《关于新时代进一步加强科学技术普及工作的意见》(2022年9月4日)

七、加强制度保障

(二十八)构建多元化投入机制。各级党委和政府要保障对科普工作的投入,将科普经费列入同级财政预算。鼓励通过购买服务、项目补贴、以奖代补等方式支持科普发展。鼓励和引导社会资金通过建设科普场馆、设立科普基金、开展科普活动等形式投入科普事业。依法制定鼓励社会力量兴办科普事业的政策措施。

……

● 部门规章及文件

2. 《"十四五"国家科学技术普及发展规划》（2022 年 8 月 4 日）

　　四、组织保障

　　……

　　（三）构建多元化投入机制。

各级财政继续积极支持科普工作，加大经费投入，规范经费管理，提升经费使用效益。鼓励地方政府通过购买服务、项目补贴、以奖代补等方式支持科普发展。鼓励和引导社会资金通过建设科普场馆、设立科普基金、开展科普活动等多种形式投入科普，形成多元化的社会投入机制。

　　……

3. 《自然资源科学技术普及"十四五"工作方案》（2022 年 11 月 29 日）

　　八、保障措施

　　……

　　（三）鼓励经费投入

积极引导社会资金通过捐赠、建设自然资源科普场馆、设立自然资源科普基金、开展科普活动等多种形式投入自然资源科普事业，形成多元化的社会投入方式。用好国家鼓励科普事业发展的税收优惠政策。鼓励各有关单位统筹各类资金增加科普经费投入，按规定申请科普基地建设、科普活动开展、科普作品创作、科普人才培养等经费预算。

　　……

第四十九条　鼓励捐赠

国家鼓励境内外的组织和个人依法捐赠财产资助科普事业；对捐赠财产用于科普事业或者投资建设科普场馆、设施的，依法给予优惠。

> 科普组织开展科普活动、兴办科普事业，可以依法获得资助和捐赠。

● 法　律

1. 《慈善法》（2023 年 12 月 29 日）

第 3 条　本法所称慈善活动，是指自然人、法人和非法人组织以捐赠财产或者提供服务等方式，自愿开展的下列公益活动：

……

（四）促进教育、科学、文化、卫生、体育等事业的发展；

……

第 4 条　慈善工作坚持中国共产党的领导。

开展慈善活动，应当遵循合法、自愿、诚信、非营利的原则，不得违背社会公德，不得危害国家安全、损害社会公共利益和他人合法权益。

第 5 条　国家鼓励和支持自然人、法人和非法人组织践行社会主义核心价值观，弘扬中华民族传统美德，依法开展慈善活动。

2. 《公益事业捐赠法》（1999 年 6 月 28 日）

第 2 条　自然人、法人或者其他组织自愿无偿向依法成立的公益性社会团体和公益性非营利的事业单位捐赠财产，用于公益事业的，适用本法。

第 3 条　本法所称公益事业是指非营利的下列事项：

……

（二）教育、科学、文化、卫生、体育事业；

（三）环境保护、社会公共设施建设；

（四）促进社会发展和进步的其他社会公共和福利事业。

第 6 条　捐赠应当遵守法律、法规，不得违背社会公德，不得损害公共利益和其他公民的合法权益。

3.《教育法》(2021 年 4 月 29 日)

　　第 65 条　各级人民政府对教科书及教学用图书资料的出版发行,对教学仪器、设备的生产和供应,对用于学校教育教学和科学研究的图书资料、教学仪器、设备的进口,按照国家有关规定实行优先、优惠政策。

4.《高等教育法》(2018 年 12 月 29 日)

　　第 63 条　国家对高等学校进口图书资料、教学科研设备以及校办产业实行优惠政策。高等学校所办产业或者转让知识产权以及其他科学技术成果获得的收益,用于高等学校办学。

● **地方性法规及文件**

5.《上海市科学技术普及条例》(2022 年 2 月 18 日)

　　第 41 条　本市鼓励国内外的组织或者个人以设立科普基金、捐赠财物等方式资助科普活动,推动科普服务和产品开发。

　　对捐赠财产用于科普事业或者投资建设科普场馆、设施的,依法给予税收优惠。

第五十条　税收优惠

国家依法对科普事业实行税收优惠。

● **法　律**

1.《科学技术进步法》(2021 年 12 月 24 日)

　　第 90 条　从事下列活动的,按照国家有关规定享受税收优惠:

　　……

　　(四)科学技术普及场馆、基地等开展面向公众开放的科学技术普及活动;

　　(五)捐赠资助开展科学技术活动;

　　(六)法律、国家有关规定规定的其他科学研究、技术开发与科学技术应用活动。

2. 《税收征收管理法》（2015年4月24日）

第3条 税收的开征、停征以及减税、免税、退税、补税，依照法律的规定执行；法律授权国务院规定的，依照国务院制定的行政法规的规定执行。

任何机关、单位和个人不得违反法律、行政法规的规定，擅自作出税收开征、停征以及减税、免税、退税、补税和其他同税收法律、行政法规相抵触的决定。

3. 《关税法》（2024年4月26日）

第34条 根据维护国家利益、促进对外交往、经济社会发展、科技创新需要或者由于突发事件等原因，国务院可以制定关税专项优惠政策，报全国人民代表大会常务委员会备案。

4. 《增值税法》（2024年12年25日）

第24条第1款 下列项目免征增值税：

……

（四）直接用于科学研究、科学试验和教学的进口仪器、设备；

……

（九）纪念馆、博物馆、文化馆、文物保护单位管理机构、美术馆、展览馆、书画院、图书馆举办文化活动的门票收入，宗教场所举办文化、宗教活动的门票收入。

● 部门规章及文件

5. 《关于"十四五"期间支持科普事业发展进口税收政策的通知》（2021年4月9日）

一、自2021年1月1日至2025年12月31日，对公众开放的科技馆、自然博物馆、天文馆（站、台）、气象台（站）、地震台（站），以及高校和科研机构所属对外开放的科普基地，进口以下商品免征进口关税和进口环节增值税：

（一）为从境外购买自用科普影视作品播映权而进口的拷贝、工作带、硬盘，以及以其他形式进口自用的承载科普影视作品的拷贝、工作带、硬盘。

（二）国内不能生产或性能不能满足需求的自用科普仪器设备、科普展品、科普专用软件等科普用品。

二、第一条中的科普影视作品、科普用品是指符合科学技术普及法规定，以普及科学知识、倡导科学方法、传播科学思想、弘扬科学精神为宗旨的影视作品、科普仪器设备、科普展品、科普专用软件等用品。

6.《关于"十四五"期间支持科普事业发展进口税收政策管理办法的通知》(2021年4月9日)

一、科技部核定或者省级（包括省、自治区、直辖市、计划单列市、新疆生产建设兵团，下同）科技主管部门会同省级财政、税务部门及所在地直属海关核定对公众开放的科技馆、自然博物馆、天文馆（站、台）、气象台（站）、地震台（站）以及高校和科研机构所属对外开放的科普基地（以下统称进口单位）名单。科技部的核定结果，由科技部函告海关总署，抄送中央宣传部、工业和信息化部、财政部、税务总局、广电总局、有关省级科技主管部门。省级科技主管部门牵头的核定结果，由省级科技主管部门函告进口单位所在地直属海关，抄送省级财政、税务部门和省级出版、电影、工业和信息化、广播电视主管部门，报送科技部。上述函告文件中，凡不具有独立法人资格的进口单位，应一并函告其依托单位。

享受政策的科技馆，应同时符合以下条件：（一）专门从事面向公众的科普活动；（二）有开展科普活动的专职科普工作人员、场所、设施、工作经费等条件。

享受政策的自然博物馆、天文馆（站、台）、气象台（站）、地震台（站）以及高校和科研机构设立的植物园、标本馆、陈列馆等对外开放的科普基地，应同时符合以下条件：（一）面向公众从事科学技术普及法所规定的科普活动，有稳定的科普活动投入；（二）有适合常年向公众开放的科普设施、器材和场所等，每年向公众开放不少于200天，每年对青少年实行优惠或免费开放的时间不少于20天（含法定节假日）；（三）有常设内部科普工作机构，并配备有必要的专职科普工作人员。

二、省级科技主管部门会同省级出版、电影、广播电视主管部门核定属地进口单位可免税进口的自用科普影视作品拷贝、工作带、硬盘。核定结果由省级科技主管部门函告进口单位所在地直属海关，抄送省级出版、电影、广播电视主管部门，并通知相关进口单位。

享受政策的自用科普影视作品拷贝、工作带、硬盘，应同时符合以下条件：（一）属于《通知》附件所列税号范围；（二）为进口单位自用，且用于面向公众的科普活动，不得进行商业销售或挪作他用；（三）符合国家关于影视作品和音像制品进口的相关规定。

三、科技部会同工业和信息化部、财政部、海关总署、税务总局制定并联合印发国内不能生产或性能不能满足需求的自用科普仪器设备、科普展品、科普专用软件等免税进口科普用品清单，并动态调整。

四、进口单位应按照海关有关规定，办理有关进口商品的减免税手续。

五、本办法第一、三条中，科技部或者省级科技主管部门函告海关的进口单位名单和科技部牵头制定的免税进口科普用品清单应注明批次。其中，第一批名单、清单自2021年1月1日实施，至第一批名单印发之日后30日内已征的应免税款，准予退还；以后批次的名单、清单，自印发之日后第20日起实施。

前款规定的已征应免税款，依进口单位申请准予退还。其中，已征税进口且尚未申报增值税进项税额抵扣的，应事先取得主管税务机关出具的《"十四五"期间支持科普事业发展进口税收政策项下进口商品已征进口环节增值税未抵扣情况表》（见附件），向海关申请办理退还已征进口关税和进口环节增值税手续；已申报增值税进项税额抵扣的，仅向海关申请办理退还已征进口关税手续。

六、进口单位可向主管海关提出申请，选择放弃免征进口环节增值税。进口单位主动放弃免征进口环节增值税后，36个月内不得再次申请免征进口环节增值税。

七、进口单位发生名称、业务范围变更等情形的，应在《通知》有效期限内及时将有关变更情况说明分别报送科技部、省级科技主管部门。科技部、省级科技主管部门按照本办法第一条规定，核定变更后的单位自变更登记之日起能否继续享受政策，注明变更登记日期。科技部负责受理的，核定结果由科技部函告海关总署（核定结果较多时，每年至少分两批函告），抄送中央宣传部、工业和信息化部、财政部、税务总局、广电总局、有关省级科技主管部门；省级科技主管部门负责受理的，核定结果由省级科技主管部门函告进口单位所在地直属海关，抄送省级财政、税务部门和省级出版、电影、工业和信息化、广播电视主管部门，报送科技部。

八、进口单位应按有关规定使用免税进口商品，如违反规定，将免税进口商品擅自转让、移作他用或者进行其他处置，被依法追究刑事责任的，在《通知》剩余有效期限内停止享受政策。

九、进口单位如存在以虚报情况获得免税资格，由科技部或者省级科技主管部门查实后函告海关，自函告之日起，该单位在《通知》剩余有效期限内停止享受政策。

十、本办法印发之日后90日内,省级科技主管部门应会同省级财政、税务部门及进口单位所在地直属海关制定核定进口单位名单的具体实施办法,会同省级出版、电影、广播电视主管部门制定核定免税进口科普影视作品拷贝、工作带、硬盘的具体实施办法。

十一、进口单位的免税进口资格,原则上应每年复核。经复核不符合享受政策条件的,由科技部或者省级科技主管部门按本办法第一条规定函告海关,自函告之日起停止享受政策。

十二、财政等有关部门及其工作人员在政策执行过程中,存在违反执行免税政策规定的行为,以及滥用职权、玩忽职守、徇私舞弊等违法违纪行为的,依照国家有关规定追究相应责任;涉嫌犯罪的,依法追究刑事责任。

7.《科技部 工业和信息化部 财政部 海关总署 税务总局关于发布"十四五"期间免税进口科普用品清单(第一批)的通知》(2022年3月4日)

一、科普仪器设备

1. 用于特效场馆画面播放的银幕、激光数字投影机、数字播放系统及音响系统。

2. 光学天象仪。

3. 高速摄影机。

本条所述商品应在以下税则号列范围内:《中华人民共和国进出口税则(2021)》(以下简称《税则》)8518.2200,8518.4000,8518.5000,8521.9019,8525.8011,8525.8031,8528.6210—8528.6990,9005.8010,9007.1010,9007.2010,9010.6000。

二、科普展品

1. 图书、报纸、杂志、期刊、地图。

2. 化石、标本、模型。

本条所述商品应在以下税则号列范围内:《税则》49.01—

49.03，49.05，9705.0000，9706.0000，"模型"不受税则号列限制。

三、科普专用软件

专门用于科普工作的软件及软件许可证。

本条所述商品应在以下税则号列范围内：《税则》4907.0090，84.71，85.23。

8.《"十四五"生态环境科普工作实施方案》（2021年12月7日）

五、保障措施

……

（三）完善激励机制

39.……推动落实科普基地享受活动门票收入减免增值税和科普仪器设备、科普展品、专用软件、影视作品进口减免关税和进口环节增值税的税收优惠政策。

第五十一条　科技项目的科普责任

利用财政性资金设立科学技术计划项目，除涉密项目外，应当结合任务需求，合理设置科普工作任务，充分发挥社会效益。

● 部门规章及文件

《"十四五"生态环境科普工作实施方案》（2021年12月7日）

三、主要任务

……

（三）积极推进生态环境科技资源科普化

11. 发挥科普对科技成果转化的促进作用。完善国家生态环境科技成果转化综合服务平台，评估、筛选、展示生态环境领域最新科技成果，加强科技成果的信息公开，推动科技成果信息在科研单位、政府和企业之间的快速传播，促进供需双方对接和成果转化应用。积极参与全国科技活动周活动，运用科普形式推介生态环境科技创新成果，提升成果转化效率。

12. 推进科技项目成果科普化。将科普成效纳入科技项目考核指标。国家和地方生态环境科技计划项目实施过程中边研究、边产出、边科普，加强与传媒、专业科普组织合作，制作高质量的科普作品。继续深挖国家水体污染控制与治理科技重大专项、大气重污染成因与治理攻关、细颗粒物和臭氧污染协同防控、长江生态环境保护修复联合研究、黄河流域生态保护和高质量发展联合研究、海洋污染调查、土壤污染详查等重大项目资源，开发一批高端科普作品。深入推进百城千县万名专家生态环境科技帮扶行动，为基层和企业送政策、送技术、送方案。加强与科技部、国家自然科学基金委、中国科学院等部门合作，共同推进国家科技计划中生态环境领域项目成果的科普化。每年向全社会推出 1—2 个具有重大示范效应和影响的科技项目成果科普化案例。

13. 提升科技创新平台等科普功能。各级生态环境部门的实验室、监测站、观测站等科研机构和污水处理厂、垃圾焚烧厂等环保设施增加科普设施及功能，改善科普展馆（厅）展示服务水平，开发科普产品，丰富互动内容，定期向社会公众开放，每年开放时间不少于 20 天。将科普纳入各国家环境保护重点实验室、工程技术中心、科学观测研究站等建设任务和考核指标。

……

● 案例指引

双碳目标下高压直流输电问题的思考——院士、教授主题讲座[①]

典型意义：中国工程院院士、工程电介质科学家以"双碳目标下高压直流输电问题的思考"为主题，阐述高压直流电缆的关键技术问题和工程应用前景。有关领域教授、教育部长江学者开展了关

---

① 参见中国科协技术协会"全国科普日"专题网站，https://www.kepuri.cn/detail-page?id=607492，最后访问时间：2024 年 12 月 31 日。

于双碳与绿色转型的新能源技术的主旨演讲,从专业角度深刻剖析新能源最新研究成果和广阔发展前景。院士专家的讲座,让与会听众进一步感受到了前沿科技成果,提升了科学素养。

第五十二条　科普活动评价标准的建立

科学研究和技术开发机构、学校、企业的主管部门以及科学技术等相关行政部门应当支持开展科普活动,建立有利于促进科普的评价标准和制度机制。

● **法　律**

1. 《科学技术进步法》(2021年12月24日)

第14条　国家建立和完善有利于创新的科学技术评价制度。

科学技术评价应当坚持公开、公平、公正的原则,以科技创新质量、贡献、绩效为导向,根据不同科学技术活动的特点,实行分类评价。

● **行政法规及文件**

2. 《关于新时代进一步加强科学技术普及工作的意见》(2022年9月4日)

七、加强制度保障

……

(三十)强化工作保障和监督评估。完善科普法律法规体系,推动修订《中华人民共和国科学技术普及法》,健全相关配套政策,加强政策衔接。开展科普理论和实践研究,加强科普调查统计等基础工作。加强科普规范化建设,完善科普工作标准和评估评价体系,适时开展科普督促检查。合理设置科普工作在文明城市、卫生城镇、园林城市、环保模范城市、生态文明示范区等评选体系中的比重。

● 部门规章及文件

3.《自然资源科学技术普及"十四五"工作方案》（2022年11月29日）

八、保障措施

……

（四）完善监测评估

加强自然资源科普统计工作，用好科普统计数据，开展自然资源科普基础性研究和实践研究，加强科普规范化建设。探索开展以公众关注度、满意度和美誉度为导向的自然资源科普工作评价机制研究，对重大科普活动及日常科普工作效果等进行综合评价。

4.《中小学科学教育工作指南》（2025年1月14日）

二、主要工作

（一）教育行政部门

……

4. 探索建设区域科学教育中心

（1）推动区域科学教育中心建设，整合区域内科学教育资源，充分发挥科学教研员作用，开发高质量的科学课程资源，支持中心在课后、节假日向中小学生开放，引导学生进项目、进实验室参与科学探究与工程实践。

（2）依托专家力量，选择特定领域、特色主题，小切口、深挖掘、成体系，强化实验和实践探究，打造一批好课程、好活动、好项目、好课题，为学校开展课堂教学、课后服务和科学活动提供支持，探索形成"启蒙教育—兴趣引导—探究实践—创新研究"等进阶式创新人才培养模式。

5. 加强科学教育资源对接转化

（1）开展研究资源建设，协调联合高校、科研院所和自然科学基金委等科学教育相关部门力量，充分发挥教科研等部门作用，开展科学教育理论研究，加强国际合作与交流。建立激励机制，鼓励并支持中小学教师针对科学教育问题开展行动研究。探索建设科研项目成果与科学教育实践的对接试点机制，推动科研资源在基础教育领域顺利转化。

（2）开展社会资源建设，全面统筹区域内高校、科研院所、科技场馆、自然场域、科技企业等，为学生构建多类型科学教育实践活动基地，组织区域内学校定期开展校外科学探究实践活动。

（3）开展实践资源建设，探索在区域内中小学建设科学教育实践基地，为高校科学教育相关专业本科生和研究生培养提供实践平台。

6. 实施科学素养调查

（1）结合区域实际，积极探索动态开展学生科学素养调查。不断提升指标体系的科学性和评价工具的有效性，调查工作既要关注学生科学素养的发展情况和动态趋势，也要关注影响科学素养发展的相关因素。

（2）加强调查结果运用，将其作为区域科学教育政策制定和学校科学教育工作改进的重要依据。

7. 将实验等探究实践纳入评价体系

（1）将学生平时实验操作和参加科学探究实践活动等表现纳入综合素质评价内容。

（2）将实验操作纳入初中学业水平考试。有条件的地区，探索在普通高中学业水平考试中纳入理化生等实验操作。

（3）实验操作任务的设计，要侧重考查学生的观察能力、操作能力和思维能力，有机融入对实验原理理解、探究方案设计、科学论证、结论构建等方面的评价。

（4）将数字技术等智能化手段引入实验操作考试，提高实验考查的可行性和有效性。

8. 数字化赋能科学教育

（1）指导学校创新应用国家智慧教育公共服务平台开展科学教学，加强科学教学优质数字资源的共建共享和有效供给，组织教师利用平台"名师名校长工作室"等资源开展课前备课、课中教学和课后教研，探索基于平台的点播教学、直播教学、自主学习等方式。

（2）利用智能装备为科学教学创设沉浸式学习环境，借助自适应学习引擎实现学习路径的个性化定制与学习资源的适配推送。探索虚拟仿真和计算机建模等科学教学新模式，开拓生成式人工智能大模型在科学教学中应用的新场景，利用数据分析技术提升教学评价的精准化水平。

第五十三条　专款专用

科普经费和组织、个人资助科普事业的财产，应当用于科普事业，任何组织和个人不得克扣、截留、挪用。

第七章　法律责任

第五十四条　制作、发布、传播虚假错误信息的法律责任

违反本法规定，制作、发布、传播虚假错误信息，或者以科普为名损害国家利益、社会公共利益或者他人合法权益的，由有关主管部门责令改正，给予警告或者通报批评，没收违法所得，对负有责任的领导人员和直接责任人员依法给予处分。

● 部门规章及文件

1.《科学技术部行政处罚实施办法》（2023年3月2日）

第3条　科技部实施行政处罚，应当遵循公开公正、程序合法、宽严相济、过罚相当的原则，严格按照法定程序，规范行使裁量权，维护行政处罚决定执行的严肃性，依法保障当事人的陈述权、申辩权，以及要求听证、申请行政复议、提起行政诉讼等权利。

第9条　科技部可以根据工作需要依法制定行政处罚裁量权基准，依法合理细化具体情节、量化罚款幅度。

行政处罚裁量权基准应当包括违法行为、法定依据、裁量阶次、适用条件和具体标准等内容。

科技部制定的行政处罚裁量权基准应当向社会公布。行政处罚裁量权基准所依据的法律、行政法规、规章作出修改，或者客观情势发生重大变更的，应当及时进行调整。

第10条　科技部实施行政处罚，应当以法律、行政法规、规章为依据，合理确定行政处罚的种类和幅度。

有行政处罚裁量权基准的，应当在行政处罚决定书中对行政处罚裁量权基准的适用情况予以明确。

第22条　执法人员应当收集与案情有关的、能够证实违法行为性质和情节的证据。

证据类型包括书证、物证、视听资料、电子数据、证人证言、当事人陈述、鉴定意见、勘验笔录、现场笔录等。

第23条　执法人员不得以胁迫、利诱、欺骗等不正当手段收集证据，不得伪造证据。

第24条　执法人员进行调查取证，有权采取以下措施：

（一）要求被调查单位或者个人提供与案件有关的文件资料，并就相关问题作出说明；

（二）对当事人或者相关人员进行询问；

（三）进入涉案现场进行检查、拍照、录音、摄像，查阅和复制相关材料；

（四）对涉案物品、设施、场所进行先行登记保存；

（五）对涉案场所、物品、资料进行查封、扣押；

（六）法律、行政法规规定可以采取的其他措施。

第39条 案件当事人行使陈述、申辩权的，应当自《行政处罚意见告知书》或者《不予行政处罚意见告知书》送达之日起五个工作日内向执法职能部门书面提出，逾期未提出的，视为放弃上述权利。

第40条 执法职能部门应当充分听取当事人的陈述、申辩，当事人的主张成立的，应当采纳。听取陈述申辩后，执法职能部门应当依照《中华人民共和国行政处罚法》第五十七条规定提出处理意见。不得因当事人的陈述、申辩而给予更重的处罚。

● 地方性法规及文件

2.《广东省科学技术普及条例》（2021年5月26日）

第56条 违反本条例规定，假借科普名义损害国家利益、社会公共利益以及公民、法人和其他组织合法权益的，由相关主管部门予以制止，并给予批评教育；构成违反治安管理行为的，由公安机关依法给予治安管理处罚；构成犯罪的，依法追究刑事责任。

3.《天津市科学技术普及条例》（2021年11月29日）

第63条 以科普为名进行有损社会公共利益的活动，扰乱社会秩序或者骗取财物的，由有关主管部门给予批评教育，并予以制止；违反治安管理规定的，由公安机关依法给予治安管理处罚；构成犯罪的，依法追究刑事责任。

第五十五条 克扣、截留、挪用科普款物或者骗取科普优惠政策支持的法律责任

违反本法规定，克扣、截留、挪用科普款物或者骗取科普优惠政策支持的，由有关主管部门责令限期退还相关款物；对负有责任的领导人员和直接责任人员依法给予处分；情节严重的，禁止一定期限内申请科普优惠政策支持。

● 地方性法规及文件

《天津市科学技术普及条例》（2021年11月29日）

第62条 毁损科普设施，擅自改变政府财政投资建设的科普场所和设施用途，克扣、截留、挪用科普财政经费的，由其所在单位或者上级机关给予处分；由有关主管部门责令限期改正或者恢复原来场所和设施的用途，交回被克扣、截留、挪用的经费，赔偿由此所造成的经济损失；构成犯罪的，依法追究刑事责任。

第五十六条　擅改科普场馆用途的法律责任

擅自将政府投资建设的科普场馆改为他用的，由有关主管部门责令限期改正；情节严重的，给予警告或者通报批评，对负有责任的领导人员和直接责任人员依法给予处分。

● 地方性法规及文件

1. 《广东省科学技术普及条例》（2021年5月26日）

第57条 违反本条例规定，擅自变更利用财政性资金建设的科普场馆功能的，由相关主管部门责令改正；情节严重的，对负有责任的主管人员和其他直接责任人员依法给予处分。

2. 《天津市科学技术普及条例》（2021年11月29日）

第42条第2款　国家投资兴建的科普场所不得挪作他用。

第五十七条　骗取科普表彰、奖励的法律责任

骗取科普表彰、奖励的，由授予表彰、奖励的部门或者单位撤销其所获荣誉，收回奖章、证书，追回其所获奖金等物质奖励，并由其所在单位或者有关部门依法给予处分。

● 部门规章及文件

《科学技术活动违规行为处理暂行规定》（2020年7月17日）

第2条 对下列单位和人员在开展有关科学技术活动过程中出现的违规行为的处理，适用本规定。

（一）受托管理机构及其工作人员，即受科学技术行政部门委托开展相关科学技术活动管理工作的机构及其工作人员；

（二）科学技术活动实施单位，即具体开展科学技术活动的科学技术研究开发机构、高等学校、企业及其他组织；

（三）科学技术人员，即直接从事科学技术活动的人员和为科学技术活动提供管理、服务的人员；

（四）科学技术活动咨询评审专家，即为科学技术活动提供咨询、评审、评估、评价等意见的专业人员；

（五）第三方科学技术服务机构及其工作人员，即为科学技术活动提供审计、咨询、绩效评估评价、经纪、知识产权代理、检验检测、出版等服务的第三方机构及其工作人员。

第五十八条 公职人员滥用职权、玩忽职守、徇私舞弊的法律责任

公职人员在科普工作中滥用职权、玩忽职守、徇私舞弊的，依法给予处分。

● 地方性法规及文件

1. 《广东省科学技术普及条例》（2021年5月26日）

第59条 国家工作人员在科普工作中滥用职权、玩忽职守、徇私舞弊的，由其所在单位或者上级机关依法给予处分；构成犯罪的，依法追究刑事责任。

2. 《天津市科学技术普及条例》（2021年11月29日）

第61条 国家工作人员在科普工作中滥用职权、玩忽职守、

徇私舞弊的，由其所在单位或者上级机关给予处分；构成犯罪的，依法追究刑事责任。

第五十九条　民事、行政和刑事责任

违反本法规定，造成人身损害或者财产损失的，依法承担民事责任；构成违反治安管理行为的，依法给予治安管理处罚；构成犯罪的，依法追究刑事责任。

● **部门规章及文件**

1. 《科学技术部行政处罚实施办法》（2023年3月2日）

第19条　执法职能部门在监督管理过程中发现违法线索，收到违法行为的举报、控告，或者收到其他机关移送的违法线索，应当进行登记。

科技部其他部门收到举报、控告或者其他机关移送的违法线索的，应当及时转交相关执法职能部门。

第37条第3款　违法行为涉嫌犯罪的，执法职能部门应当报科技部负责人批准后，移送司法机关。

● **地方性法规及文件**

2. 《广东省科学技术普及条例》（2021年5月26日）

第58条　违反本条例规定，未依法履行相关科普工作责任或者未按照规定开展科普活动的单位和组织，由其上级机关或者相关主管部门责令改正；拒不改正的，对负有责任的人员依法给予处分。

第八章　附　　则

第六十条　施行日期

本法自公布之日起施行。

附录一

中华人民共和国科学技术进步法

（1993年7月2日第八届全国人民代表大会常务委员会第二次会议通过　2007年12月29日第十届全国人民代表大会常务委员会第三十一次会议第一次修订　2021年12月24日第十三届全国人民代表大会常务委员会第三十二次会议第二次修订　2021年12月24日中华人民共和国主席令第103号公布　自2022年1月1日起施行）

目　录

第一章　总　则
第二章　基础研究
第三章　应用研究与成果转化
第四章　企业科技创新
第五章　科学技术研究开发机构
第六章　科学技术人员
第七章　区域科技创新
第八章　国际科学技术合作
第九章　保障措施
第十章　监督管理
第十一章　法律责任
第十二章　附　则

第一章　总　则

第一条　为了全面促进科学技术进步，发挥科学技术第一生产力、创新第一动力、人才第一资源的作用，促进科技成果向现实生产力转化，推动科技创新支撑和引领经济社会发展，全面建设社会主义现代化国家，根据宪法，制定本法。

第二条 坚持中国共产党对科学技术事业的全面领导。

国家坚持新发展理念，坚持科技创新在国家现代化建设全局中的核心地位，把科技自立自强作为国家发展的战略支撑，实施科教兴国战略、人才强国战略和创新驱动发展战略，走中国特色自主创新道路，建设科技强国。

第三条 科学技术进步工作应当面向世界科技前沿、面向经济主战场、面向国家重大需求、面向人民生命健康，为促进经济社会发展、维护国家安全和推动人类可持续发展服务。

国家鼓励科学技术研究开发，推动应用科学技术改造提升传统产业、发展高新技术产业和社会事业，支撑实现碳达峰碳中和目标，催生新发展动能，实现高质量发展。

第四条 国家完善高效、协同、开放的国家创新体系，统筹科技创新与制度创新，健全社会主义市场经济条件下新型举国体制，充分发挥市场配置创新资源的决定性作用，更好发挥政府作用，优化科技资源配置，提高资源利用效率，促进各类创新主体紧密合作、创新要素有序流动、创新生态持续优化，提升体系化能力和重点突破能力，增强创新体系整体效能。

国家构建和强化以国家实验室、国家科学技术研究开发机构、高水平研究型大学、科技领军企业为重要组成部分的国家战略科技力量，在关键领域和重点方向上发挥战略支撑引领作用和重大原始创新效能，服务国家重大战略需要。

第五条 国家统筹发展和安全，提高科技安全治理能力，健全预防和化解科技安全风险的制度机制，加强科学技术研究、开发与应用活动的安全管理，支持国家安全领域科技创新，增强科技创新支撑国家安全的能力和水平。

第六条 国家鼓励科学技术研究开发与高等教育、产业发展相结合，鼓励学科交叉融合和相互促进。

国家加强跨地区、跨行业和跨领域的科学技术合作，扶持革命老区、民族地区、边远地区、欠发达地区的科学技术进步。

国家加强军用与民用科学技术协调发展，促进军用与民用科学技术资源、技术开发需求的互通交流和技术双向转移，发展军民两用技术。

第七条 国家遵循科学技术活动服务国家目标与鼓励自由探索相结合的原则，超前部署重大基础研究、有重大产业应用前景的前沿技术研究和社会公益性技术研究，支持基础研究、前沿技术研究和社会公益性技术研究持续、稳定发展，加强原始创新和关键核心技术攻关，加快实现高水平科技自立自强。

第八条 国家保障开展科学技术研究开发的自由，鼓励科学探索和技术创新，保护科学技术人员自由探索等合法权益。

科学技术研究开发机构、高等学校、企业事业单位和公民有权自主选择课题，探索未知科学领域，从事基础研究、前沿技术研究和社会公益性技术研究。

第九条 学校及其他教育机构应当坚持理论联系实际，注重培养受教育者的独立思考能力、实践能力、创新能力和批判性思维，以及追求真理、崇尚创新、实事求是的科学精神。

国家发挥高等学校在科学技术研究中的重要作用，鼓励高等学校开展科学研究、技术开发和社会服务，培养具有社会责任感、创新精神和实践能力的高级专门人才。

第十条 科学技术人员是社会主义现代化建设事业的重要人才力量，应当受到全社会的尊重。

国家坚持人才引领发展的战略地位，深化人才发展体制机制改革，全方位培养、引进、用好人才，营造符合科技创新规律和人才成长规律的环境，充分发挥人才第一资源作用。

第十一条 国家营造有利于科技创新的社会环境，鼓励机关、群团组织、企业事业单位、社会组织和公民参与和支持科学技术进步活动。

全社会都应当尊重劳动、尊重知识、尊重人才、尊重创造，形成崇尚科学的风尚。

第十二条 国家发展科学技术普及事业，普及科学技术知识，加强科学技术普及基础设施和能力建设，提高全体公民特别是青少年的科学文化素质。

科学技术普及是全社会的共同责任。国家建立健全科学技术普及激励机制，鼓励科学技术研究开发机构、高等学校、企业事业单位、社会组织、科学技术人员等积极参与和支持科学技术普及活动。

第十三条 国家制定和实施知识产权战略，建立和完善知识产权制度，营造尊重知识产权的社会环境，保护知识产权，激励自主创新。

企业事业单位、社会组织和科学技术人员应当增强知识产权意识，增强自主创新能力，提高创造、运用、保护、管理和服务知识产权的能力，提高知识产权质量。

第十四条 国家建立和完善有利于创新的科学技术评价制度。

科学技术评价应当坚持公开、公平、公正的原则，以科技创新质量、贡献、绩效为导向，根据不同科学技术活动的特点，实行分类评价。

第十五条 国务院领导全国科学技术进步工作，制定中长期科学和技术发展规划、科技创新规划，确定国家科学技术重大项目、与科学技术密切相关的重大项目。中长期科学和技术发展规划、科技创新规划应当明确指导方针，发挥战略导向作用，引导和统筹科技发展布局、资源配置和政策制定。

县级以上人民政府应当将科学技术进步工作纳入国民经济和社会发展规划，保障科学技术进步与经济建设和社会发展相协调。

地方各级人民政府应当采取有效措施，加强对科学技术进步工作的组织和管理，优化科学技术发展环境，推进科学技术进步。

第十六条 国务院科学技术行政部门负责全国科学技术进步工作的宏观管理、统筹协调、服务保障和监督实施；国务院其他有关部门在各自的职责范围内,负责有关的科学技术进步工作。

县级以上地方人民政府科学技术行政部门负责本行政区域的科学技术进步工作;县级以上地方人民政府其他有关部门在各自的职责范围内,负责有关的科学技术进步工作。

第十七条 国家建立科学技术进步工作协调机制,研究科学技术进步工作中的重大问题,协调国家科学技术计划项目的设立及相互衔接,协调科学技术资源配置、科学技术研究开发机构的整合以及科学技术研究开发与高等教育、产业发展相结合等重大事项。

第十八条 每年5月30日为全国科技工作者日。

国家建立和完善科学技术奖励制度,设立国家最高科学技术奖等奖项,对在科学技术进步活动中做出重要贡献的组织和个人给予奖励。具体办法由国务院规定。

国家鼓励国内外的组织或者个人设立科学技术奖项,对科学技术进步活动中做出贡献的组织和个人给予奖励。

第二章 基础研究

第十九条 国家加强基础研究能力建设,尊重科学发展规律和人才成长规律,强化项目、人才、基地系统布局,为基础研究发展提供良好的物质条件和有力的制度保障。

国家加强规划和部署,推动基础研究自由探索和目标导向有机结合,围绕科学技术前沿、经济社会发展、国家安全重大需求和人民生命健康,聚焦重大关键技术问题,加强新兴和战略产业等领域基础研究,提升科学技术的源头供给能力。

国家鼓励科学技术研究开发机构、高等学校、企业等发挥自身优势,加强基础研究,推动原始创新。

第二十条 国家财政建立稳定支持基础研究的投入机制。

国家鼓励有条件的地方人民政府结合本地区经济社会发展需要,合理确定基础研究财政投入,加强对基础研究的支持。

国家引导企业加大基础研究投入,鼓励社会力量通过捐赠、设立基金等方式多渠道投入基础研究，给予财政、金融、税收等政策支持。

逐步提高基础研究经费在全社会科学技术研究开发经费总额中的比例，与创新型国家和科技强国建设要求相适应。

第二十一条　国家设立自然科学基金，资助基础研究，支持人才培养和团队建设。确定国家自然科学基金资助项目，应当坚持宏观引导、自主申请、平等竞争、同行评审、择优支持的原则。

有条件的地方人民政府结合本地区经济社会实际情况和发展需要，可以设立自然科学基金，支持基础研究。

第二十二条　国家完善学科布局和知识体系建设，推进学科交叉融合，促进基础研究与应用研究协调发展。

第二十三条　国家加大基础研究人才培养力度，强化对基础研究人才的稳定支持，提高基础研究人才队伍质量和水平。

国家建立满足基础研究需要的资源配置机制，建立与基础研究相适应的评价体系和激励机制，营造潜心基础研究的良好环境，鼓励和吸引优秀科学技术人员投身基础研究。

第二十四条　国家强化基础研究基地建设。

国家完善基础研究的基础条件建设，推进开放共享。

第二十五条　国家支持高等学校加强基础学科建设和基础研究人才培养，增强基础研究自主布局能力，推动高等学校基础研究高质量发展。

第三章　应用研究与成果转化

第二十六条　国家鼓励以应用研究带动基础研究，促进基础研究与应用研究、成果转化融通发展。

国家完善共性基础技术供给体系，促进创新链产业链深度融合，保障产业链供应链安全。

第二十七条　国家建立和完善科研攻关协调机制，围绕经济社会发展、国家安全重大需求和人民生命健康，加强重点领域项目、人才、基地、资金一体化配置，推动产学研紧密合作，推动关键核心技术自主可控。

第二十八条 国家完善关键核心技术攻关举国体制，组织实施体现国家战略需求的科学技术重大任务，系统布局具有前瞻性、战略性的科学技术重大项目，超前部署关键核心技术研发。

第二十九条 国家加强面向产业发展需求的共性技术平台和科学技术研究开发机构建设，鼓励地方围绕发展需求建设应用研究科学技术研究开发机构。

国家鼓励科学技术研究开发机构、高等学校加强共性基础技术研究，鼓励以企业为主导，开展面向市场和产业化应用的研究开发活动。

第三十条 国家加强科技成果中试、工程化和产业化开发及应用，加快科技成果转化为现实生产力。

利用财政性资金设立的科学技术研究开发机构和高等学校，应当积极促进科技成果转化，加强技术转移机构和人才队伍建设，建立和完善促进科技成果转化制度。

第三十一条 国家鼓励企业、科学技术研究开发机构、高等学校和其他组织建立优势互补、分工明确、成果共享、风险共担的合作机制，按照市场机制联合组建研究开发平台、技术创新联盟、创新联合体等，协同推进研究开发与科技成果转化，提高科技成果转移转化成效。

第三十二条 利用财政性资金设立的科学技术计划项目所形成的科技成果，在不损害国家安全、国家利益和重大社会公共利益的前提下，授权项目承担者依法取得相关知识产权，项目承担者可以依法自行投资实施转化、向他人转让、联合他人共同实施转化、许可他人使用或者作价投资等。

项目承担者应当依法实施前款规定的知识产权，同时采取保护措施，并就实施和保护情况向项目管理机构提交年度报告；在合理期限内没有实施且无正当理由的，国家可以无偿实施，也可以许可他人有偿实施或者无偿实施。

项目承担者依法取得的本条第一款规定的知识产权，为了国家安全、国家利益和重大社会公共利益的需要，国家可以无偿实施，也可以许可他人有偿实施或者无偿实施。

项目承担者因实施本条第一款规定的知识产权所产生的利益分配，依照有关法律法规规定执行；法律法规没有规定的，按照约定执行。

第三十三条　国家实行以增加知识价值为导向的分配政策，按照国家有关规定推进知识产权归属和权益分配机制改革，探索赋予科学技术人员职务科技成果所有权或者长期使用权制度。

第三十四条　国家鼓励利用财政性资金设立的科学技术计划项目所形成的知识产权首先在境内使用。

前款规定的知识产权向境外的组织或者个人转让，或者许可境外的组织或者个人独占实施的，应当经项目管理机构批准；法律、行政法规对批准机构另有规定的，依照其规定。

第三十五条　国家鼓励新技术应用，按照包容审慎原则，推动开展新技术、新产品、新服务、新模式应用试验，为新技术、新产品应用创造条件。

第三十六条　国家鼓励和支持农业科学技术的应用研究，传播和普及农业科学技术知识，加快农业科技成果转化和产业化，促进农业科学技术进步，利用农业科学技术引领乡村振兴和农业农村现代化。

县级以上人民政府应当采取措施，支持公益性农业科学技术研究开发机构和农业技术推广机构进行农业新品种、新技术的研究开发、应用和推广。

地方各级人民政府应当鼓励和引导农业科学技术服务机构、科技特派员和农村群众性科学技术组织为种植业、林业、畜牧业、渔业等的发展提供科学技术服务，为农民提供科学技术培训和指导。

第三十七条　国家推动科学技术研究开发与产品、服务标准制定相结合,科学技术研究开发与产品设计、制造相结合;引导科学技术研究开发机构、高等学校、企业和社会组织共同推进国家重大技术创新产品、服务标准的研究、制定和依法采用,参与国际标准制定。

第三十八条 国家培育和发展统一开放、互联互通、竞争有序的技术市场,鼓励创办从事技术评估、技术经纪和创新创业服务等活动的中介服务机构,引导建立社会化、专业化、网络化、信息化和智能化的技术交易服务体系和创新创业服务体系,推动科技成果的应用和推广。

技术交易活动应当遵循自愿平等、互利有偿和诚实信用的原则。

第四章 企业科技创新

第三十九条 国家建立以企业为主体,以市场为导向,企业同科学技术研究开发机构、高等学校紧密合作的技术创新体系,引导和扶持企业技术创新活动,支持企业牵头国家科技攻关任务,发挥企业在技术创新中的主体作用,推动企业成为技术创新决策、科研投入、组织科研和成果转化的主体,促进各类创新要素向企业集聚,提高企业技术创新能力。

国家培育具有影响力和竞争力的科技领军企业,充分发挥科技领军企业的创新带动作用。

第四十条 国家鼓励企业开展下列活动:

(一)设立内部科学技术研究开发机构;

(二)同其他企业或者科学技术研究开发机构、高等学校开展合作研究,联合建立科学技术研究开发机构和平台,设立科技企业孵化机构和创新创业平台,或者以委托等方式开展科学技术研究开发;

(三)培养、吸引和使用科学技术人员;

(四)同科学技术研究开发机构、高等学校、职业院校或者培训机构联合培养专业技术人才和高技能人才,吸引高等学校毕业生到企业工作;

（五）设立博士后工作站或者流动站；

（六）结合技术创新和职工技能培训，开展科学技术普及活动，设立向公众开放的普及科学技术的场馆或者设施。

第四十一条　国家鼓励企业加强原始创新，开展技术合作与交流，增加研究开发和技术创新的投入，自主确立研究开发课题，开展技术创新活动。

国家鼓励企业对引进技术进行消化、吸收和再创新。

企业开发新技术、新产品、新工艺发生的研究开发费用可以按照国家有关规定，税前列支并加计扣除，企业科学技术研究开发仪器、设备可以加速折旧。

第四十二条　国家完善多层次资本市场，建立健全促进科技创新的机制，支持符合条件的科技型企业利用资本市场推动自身发展。

国家加强引导和政策扶持，多渠道拓宽创业投资资金来源，对企业的创业发展给予支持。

国家完善科技型企业上市融资制度，畅通科技型企业国内上市融资渠道，发挥资本市场服务科技创新的融资功能。

第四十三条　下列企业按照国家有关规定享受税收优惠：

（一）从事高新技术产品研究开发、生产的企业；

（二）科技型中小企业；

（三）投资初创科技型企业的创业投资企业；

（四）法律、行政法规规定的与科学技术进步有关的其他企业。

第四十四条　国家对公共研究开发平台和科学技术中介、创新创业服务机构的建设和运营给予支持。

公共研究开发平台和科学技术中介、创新创业服务机构应当为中小企业的技术创新提供服务。

第四十五条　国家保护企业研究开发所取得的知识产权。企业应当不断提高知识产权质量和效益，增强自主创新能力和市场竞争能力。

第四十六条　国有企业应当建立健全有利于技术创新的研究开

发投入制度、分配制度和考核评价制度，完善激励约束机制。

国有企业负责人对企业的技术进步负责。对国有企业负责人的业绩考核，应当将企业的创新投入、创新能力建设、创新成效等情况纳入考核范围。

第四十七条 县级以上地方人民政府及其有关部门应当创造公平竞争的市场环境，推动企业技术进步。

国务院有关部门和省级人民政府应当通过制定产业、财政、金融、能源、环境保护和应对气候变化等政策，引导、促使企业研究开发新技术、新产品、新工艺，进行技术改造和设备更新，淘汰技术落后的设备、工艺，停止生产技术落后的产品。

第五章 科学技术研究开发机构

第四十八条 国家统筹规划科学技术研究开发机构布局，建立和完善科学技术研究开发体系。

国家在事关国家安全和经济社会发展全局的重大科技创新领域建设国家实验室，建立健全以国家实验室为引领、全国重点实验室为支撑的实验室体系，完善稳定支持机制。

利用财政性资金设立的科学技术研究开发机构，应当坚持以国家战略需求为导向，提供公共科技供给和应急科技支撑。

第四十九条 自然人、法人和非法人组织有权依法设立科学技术研究开发机构。境外的组织或者个人可以在中国境内依法独立设立科学技术研究开发机构，也可以与中国境内的组织或者个人联合设立科学技术研究开发机构。

从事基础研究、前沿技术研究、社会公益性技术研究的科学技术研究开发机构，可以利用财政性资金设立。利用财政性资金设立科学技术研究开发机构，应当优化配置，防止重复设置。

科学技术研究开发机构、高等学校可以设立博士后流动站或者工作站。科学技术研究开发机构可以依法在国外设立分支机构。

第五十条 科学技术研究开发机构享有下列权利：

（一）依法组织或者参加学术活动；

（二）按照国家有关规定，自主确定科学技术研究开发方向和项目，自主决定经费使用、机构设置、绩效考核及薪酬分配、职称评审、科技成果转化及收益分配、岗位设置、人员聘用及合理流动等内部管理事务；

（三）与其他科学技术研究开发机构、高等学校和企业联合开展科学技术研究开发、技术咨询、技术服务等活动；

（四）获得社会捐赠和资助；

（五）法律、行政法规规定的其他权利。

第五十一条　科学技术研究开发机构应当依法制定章程，按照章程规定的职能定位和业务范围开展科学技术研究开发活动；加强科研作风学风建设，建立和完善科研诚信、科技伦理管理制度，遵守科学研究活动管理规范；不得组织、参加、支持迷信活动。

利用财政性资金设立的科学技术研究开发机构开展科学技术研究开发活动，应当为国家目标和社会公共利益服务；有条件的，应当向公众开放普及科学技术的场馆或者设施，组织开展科学技术普及活动。

第五十二条　利用财政性资金设立的科学技术研究开发机构，应当建立职责明确、评价科学、开放有序、管理规范的现代院所制度，实行院长或者所长负责制，建立科学技术委员会咨询制和职工代表大会监督制等制度，并吸收外部专家参与管理、接受社会监督；院长或者所长的聘用引入竞争机制。

第五十三条　国家完善利用财政性资金设立的科学技术研究开发机构的评估制度，评估结果作为机构设立、支持、调整、终止的依据。

第五十四条　利用财政性资金设立的科学技术研究开发机构，应当建立健全科学技术资源开放共享机制，促进科学技术资源的有效利用。

国家鼓励社会力量设立的科学技术研究开发机构，在合理范围内实行科学技术资源开放共享。

第五十五条 国家鼓励企业和其他社会力量自行创办科学技术研究开发机构，保障其合法权益。

社会力量设立的科学技术研究开发机构有权按照国家有关规定，平等竞争和参与实施利用财政性资金设立的科学技术计划项目。

国家完善对社会力量设立的非营利性科学技术研究开发机构税收优惠制度。

第五十六条 国家支持发展新型研究开发机构等新型创新主体，完善投入主体多元化、管理制度现代化、运行机制市场化、用人机制灵活化的发展模式，引导新型创新主体聚焦科学研究、技术创新和研发服务。

第六章 科学技术人员

第五十七条 国家营造尊重人才、爱护人才的社会环境，公正平等、竞争择优的制度环境，待遇适当、保障有力的生活环境，为科学技术人员潜心科研创造良好条件。

国家采取多种措施，提高科学技术人员的社会地位，培养和造就专门的科学技术人才，保障科学技术人员投入科技创新和研究开发活动，充分发挥科学技术人员的作用。禁止以任何方式和手段不公正对待科学技术人员及其科技成果。

第五十八条 国家加快战略人才力量建设，优化科学技术人才队伍结构，完善战略科学家、科技领军人才等创新人才和团队的培养、发现、引进、使用、评价机制，实施人才梯队、科研条件、管理机制等配套政策。

第五十九条 国家完善创新人才教育培养机制，在基础教育中加强科学兴趣培养，在职业教育中加强技术技能人才培养，强化高等教育资源配置与科学技术领域创新人才培养的结合，加强完善战略性科学技术人才储备。

第六十条 各级人民政府、企业事业单位和社会组织应当采取措施，完善体现知识、技术等创新要素价值的收益分配机制，优化收入结构，建立工资稳定增长机制，提高科学技术人员的工资水平；对有突出贡献的科学技术人员给予优厚待遇和荣誉激励。

利用财政性资金设立的科学技术研究开发机构和高等学校的科学技术人员，在履行岗位职责、完成本职工作、不发生利益冲突的前提下，经所在单位同意，可以从事兼职工作获得合法收入。技术开发、技术咨询、技术服务等活动的奖酬金提取，按照科技成果转化有关规定执行。

国家鼓励科学技术研究开发机构、高等学校、企业等采取股权、期权、分红等方式激励科学技术人员。

第六十一条　各级人民政府和企业事业单位应当保障科学技术人员接受继续教育的权利，并为科学技术人员的合理、畅通、有序流动创造环境和条件，发挥其专长。

第六十二条　科学技术人员可以根据其学术水平和业务能力选择工作单位、竞聘相应的岗位，取得相应的职务或者职称。

科学技术人员应当信守工作承诺，履行岗位责任，完成职务或者职称相应工作。

第六十三条　国家实行科学技术人员分类评价制度，对从事不同科学技术活动的人员实行不同的评价标准和方式，突出创新价值、能力、贡献导向，合理确定薪酬待遇、配置学术资源、设置评价周期，形成有利于科学技术人员潜心研究和创新的人才评价体系，激发科学技术人员创新活力。

第六十四条　科学技术行政等有关部门和企业事业单位应当完善科学技术人员管理制度，增强服务意识和保障能力，简化管理流程，避免重复性检查和评估，减轻科学技术人员项目申报、材料报送、经费报销等方面的负担，保障科学技术人员科研时间。

第六十五条　科学技术人员在艰苦、边远地区或者恶劣、危险环境中工作，所在单位应当按照国家有关规定给予补贴，提供其岗位或者工作场所应有的职业健康卫生保护和安全保障，为其接受继续教育、业务培训等提供便利条件。

第六十六条 青年科学技术人员、少数民族科学技术人员、女性科学技术人员等在竞聘专业技术职务、参与科学技术评价、承担科学技术研究开发项目、接受继续教育等方面享有平等权利。鼓励老年科学技术人员在科学技术进步中发挥积极作用。

各级人民政府和企业事业单位应当为青年科学技术人员成长创造环境和条件，鼓励青年科学技术人员在科技领域勇于探索、敢于尝试，充分发挥青年科学技术人员的作用。发现、培养和使用青年科学技术人员的情况，应当作为评价科学技术进步工作的重要内容。

各级人民政府和企业事业单位应当完善女性科学技术人员培养、评价和激励机制，关心孕哺期女性科学技术人员，鼓励和支持女性科学技术人员在科学技术进步中发挥更大作用。

第六十七条 科学技术人员应当大力弘扬爱国、创新、求实、奉献、协同、育人的科学家精神，坚守工匠精神，在各类科学技术活动中遵守学术和伦理规范，恪守职业道德，诚实守信；不得在科学技术活动中弄虚作假，不得参加、支持迷信活动。

第六十八条 国家鼓励科学技术人员自由探索、勇于承担风险，营造鼓励创新、宽容失败的良好氛围。原始记录等能够证明承担探索性强、风险高的科学技术研究开发项目的科学技术人员已经履行了勤勉尽责义务仍不能完成该项目的，予以免责。

第六十九条 科研诚信记录作为对科学技术人员聘任专业技术职务或者职称、审批科学技术人员申请科学技术研究开发项目、授予科学技术奖励等的重要依据。

第七十条 科学技术人员有依法创办或者参加科学技术社会团体的权利。

科学技术协会和科学技术社会团体按照章程在促进学术交流、推进学科建设、推动科技创新、开展科学技术普及活动、培养专门人才、开展咨询服务、加强科学技术人员自律和维护科学技术人员合法权益等方面发挥作用。

科学技术协会和科学技术社会团体的合法权益受法律保护。

第七章 区域科技创新

第七十一条 国家统筹科学技术资源区域空间布局，推动中央科学技术资源与地方发展需求紧密衔接，采取多种方式支持区域科技创新。

第七十二条 县级以上地方人民政府应当支持科学技术研究和应用，为促进科技成果转化创造条件，为推动区域创新发展提供良好的创新环境。

第七十三条 县级以上人民政府及其有关部门制定的与产业发展相关的科学技术计划，应当体现产业发展的需求。

县级以上人民政府及其有关部门确定科学技术计划项目，应当鼓励企业平等竞争和参与实施；对符合产业发展需求、具有明确市场应用前景的项目，应当鼓励企业联合科学技术研究开发机构、高等学校共同实施。

地方重大科学技术计划实施应当与国家科学技术重大任务部署相衔接。

第七十四条 国务院可以根据需要批准建立国家高新技术产业开发区、国家自主创新示范区等科技园区，并对科技园区的建设、发展给予引导和扶持，使其形成特色和优势，发挥集聚和示范带动效应。

第七十五条 国家鼓励有条件的县级以上地方人民政府根据国家发展战略和地方发展需要，建设重大科技创新基地与平台，培育创新创业载体，打造区域科技创新高地。

国家支持有条件的地方建设科技创新中心和综合性科学中心，发挥辐射带动、深化创新改革和参与全球科技合作作用。

第七十六条 国家建立区域科技创新合作机制和协同互助机制，鼓励地方各级人民政府及其有关部门开展跨区域创新合作，促进各类创新要素合理流动和高效集聚。

第七十七条 国家重大战略区域可以依托区域创新平台，构建利益分享机制，促进人才、技术、资金等要素自由流动，推动科学仪器设备、科技基础设施、科学工程和科技信息资源等开放共享，提高科技成果区域转化效率。

第七十八条 国家鼓励地方积极探索区域科技创新模式，尊重区域科技创新集聚规律，因地制宜选择具有区域特色的科技创新发展路径。

第八章 国际科学技术合作

第七十九条 国家促进开放包容、互惠共享的国际科学技术合作与交流，支撑构建人类命运共同体。

第八十条 中华人民共和国政府发展同外国政府、国际组织之间的科学技术合作与交流。

国家鼓励科学技术研究开发机构、高等学校、科学技术社会团体、企业和科学技术人员等各类创新主体开展国际科学技术合作与交流，积极参与科学研究活动，促进国际科学技术资源开放流动，形成高水平的科技开放合作格局，推动世界科学技术进步。

第八十一条 国家鼓励企业事业单位、社会组织通过多种途径建设国际科技创新合作平台，提供国际科技创新合作服务。

鼓励企业事业单位、社会组织和科学技术人员参与和发起国际科学技术组织，增进国际科学技术合作与交流。

第八十二条 国家采取多种方式支持国内外优秀科学技术人才合作研发，应对人类面临的共同挑战，探索科学前沿。

国家支持科学技术研究开发机构、高等学校、企业和科学技术人员积极参与和发起组织实施国际大科学计划和大科学工程。

国家完善国际科学技术研究合作中的知识产权保护与科技伦理、安全审查机制。

第八十三条 国家扩大科学技术计划对外开放合作，鼓励在华外资企业、外籍科学技术人员等承担和参与科学技术计划项目，完善境外科学技术人员参与国家科学技术计划项目的机制。

第八十四条 国家完善相关社会服务和保障措施,鼓励在国外工作的科学技术人员回国,吸引外籍科学技术人员到中国从事科学技术研究开发工作。

科学技术研究开发机构及其他科学技术组织可以根据发展需要,聘用境外科学技术人员。利用财政性资金设立的科学技术研究开发机构、高等学校聘用境外科学技术人员从事科学技术研究开发工作的,应当为其工作和生活提供方便。

外籍杰出科学技术人员到中国从事科学技术研究开发工作的,按照国家有关规定,可以优先获得在华永久居留权或者取得中国国籍。

第九章 保障措施

第八十五条 国家加大财政性资金投入,并制定产业、金融、税收、政府采购等政策,鼓励、引导社会资金投入,推动全社会科学技术研究开发经费持续稳定增长。

第八十六条 国家逐步提高科学技术经费投入的总体水平;国家财政用于科学技术经费的增长幅度,应当高于国家财政经常性收入的增长幅度。全社会科学技术研究开发经费应当占国内生产总值适当的比例,并逐步提高。

第八十七条 财政性科学技术资金应当主要用于下列事项的投入:

(一)科学技术基础条件与设施建设;

(二)基础研究和前沿交叉学科研究;

(三)对经济建设和社会发展具有战略性、基础性、前瞻性作用的前沿技术研究、社会公益性技术研究和重大共性关键技术研究;

(四)重大共性关键技术应用和高新技术产业化示范;

(五)关系生态环境和人民生命健康的科学技术研究开发和成果的应用、推广;

（六）农业新品种、新技术的研究开发和农业科技成果的应用、推广；

（七）科学技术人员的培养、吸引和使用；

（八）科学技术普及。

对利用财政性资金设立的科学技术研究开发机构，国家在经费、实验手段等方面给予支持。

第八十八条 设立国家科学技术计划，应当按照国家需求，聚焦国家重大战略任务，遵循科学研究、技术创新和成果转化规律。

国家建立科学技术计划协调机制和绩效评估制度，加强专业化管理。

第八十九条 国家设立基金，资助中小企业开展技术创新，推动科技成果转化与应用。

国家在必要时可以设立支持基础研究、社会公益性技术研究、国际联合研究等方面的其他非营利性基金，资助科学技术进步活动。

第九十条 从事下列活动的，按照国家有关规定享受税收优惠：

（一）技术开发、技术转让、技术许可、技术咨询、技术服务；

（二）进口国内不能生产或者性能不能满足需要的科学研究、技术开发或者科学技术普及的用品；

（三）为实施国家重大科学技术专项、国家科学技术计划重大项目，进口国内不能生产的关键设备、原材料或者零部件；

（四）科学技术普及场馆、基地等开展面向公众开放的科学技术普及活动；

（五）捐赠资助开展科学技术活动；

（六）法律、国家有关规定规定的其他科学研究、技术开发与科学技术应用活动。

第九十一条 对境内自然人、法人和非法人组织的科技创新产品、服务，在功能、质量等指标能够满足政府采购需求的条件下，政府采购应当购买；首次投放市场的，政府采购应当率先购买，不得以商业业绩为由予以限制。

政府采购的产品尚待研究开发的,通过订购方式实施。采购人应当优先采用竞争性方式确定科学技术研究开发机构、高等学校或者企业进行研究开发,产品研发合格后按约定采购。

第九十二条 国家鼓励金融机构开展知识产权质押融资业务,鼓励和引导金融机构在信贷、投资等方面支持科学技术应用和高新技术产业发展,鼓励保险机构根据高新技术产业发展的需要开发保险品种,促进新技术应用。

第九十三条 国家遵循统筹规划、优化配置的原则,整合和设置国家科学技术研究实验基地。

国家鼓励设置综合性科学技术实验服务单位,为科学技术研究开发机构、高等学校、企业和科学技术人员提供或者委托他人提供科学技术实验服务。

第九十四条 国家根据科学技术进步的需要,按照统筹规划、突出共享、优化配置、综合集成、政府主导、多方共建的原则,统筹购置大型科学仪器、设备,并开展对以财政性资金为主购置的大型科学仪器、设备的联合评议工作。

第九十五条 国家加强学术期刊建设,完善科研论文和科学技术信息交流机制,推动开放科学的发展,促进科学技术交流和传播。

第九十六条 国家鼓励国内外的组织或者个人捐赠财产、设立科学技术基金,资助科学技术研究开发和科学技术普及。

第九十七条 利用财政性资金设立的科学技术研究开发机构、高等学校和企业,在推进科技管理改革、开展科学技术研究开发、实施科技成果转化活动过程中,相关负责人锐意创新探索,出现决策失误、偏差,但尽到合理注意义务和监督管理职责,未牟取非法利益的,免除其决策责任。

第十章 监督管理

第九十八条 国家加强科技法治化建设和科研作风学风建设,建立和完善科研诚信制度和科技监督体系,健全科技伦理治理体制,营造良好科技创新环境。

第九十九条 国家完善科学技术决策的规则和程序,建立规范的咨询和决策机制,推进决策的科学化、民主化和法治化。

国家改革完善重大科学技术决策咨询制度。制定科学技术发展规划和重大政策,确定科学技术重大项目、与科学技术密切相关的重大项目,应当充分听取科学技术人员的意见,发挥智库作用,扩大公众参与,开展科学评估,实行科学决策。

第一百条 国家加强财政性科学技术资金绩效管理,提高资金配置效率和使用效益。财政性科学技术资金的管理和使用情况,应当接受审计机关、财政部门的监督检查。

科学技术行政等有关部门应当加强对利用财政性资金设立的科学技术计划实施情况的监督,强化科研项目资金协调、评估、监管。

任何组织和个人不得虚报、冒领、贪污、挪用、截留财政性科学技术资金。

第一百零一条 国家建立科学技术计划项目分类管理机制,强化对项目实效的考核评价。利用财政性资金设立的科学技术计划项目,应当坚持问题导向、目标导向、需求导向进行立项,按照国家有关规定择优确定项目承担者。

国家建立科技管理信息系统,建立评审专家库,健全科学技术计划项目的专家评审制度和评审专家的遴选、回避、保密、问责制度。

第一百零二条 国务院科学技术行政部门应当会同国务院有关主管部门,建立科学技术研究基地、科学仪器设备等资产和科学技术文献、科学技术数据、科学技术自然资源、科学技术普及资源等科学技术资源的信息系统和资源库,及时向社会公布科学技术资源的分布、使用情况。

科学技术资源的管理单位应当向社会公布所管理的科学技术资源的共享使用制度和使用情况,并根据使用制度安排使用;法律、行政法规规定应当保密的,依照其规定。

科学技术资源的管理单位不得侵犯科学技术资源使用者的知识产权，并应当按照国家有关规定确定收费标准。管理单位和使用者之间的其他权利义务关系由双方约定。

第一百零三条 国家建立科技伦理委员会，完善科技伦理制度规范，加强科技伦理教育和研究，健全审查、评估、监管体系。

科学技术研究开发机构、高等学校、企业事业单位等应当履行科技伦理管理主体责任，按照国家有关规定建立健全科技伦理审查机制，对科学技术活动开展科技伦理审查。

第一百零四条 国家加强科研诚信建设，建立科学技术项目诚信档案及科研诚信管理信息系统，坚持预防与惩治并举、自律与监督并重，完善对失信行为的预防、调查、处理机制。

县级以上地方人民政府和相关行业主管部门采取各种措施加强科研诚信建设，企业事业单位和社会组织应当履行科研诚信管理的主体责任。

任何组织和个人不得虚构、伪造科研成果，不得发布、传播虚假科研成果，不得从事学术论文及其实验研究数据、科学技术计划项目申报验收材料等的买卖、代写、代投服务。

第一百零五条 国家建立健全科学技术统计调查制度和国家创新调查制度，掌握国家科学技术活动基本情况，监测和评价国家创新能力。

国家建立健全科技报告制度，财政性资金资助的科学技术计划项目的承担者应当按照规定及时提交报告。

第一百零六条 国家实行科学技术保密制度，加强科学技术保密能力建设，保护涉及国家安全和利益的科学技术秘密。

国家依法实行重要的生物种质资源、遗传资源、数据资源等科学技术资源和关键核心技术出境管理制度。

第一百零七条 禁止危害国家安全、损害社会公共利益、危害人体健康、违背科研诚信和科技伦理的科学技术研究开发和应用活动。

从事科学技术活动，应当遵守科学技术活动管理规范。对严重违反科学技术活动管理规范的组织和个人，由科学技术行政等有关部门记入科研诚信严重失信行为数据库。

第十一章　法律责任

第一百零八条　违反本法规定，科学技术行政等有关部门及其工作人员，以及其他依法履行公职的人员滥用职权、玩忽职守、徇私舞弊的，对直接负责的主管人员和其他直接责任人员依法给予处分。

第一百零九条　违反本法规定，滥用职权阻挠、限制、压制科学技术研究开发活动，或者利用职权打压、排挤、刁难科学技术人员的，对直接负责的主管人员和其他直接责任人员依法给予处分。

第一百一十条　违反本法规定，虚报、冒领、贪污、挪用、截留用于科学技术进步的财政性资金或者社会捐赠资金的，由有关主管部门责令改正，追回有关财政性资金，责令退还捐赠资金，给予警告或者通报批评，并可以暂停拨款，终止或者撤销相关科学技术活动；情节严重的，依法处以罚款，禁止一定期限内承担或者参与财政性资金支持的科学技术活动；对直接负责的主管人员和其他直接责任人员依法给予行政处罚和处分。

第一百一十一条　违反本法规定，利用财政性资金和国有资本购置大型科学仪器、设备后，不履行大型科学仪器、设备等科学技术资源共享使用义务的，由有关主管部门责令改正，给予警告或者通报批评，对直接负责的主管人员和其他直接责任人员依法给予处分。

第一百一十二条　违反本法规定，进行危害国家安全、损害社会公共利益、危害人体健康、违背科研诚信和科技伦理的科学技术研究开发和应用活动的，由科学技术人员所在单位或者有关主管部门责令改正；获得用于科学技术进步的财政性资金或者有违法所得的，由有关主管部门终止或者撤销相关科学技术活动，追回财政性资金，没收违法所得；情节严重的，由有关主管部门向社会公布其违法行为，依法给予行政处罚和处分，禁止一定期限内承担或者参与财政性资金支持的科学技术活动、申请相关科学技术活动行政许可；对直接负责的主管人员和其他直接责任人员依法给予行政处罚和处分。

违反本法规定，虚构、伪造科研成果，发布、传播虚假科研成果，或者从事学术论文及其实验研究数据、科学技术计划项目申报验收材料等的买卖、代写、代投服务的，由有关主管部门给予警告或者通报批评，处以罚款；有违法所得的，没收违法所得；情节严重的，吊销许可证件。

第一百一十三条　违反本法规定，从事科学技术活动违反科学技术活动管理规范的，由有关主管部门责令限期改正，并可以追回有关财政性资金，给予警告或者通报批评，暂停拨款、终止或者撤销相关财政性资金支持的科学技术活动；情节严重的，禁止一定期限内承担或者参与财政性资金支持的科学技术活动，取消一定期限内财政性资金支持的科学技术活动管理资格；对直接负责的主管人员和其他直接责任人员依法给予处分。

第一百一十四条　违反本法规定，骗取国家科学技术奖励的，由主管部门依法撤销奖励，追回奖章、证书和奖金等，并依法给予处分。

违反本法规定，提名单位或者个人提供虚假数据、材料，协助他人骗取国家科学技术奖励的，由主管部门给予通报批评；情节严重的，暂停或者取消其提名资格，并依法给予处分。

第一百一十五条　违反本法规定的行为，本法未作行政处罚规定，其他有关法律、行政法规有规定的，依照其规定；造成财产损失或者其他损害的，依法承担民事责任；构成违反治安管理行为的，依法给予治安管理处罚；构成犯罪的，依法追究刑事责任。

第十二章　附　则

第一百一十六条　涉及国防科学技术进步的其他有关事项，由国务院、中央军事委员会规定。

第一百一十七条　本法自2022年1月1日起施行。

中华人民共和国促进科技成果转化法

(1996年5月15日第八届全国人民代表大会常务委员会第十九次会议通过 根据2015年8月29日第十二届全国人民代表大会常务委员会第十六次会议《关于修改〈中华人民共和国促进科技成果转化法〉的决定》修正)

目 录

第一章 总 则
第二章 组织实施
第三章 保障措施
第四章 技术权益
第五章 法律责任
第六章 附 则

第一章 总 则

第一条 为了促进科技成果转化为现实生产力，规范科技成果转化活动，加速科学技术进步，推动经济建设和社会发展，制定本法。

第二条 本法所称科技成果，是指通过科学研究与技术开发所产生的具有实用价值的成果。职务科技成果，是指执行研究开发机构、高等院校和企业等单位的工作任务，或者主要是利用上述单位的物质技术条件所完成的科技成果。

本法所称科技成果转化，是指为提高生产力水平而对科技成果所进行的后续试验、开发、应用、推广直至形成新技术、新工艺、新材料、新产品，发展新产业等活动。

第三条 科技成果转化活动应当有利于加快实施创新驱动发展战略，促进科技与经济的结合，有利于提高经济效益、社会效益和保护环境、合理利用资源，有利于促进经济建设、社会发展和维护国家安全。

科技成果转化活动应当尊重市场规律，发挥企业的主体作用，遵循自愿、互利、公平、诚实信用的原则，依照法律法规规定和合同约定，享有权益，承担风险。科技成果转化活动中的知识产权受法律保护。

科技成果转化活动应当遵守法律法规，维护国家利益，不得损害社会公共利益和他人合法权益。

第四条 国家对科技成果转化合理安排财政资金投入，引导社会资金投入，推动科技成果转化资金投入的多元化。

第五条 国务院和地方各级人民政府应当加强科技、财政、投资、税收、人才、产业、金融、政府采购、军民融合等政策协同，为科技成果转化创造良好环境。

地方各级人民政府根据本法规定的原则，结合本地实际，可以采取更加有利于促进科技成果转化的措施。

第六条 国家鼓励科技成果首先在中国境内实施。中国单位或者个人向境外的组织、个人转让或者许可其实施科技成果的，应当遵守相关法律、行政法规以及国家有关规定。

第七条 国家为了国家安全、国家利益和重大社会公共利益的需要，可以依法组织实施或者许可他人实施相关科技成果。

第八条 国务院科学技术行政部门、经济综合管理部门和其他有关行政部门依照国务院规定的职责，管理、指导和协调科技成果转化工作。

地方各级人民政府负责管理、指导和协调本行政区域内的科技成果转化工作。

第二章 组织实施

第九条 国务院和地方各级人民政府应当将科技成果的转化纳

入国民经济和社会发展计划，并组织协调实施有关科技成果的转化。

第十条 利用财政资金设立应用类科技项目和其他相关科技项目，有关行政部门、管理机构应当改进和完善科研组织管理方式，在制定相关科技规划、计划和编制项目指南时应当听取相关行业、企业的意见；在组织实施应用类科技项目时，应当明确项目承担者的科技成果转化义务，加强知识产权管理，并将科技成果转化和知识产权创造、运用作为立项和验收的重要内容和依据。

第十一条 国家建立、完善科技报告制度和科技成果信息系统，向社会公布科技项目实施情况以及科技成果和相关知识产权信息，提供科技成果信息查询、筛选等公益服务。公布有关信息不得泄露国家秘密和商业秘密。对不予公布的信息，有关部门应当及时告知相关科技项目承担者。

利用财政资金设立的科技项目的承担者应当按照规定及时提交相关科技报告，并将科技成果和相关知识产权信息汇交到科技成果信息系统。

国家鼓励利用非财政资金设立的科技项目的承担者提交相关科技报告，将科技成果和相关知识产权信息汇交到科技成果信息系统，县级以上人民政府负责相关工作的部门应当为其提供方便。

第十二条 对下列科技成果转化项目，国家通过政府采购、研究开发资助、发布产业技术指导目录、示范推广等方式予以支持：

（一）能够显著提高产业技术水平、经济效益或者能够形成促进社会经济健康发展的新产业的；

（二）能够显著提高国家安全能力和公共安全水平的；

（三）能够合理开发和利用资源、节约能源、降低消耗以及防治环境污染、保护生态、提高应对气候变化和防灾减灾能力的；

（四）能够改善民生和提高公共健康水平的；

（五）能够促进现代农业或者农村经济发展的；

（六）能够加快民族地区、边远地区、贫困地区社会经济发展的。

第十三条 国家通过制定政策措施，提倡和鼓励采用先进技术、工艺和装备，不断改进、限制使用或者淘汰落后技术、工艺和装备。

第十四条　国家加强标准制定工作，对新技术、新工艺、新材料、新产品依法及时制定国家标准、行业标准，积极参与国际标准的制定，推动先进适用技术推广和应用。

国家建立有效的军民科技成果相互转化体系，完善国防科技协同创新体制机制。军品科研生产应当依法优先采用先进适用的民用标准，推动军用、民用技术相互转移、转化。

第十五条　各级人民政府组织实施的重点科技成果转化项目，可以由有关部门组织采用公开招标的方式实施转化。有关部门应当对中标单位提供招标时确定的资助或者其他条件。

第十六条　科技成果持有者可以采用下列方式进行科技成果转化：

（一）自行投资实施转化；

（二）向他人转让该科技成果；

（三）许可他人使用该科技成果；

（四）以该科技成果作为合作条件，与他人共同实施转化；

（五）以该科技成果作价投资，折算股份或者出资比例；

（六）其他协商确定的方式。

第十七条　国家鼓励研究开发机构、高等院校采取转让、许可或者作价投资等方式，向企业或者其他组织转移科技成果。

国家设立的研究开发机构、高等院校应当加强对科技成果转化的管理、组织和协调，促进科技成果转化队伍建设，优化科技成果转化流程，通过本单位负责技术转移工作的机构或者委托独立的科技成果转化服务机构开展技术转移。

第十八条　国家设立的研究开发机构、高等院校对其持有的科技成果，可以自主决定转让、许可或者作价投资，但应当通过协议定价、在技术交易市场挂牌交易、拍卖等方式确定价格。通过协议定价的，应当在本单位公示科技成果名称和拟交易价格。

第十九条　国家设立的研究开发机构、高等院校所取得的职务科技成果，完成人和参加人在不变更职务科技成果权属的前提下，可以根据与本单位的协议进行该项科技成果的转化，并享有协议规定的权益。该单位对上述科技成果转化活动应当予以支持。

科技成果完成人或者课题负责人，不得阻碍职务科技成果的转化，不得将职务科技成果及其技术资料和数据占为己有，侵犯单位的合法权益。

第二十条 研究开发机构、高等院校的主管部门以及财政、科学技术等相关行政部门应当建立有利于促进科技成果转化的绩效考核评价体系，将科技成果转化情况作为对相关单位及人员评价、科研资金支持的重要内容和依据之一，并对科技成果转化绩效突出的相关单位及人员加大科研资金支持。

国家设立的研究开发机构、高等院校应当建立符合科技成果转化工作特点的职称评定、岗位管理和考核评价制度，完善收入分配激励约束机制。

第二十一条 国家设立的研究开发机构、高等院校应当向其主管部门提交科技成果转化情况年度报告，说明本单位依法取得的科技成果数量、实施转化情况以及相关收入分配情况，该主管部门应当按照规定将科技成果转化情况年度报告报送财政、科学技术等相关行政部门。

第二十二条 企业为采用新技术、新工艺、新材料和生产新产品，可以自行发布信息或者委托科技中介服务机构征集其所需的科技成果，或者征寻科技成果转化的合作者。

县级以上地方各级人民政府科学技术行政部门和其他有关部门应当根据职责分工，为企业获取所需的科技成果提供帮助和支持。

第二十三条 企业依法有权独立或者与境内外企业、事业单位和其他合作者联合实施科技成果转化。

企业可以通过公平竞争，独立或者与其他单位联合承担政府组织实施的科技研究开发和科技成果转化项目。

第二十四条 对利用财政资金设立的具有市场应用前景、产业目标明确的科技项目,政府有关部门、管理机构应当发挥企业在研究开发方向选择、项目实施和成果应用中的主导作用,鼓励企业、研究开发机构、高等院校及其他组织共同实施。

第二十五条　国家鼓励研究开发机构、高等院校与企业相结合,联合实施科技成果转化。

研究开发机构、高等院校可以参与政府有关部门或者企业实施科技成果转化的招标投标活动。

第二十六条　国家鼓励企业与研究开发机构、高等院校及其他组织采取联合建立研究开发平台、技术转移机构或者技术创新联盟等产学研合作方式,共同开展研究开发、成果应用与推广、标准研究与制定等活动。

合作各方应当签订协议,依法约定合作的组织形式、任务分工、资金投入、知识产权归属、权益分配、风险分担和违约责任等事项。

第二十七条　国家鼓励研究开发机构、高等院校与企业及其他组织开展科技人员交流,根据专业特点、行业领域技术发展需要,聘请企业及其他组织的科技人员兼职从事教学和科研工作,支持本单位的科技人员到企业及其他组织从事科技成果转化活动。

第二十八条　国家支持企业与研究开发机构、高等院校、职业院校及培训机构联合建立学生实习实践培训基地和研究生科研实践工作机构,共同培养专业技术人才和高技能人才。

第二十九条　国家鼓励农业科研机构、农业试验示范单位独立或者与其他单位合作实施农业科技成果转化。

第三十条　国家培育和发展技术市场,鼓励创办科技中介服务机构,为技术交易提供交易场所、信息平台以及信息检索、加工与分析、评估、经纪等服务。

科技中介服务机构提供服务,应当遵循公正、客观的原则,不得提供虚假的信息和证明,对其在服务过程中知悉的国家秘密和当事人的商业秘密负有保密义务。

第三十一条　国家支持根据产业和区域发展需要建设公共研究

开发平台，为科技成果转化提供技术集成、共性技术研究开发、中间试验和工业性试验、科技成果系统化和工程化开发、技术推广与示范等服务。

第三十二条 国家支持科技企业孵化器、大学科技园等科技企业孵化机构发展，为初创期科技型中小企业提供孵化场地、创业辅导、研究开发与管理咨询等服务。

第三章 保障措施

第三十三条 科技成果转化财政经费，主要用于科技成果转化的引导资金、贷款贴息、补助资金和风险投资以及其他促进科技成果转化的资金用途。

第三十四条 国家依照有关税收法律、行政法规规定对科技成果转化活动实行税收优惠。

第三十五条 国家鼓励银行业金融机构在组织形式、管理机制、金融产品和服务等方面进行创新，鼓励开展知识产权质押贷款、股权质押贷款等贷款业务，为科技成果转化提供金融支持。

国家鼓励政策性金融机构采取措施，加大对科技成果转化的金融支持。

第三十六条 国家鼓励保险机构开发符合科技成果转化特点的保险品种，为科技成果转化提供保险服务。

第三十七条 国家完善多层次资本市场，支持企业通过股权交易、依法发行股票和债券等直接融资方式为科技成果转化项目进行融资。

第三十八条 国家鼓励创业投资机构投资科技成果转化项目。

国家设立的创业投资引导基金，应当引导和支持创业投资机构投资初创期科技型中小企业。

第三十九条 国家鼓励设立科技成果转化基金或者风险基金，其资金来源由国家、地方、企业、事业单位以及其他组织或者个人提供，用于支持高投入、高风险、高产出的科技成果的转化，加速重大科技成果的产业化。

科技成果转化基金和风险基金的设立及其资金使用,依照国家有关规定执行。

第四章 技术权益

第四十条 科技成果完成单位与其他单位合作进行科技成果转化的,应当依法由合同约定该科技成果有关权益的归属。合同未作约定的,按照下列原则办理:

(一)在合作转化中无新的发明创造的,该科技成果的权益,归该科技成果完成单位;

(二)在合作转化中产生新的发明创造的,该新发明创造的权益归合作各方共有;

(三)对合作转化中产生的科技成果,各方都有实施该项科技成果的权利,转让该科技成果应经合作各方同意。

第四十一条 科技成果完成单位与其他单位合作进行科技成果转化的,合作各方应当就保守技术秘密达成协议;当事人不得违反协议或者违反权利人有关保守技术秘密的要求,披露、允许他人使用该技术。

第四十二条 企业、事业单位应当建立健全技术秘密保护制度,保护本单位的技术秘密。职工应当遵守本单位的技术秘密保护制度。

企业、事业单位可以与参加科技成果转化的有关人员签订在职期间或者离职、离休、退休后一定期限内保守本单位技术秘密的协议;有关人员不得违反协议约定,泄露本单位的技术秘密和从事与原单位相同的科技成果转化活动。

职工不得将职务科技成果擅自转让或者变相转让。

第四十三条 国家设立的研究开发机构、高等院校转化科技成果所获得的收入全部留归本单位,在对完成、转化职务科技成果做出重要贡献的人员给予奖励和报酬后,主要用于科学技术研究开发与成果转化等相关工作。

第四十四条 职务科技成果转化后，由科技成果完成单位对完成、转化该项科技成果做出重要贡献的人员给予奖励和报酬。

科技成果完成单位可以规定或者与科技人员约定奖励和报酬的方式、数额和时限。单位制定相关规定，应当充分听取本单位科技人员的意见，并在本单位公开相关规定。

第四十五条 科技成果完成单位未规定、也未与科技人员约定奖励和报酬的方式和数额的，按照下列标准对完成、转化职务科技成果做出重要贡献的人员给予奖励和报酬：

（一）将该项职务科技成果转让、许可给他人实施的，从该项科技成果转让净收入或者许可净收入中提取不低于百分之五十的比例；

（二）利用该项职务科技成果作价投资的，从该项科技成果形成的股份或者出资比例中提取不低于百分之五十的比例；

（三）将该项职务科技成果自行实施或者与他人合作实施的，应当在实施转化成功投产后连续三至五年，每年从实施该项科技成果的营业利润中提取不低于百分之五的比例。

国家设立的研究开发机构、高等院校规定或者与科技人员约定奖励和报酬的方式和数额应当符合前款第一项至第三项规定的标准。

国有企业、事业单位依照本法规定对完成、转化职务科技成果做出重要贡献的人员给予奖励和报酬的支出计入当年本单位工资总额，但不受当年本单位工资总额限制、不纳入本单位工资总额基数。

第五章　法律责任

第四十六条 利用财政资金设立的科技项目的承担者未依照本法规定提交科技报告、汇交科技成果和相关知识产权信息的，由组织实施项目的政府有关部门、管理机构责令改正；情节严重的，予以通报批评，禁止其在一定期限内承担利用财政资金设立的科技项目。

国家设立的研究开发机构、高等院校未依照本法规定提交科技成果转化情况年度报告的，由其主管部门责令改正；情节严重的，予以通报批评。

第四十七条　违反本法规定，在科技成果转化活动中弄虚作假，采取欺骗手段，骗取奖励和荣誉称号、诈骗钱财、非法牟利的，由政府有关部门依照管理职责责令改正，取消该奖励和荣誉称号，没收违法所得，并处以罚款。给他人造成经济损失的，依法承担民事赔偿责任。构成犯罪的，依法追究刑事责任。

第四十八条　科技服务机构及其从业人员违反本法规定，故意提供虚假的信息、实验结果或者评估意见等欺骗当事人，或者与当事人一方串通欺骗另一方当事人的，由政府有关部门依照管理职责责令改正，没收违法所得，并处以罚款；情节严重的，由工商行政管理部门依法吊销营业执照。给他人造成经济损失的，依法承担民事赔偿责任；构成犯罪的，依法追究刑事责任。

科技中介服务机构及其从业人员违反本法规定泄露国家秘密或者当事人的商业秘密的，依照有关法律、行政法规的规定承担相应的法律责任。

第四十九条　科学技术行政部门和其他有关部门及其工作人员在科技成果转化中滥用职权、玩忽职守、徇私舞弊的，由任免机关或者监察机关对直接负责的主管人员和其他直接责任人员依法给予处分；构成犯罪的，依法追究刑事责任。

第五十条　违反本法规定，以唆使窃取、利诱胁迫等手段侵占他人的科技成果，侵犯他人合法权益的，依法承担民事赔偿责任，可以处以罚款；构成犯罪的，依法追究刑事责任。

第五十一条　违反本法规定，职工未经单位允许，泄露本单位的技术秘密，或者擅自转让、变相转让职务科技成果的，参加科技成果转化的有关人员违反与本单位的协议，在离职、离休、退休后约定的期限内从事与原单位相同的科技成果转化活动，给本单位造成经济损失的，依法承担民事赔偿责任；构成犯罪的，依法追究刑事责任。

第六章　附　　则

第五十二条　本法自1996年10月1日起施行。

中华人民共和国著作权法（节录）

（1990年9月7日第七届全国人民代表大会常务委员会第十五次会议通过 根据2001年10月27日第九届全国人民代表大会常务委员会第二十四次会议《关于修改〈中华人民共和国著作权法〉的决定》第一次修正 根据2010年2月26日第十一届全国人民代表大会常务委员会第十三次会议《关于修改〈中华人民共和国著作权法〉的决定》第二次修正 根据2020年11月11日第十三届全国人民代表大会常务委员会第二十三次会议《关于修改〈中华人民共和国著作权法〉的决定》第三次修正）

第一条 为保护文学、艺术和科学作品作者的著作权，以及与著作权有关的权益，鼓励有益于社会主义精神文明、物质文明建设的作品的创作和传播，促进社会主义文化和科学事业的发展与繁荣，根据宪法制定本法。

第三条 本法所称的作品，是指文学、艺术和科学领域内具有独创性并能以一定形式表现的智力成果，包括：

（一）文字作品；

（二）口述作品；

（三）音乐、戏剧、曲艺、舞蹈、杂技艺术作品；

（四）美术、建筑作品；

（五）摄影作品；

（六）视听作品；

（七）工程设计图、产品设计图、地图、示意图等图形作品和模型作品；

（八）计算机软件；

（九）符合作品特征的其他智力成果。

第二十四条　在下列情况下使用作品，可以不经著作权人许可，不向其支付报酬，但应当指明作者姓名或者名称、作品名称，并且不得影响该作品的正常使用，也不得不合理地损害著作权人的合法权益：

（一）为个人学习、研究或者欣赏，使用他人已经发表的作品；

（二）为介绍、评论某一作品或者说明某一问题，在作品中适当引用他人已经发表的作品；

（三）为报道新闻，在报纸、期刊、广播电台、电视台等媒体中不可避免地再现或者引用已经发表的作品；

（四）报纸、期刊、广播电台、电视台等媒体刊登或者播放其他报纸、期刊、广播电台、电视台等媒体已经发表的关于政治、经济、宗教问题的时事性文章，但著作权人声明不许刊登、播放的除外；

（五）报纸、期刊、广播电台、电视台等媒体刊登或者播放在公众集会上发表的讲话，但作者声明不许刊登、播放的除外；

（六）为学校课堂教学或者科学研究，翻译、改编、汇编、播放或者少量复制已经发表的作品，供教学或者科研人员使用，但不得出版发行；

（七）国家机关为执行公务在合理范围内使用已经发表的作品；

（八）图书馆、档案馆、纪念馆、博物馆、美术馆、文化馆等为陈列或者保存版本的需要，复制本馆收藏的作品；

（九）免费表演已经发表的作品，该表演未向公众收取费用，也未向表演者支付报酬，且不以营利为目的；

（十）对设置或者陈列在公共场所的艺术作品进行临摹、绘画、摄影、录像；

（十一）将中国公民、法人或者非法人组织已经发表的以国家通用语言文字创作的作品翻译成少数民族语言文字作品在国内出版发行；

（十二）以阅读障碍者能够感知的无障碍方式向其提供已经发表的作品；

（十三）法律、行政法规规定的其他情形。

前款规定适用于对与著作权有关的权利的限制。

第五十条 下列情形可以避开技术措施，但不得向他人提供避开技术措施的技术、装置或者部件，不得侵犯权利人依法享有的其他权利：

（一）为学校课堂教学或者科学研究，提供少量已经发表的作品，供教学或者科研人员使用，而该作品无法通过正常途径获取；

（二）不以营利为目的，以阅读障碍者能够感知的无障碍方式向其提供已经发表的作品，而该作品无法通过正常途径获取；

（三）国家机关依照行政、监察、司法程序执行公务；

（四）对计算机及其系统或者网络的安全性能进行测试；

（五）进行加密研究或者计算机软件反向工程研究。

前款规定适用于对与著作权有关的权利的限制。

中华人民共和国专利法（节录）

（1984年3月12日第六届全国人民代表大会常务委员会第四次会议通过　根据1992年9月4日第七届全国人民代表大会常务委员会第二十七次会议《关于修改〈中华人民共和国专利法〉的决定》第一次修正　根据2000年8月25日第九届全国人民代表大会常务委员会第十七次会议《关于修改〈中华人民共和国专利法〉的决定》第二次修正　根据2008年12月27日第十一届全国人民代表大会常务委员会第六次会议《关于修改〈中华人民共和国专利法〉的决定》第三次修正　根据2020年10月17日第十三届全国人民代表大会常务委员会第二十二次会议《关于修改〈中华人民共和国专利法〉的决定》第四次修正）

第一条　为了保护专利权人的合法权益，鼓励发明创造，推动发明创造的应用，提高创新能力，促进科学技术进步和经济社会发展，制定本法。

第二十五条　对下列各项，不授予专利权：

（一）科学发现；

（二）智力活动的规则和方法；

（三）疾病的诊断和治疗方法；

（四）动物和植物品种；

（五）原子核变换方法以及用原子核变换方法获得的物质；

（六）对平面印刷品的图案、色彩或者二者的结合作出的主要起标识作用的设计。

对前款第（四）项所列产品的生产方法，可以依照本法规定授予专利权。

第七十五条 有下列情形之一的，不视为侵犯专利权：

（一）专利产品或者依照专利方法直接获得的产品，由专利权人或者经其许可的单位、个人售出后，使用、许诺销售、销售、进口该产品的；

（二）在专利申请日前已经制造相同产品、使用相同方法或者已经作好制造、使用的必要准备，并且仅在原有范围内继续制造、使用的；

（三）临时通过中国领陆、领水、领空的外国运输工具，依照其所属国同中国签订的协议或者共同参加的国际条约，或者依照互惠原则，为运输工具自身需要而在其装置和设备中使用有关专利的；

（四）专为科学研究和实验而使用有关专利的；

（五）为提供行政审批所需要的信息，制造、使用、进口专利药品或者专利医疗器械的，以及专门为其制造、进口专利药品或者专利医疗器械的。

中华人民共和国商标法（节录）

（1982年8月23日第五届全国人民代表大会常务委员会第二十四次会议通过　根据1993年2月22日第七届全国人民代表大会常务委员会第三十次会议《关于修改〈中华人民共和国商标法〉的决定》第一次修正　根据2001年10月27日第九届全国人民代表大会常务委员会第二十四次会议《关于修改〈中华人民共和国商标法〉的决定》第二次修正　根据2013年8月30日第十二届全国人民代表大会常务委员会第四次会议《关于修改〈中华人民共和国商标法〉的决定》第三次修正　根据2019年4月23日第十三届全国人民代表大会常务委员会第十次会议《关于修改〈中华人民共和国建筑法〉等八部法律的决定》第四次修正）

第八条　任何能够将自然人、法人或者其他组织的商品与他人的商品区别开的标志，包括文字、图形、字母、数字、三维标志、颜色组合和声音等，以及上述要素的组合，均可以作为商标申请注册。

第九条　申请注册的商标，应当有显著特征，便于识别，并不得与他人在先取得的合法权利相冲突。

商标注册人有权标明"注册商标"或者注册标记。

第十条　下列标志不得作为商标使用：

（一）同中华人民共和国的国家名称、国旗、国徽、国歌、军旗、军徽、军歌、勋章等相同或者近似的，以及同中央国家机关的名称、标志、所在地特定地点的名称或者标志性建筑物的名称、图形相同的；

（二）同外国的国家名称、国旗、国徽、军旗等相同或者近似的，但经该国政府同意的除外；

（三）同政府间国际组织的名称、旗帜、徽记等相同或者近似的，但经该组织同意或者不易误导公众的除外；

（四）与表明实施控制、予以保证的官方标志、检验印记相同或者近似的，但经授权的除外；

（五）同"红十字"、"红新月"的名称、标志相同或者近似的；

（六）带有民族歧视性的；

（七）带有欺骗性，容易使公众对商品的质量等特点或者产地产生误认的；

（八）有害于社会主义道德风尚或者有其他不良影响的。

县级以上行政区划的地名或者公众知晓的外国地名，不得作为商标。但是，地名具有其他含义或者作为集体商标、证明商标组成部分的除外；已经注册的使用地名的商标继续有效。

第十二条 以三维标志申请注册商标的，仅由商品自身的性质产生的形状、为获得技术效果而需有的商品形状或者使商品具有实质性价值的形状，不得注册。

第十三条 为相关公众所熟知的商标，持有人认为其权利受到侵害时，可以依照本法规定请求驰名商标保护。

就相同或者类似商品申请注册的商标是复制、摹仿或者翻译他人未在中国注册的驰名商标，容易导致混淆的，不予注册并禁止使用。

就不相同或者不相类似商品申请注册的商标是复制、摹仿或者翻译他人已经在中国注册的驰名商标，误导公众，致使该驰名商标注册人的利益可能受到损害的，不予注册并禁止使用。

第十四条 驰名商标应当根据当事人的请求，作为处理涉及商标案件需要认定的事实进行认定。认定驰名商标应当考虑下列因素：

（一）相关公众对该商标的知晓程度；

（二）该商标使用的持续时间；

（三）该商标的任何宣传工作的持续时间、程度和地理范围；

（四）该商标作为驰名商标受保护的记录；

（五）该商标驰名的其他因素。

在商标注册审查、工商行政管理部门查处商标违法案件过程中，当事人依照本法第十三条规定主张权利的，商标局根据审查、处理案件的需要，可以对商标驰名情况作出认定。

在商标争议处理过程中，当事人依照本法第十三条规定主张权利的，商标评审委员会根据处理案件的需要，可以对商标驰名情况作出认定。

在商标民事、行政案件审理过程中，当事人依照本法第十三条规定主张权利的，最高人民法院指定的人民法院根据审理案件的需要，可以对商标驰名情况作出认定。

生产、经营者不得将"驰名商标"字样用于商品、商品包装或者容器上，或者用于广告宣传、展览以及其他商业活动中。

全民科学素质行动规划纲要（2021—2035 年）

（2021 年 6 月 3 日　国发〔2021〕9 号）

为贯彻落实党中央、国务院关于科普和科学素质建设的重要部署，依据《中华人民共和国科学技术进步法》、《中华人民共和国科学技术普及法》（以下简称科普法），落实国家有关科技战略规划，特制定《全民科学素质行动规划纲要（2021—2035 年）》（以下简称《科学素质纲要》）。

一、前言

习近平总书记指出："科技创新、科学普及是实现创新发展的两翼，要把科学普及放在与科技创新同等重要的位置。没有全民科学素质普遍提高，就难以建立起宏大的高素质创新大军，难以实现科技成果快速转化。"这一重要指示精神是新发展阶段科普和科学素质建设高质量发展的根本遵循。

科学素质是国民素质的重要组成部分，是社会文明进步的基础。公民具备科学素质是指崇尚科学精神，树立科学思想，掌握基本科学方法，了解必要科技知识，并具有应用其分析判断事物和解决实际问题的能力。提升科学素质，对于公民树立科学的世界观和方法论，对于增强国家自主创新能力和文化软实力、建设社会主义现代化强国，具有十分重要的意义。

自《全民科学素质行动计划纲要（2006—2010—2020 年）》印发实施，特别是党的十八大以来，在以习近平同志为核心的党中央坚强领导下，在国务院统筹部署下，各地区各部门不懈努力，全民科学素质行动取得显著成效，各项目标任务如期实现。公民科学素质水平大幅提升，2020 年具备科学素质的比例达到 10.56%；科学教育与培训体系持续完善，科学教育纳入基础教育各阶段；大众传媒科技传播能力大幅提高，科普信息化水平显著提升；科普基础设施迅速发展，现代科技馆体系初步建成；科普人才队伍不断壮大；科学素质国际交流实现新突破；建立以科普法为核心的政策法规体系；构建国家、省、市、县四级组织实施体系，探索出"党的领导、政府推动、全民参与、社会协同、开放合作"的建设模式，为创新发展营造了良好社会氛围，为确保如期打赢脱贫攻坚战、确保如期全面建成小康社会作出了积极贡献。

我国科学素质建设取得了显著成绩，但也存在一些问题和不足。主要表现在：科学素质总体水平偏低，城乡、区域发展不平衡；科学精神弘扬不够，科学理性的社会氛围不够浓厚；科普有效供给不足、基层基础薄弱；落实"科学普及与科技创新同等重要"的制度安排尚未形成，组织领导、条件保障等有待加强。

当前和今后一个时期，我国发展仍然处于重要战略机遇期，但机遇和挑战都有新的发展变化。当今世界正经历百年未有之大变局，新一轮科技革命和产业变革深入发展，人类命运共同体理念深入人心，同时国际环境日趋复杂，不稳定性不确定性明显增加，新冠肺炎疫情影响广泛深远，世界进入动荡变革期。我国已转向高质量发展阶段，正在加快构建以国内大循环为主体、国内国际双循环相互促进的新发展格局。科技与经济、政治、文化、社会、生态文明深入协同，科技创新正在释放巨大能量，深刻改变生产生活方式乃至思维模式。人才是第一资源、创新是第一动力的重要作用日益凸显，国民素质全面提升已经成为经济社会发展的先决条件。科学素质建设站在了新的历史起点，开启了跻身创新型国家前列的新征程。

面向世界科技强国和社会主义现代化强国建设，需要科学素质建设担当更加重要的使命。一是围绕在更高水平上满足人民对美好生活的新需求，需要科学素质建设彰显价值引领作用，提高公众终身学习能力，不断丰富人民精神家园，服务人的全面发展。二是围绕构建新发展格局，需要科学素质建设在服务经济社会发展中发挥重要作用，以高素质创新大军支撑高质量发展。三是围绕加强和创新社会治理，需要科学素质建设更好促进人的现代化，营造科学理性、文明和谐的社会氛围，服务国家治理体系和治理能力现代化。四是围绕形成对外开放新格局，需要科学素质建设更好发挥桥梁和纽带作用，深化科技人文交流，增进文明互鉴，服务构建人类命运共同体。

二、指导思想、原则和目标

（一）指导思想。

以习近平新时代中国特色社会主义思想为指导，深入贯彻党的十九大和十九届二中、三中、四中、五中全会精神，坚持党的全面领导，坚持以人民为中心，坚持新发展理念，统筹推进"五位一体"总体布局，协调推进"四个全面"战略布局，全面贯彻落实习近平总书记关于科普和科学素质建设的重要论述，以提高全民科学素质服务高质量发展为目标，以践行社会主义核心价值观、弘扬科学精神为主线，以深化科普供给侧改革为重点，着力打造社会化协同、智慧化传播、规范化建设和国际化合作的科学素质建设生态，营造热爱科学、崇尚创新的社会氛围，提升社会文明程度，为全面建设社会主义现代化强国提供基础支撑，为推动构建人类命运共同体作出积极贡献。

（二）原则。

——突出科学精神引领。践行社会主义核心价值观，弘扬科学精神和科学家精神，传递科学的思想观念和行为方式，加强理性质疑、勇于创新、求真务实、包容失败的创新文化建设，坚定创新自信，形成崇尚创新的社会氛围。

——坚持协同推进。各级政府强化组织领导、政策支持、投入保障，激发高校、科研院所、企业、基层组织、科学共同体、社会团体等多元主体活力，激发全民参与积极性，构建政府、社会、市场等协同推进的社会化科普大格局。

——深化供给侧改革。破除制约科普高质量发展的体制机制障碍，突出价值导向，创新组织动员机制，强化政策法规保障，推动科普内容、形式和手段等创新提升，提高科普的知识含量，满足全社会对高质量科普的需求。

——扩大开放合作。开展更大范围、更高水平、更加紧密的科学素质国际交流，共筑对话平台，增进开放互信，深化创新合作，推动经验互鉴和资源共享，共同应对全球性挑战，推进全球可持续发展和人类命运共同体建设。

（三）目标。

2025年目标：我国公民具备科学素质的比例超过15%，各地区、各人群科学素质发展不均衡明显改善。科普供给侧改革成效显著，科学素质标准和评估体系不断完善，科学素质建设国际合作取得新进展，"科学普及与科技创新同等重要"的制度安排基本形成，科学精神在全社会广泛弘扬，崇尚创新的社会氛围日益浓厚，社会文明程度实现新提高。

2035年远景目标：我国公民具备科学素质的比例达到25%，城乡、区域科学素质发展差距显著缩小，为进入创新型国家前列奠定坚实社会基础。科普公共服务均等化基本实现，科普服务社会治理的体制机制基本完善，科普参与全球治理的能力显著提高，创新生态建设实现新发展，科学文化软实力显著增强，人的全面发展和社会文明程度达到新高度，为基本实现社会主义现代化提供有力支撑。

三、提升行动

重点围绕践行社会主义核心价值观，大力弘扬科学精神，培育理性思维，养成文明、健康、绿色、环保的科学生活方式，提高劳动、生产、创新创造的技能，在"十四五"时期实施5项提升行动。

（一）青少年科学素质提升行动。

激发青少年好奇心和想象力，增强科学兴趣、创新意识和创新能力，培育一大批具备科学家潜质的青少年群体，为加快建设科技强国夯实人才基础。

——将弘扬科学精神贯穿于育人全链条。坚持立德树人，实施科学家精神进校园行动,将科学精神融入课堂教学和课外实践活动,激励青少年树立投身建设世界科技强国的远大志向,培养学生爱国情怀、社会责任感、创新精神和实践能力。

——提升基础教育阶段科学教育水平。引导变革教学方式,倡导启发式、探究式、开放式教学,保护学生好奇心,激发求知欲和想象力。完善初高中包括科学、数学、物理、化学、生物学、通用技术、信息技术等学科在内的学业水平考试和综合素质评价制度,引导有创新潜质的学生个性化发展。加强农村中小学科学教育基础设施建设和配备,加大科学教育活动和资源向农村倾斜力度。推进信息技术与科学教育深度融合,推行场景式、体验式、沉浸式学习。完善科学教育质量评价和青少年科学素质监测评估。

——推进高等教育阶段科学教育和科普工作。深化高校理科教育教学改革,推进科学基础课程建设,加强科学素质在线开放课程建设。深化高校创新创业教育改革,深入实施国家级大学生创新创业训练计划,支持在校大学生开展创新型实验、创业训练和创业实践项目,大力开展各类科技创新实践活动。

——实施科技创新后备人才培育计划。建立科学、多元的发现和培育机制,对有科学家潜质的青少年进行个性化培养。开展英才计划、少年科学院、青少年科学俱乐部等工作,探索从基础教育到高等教育的科技创新后备人才贯通式培养模式。深入实施基础学科拔尖学生培养计划2.0,完善拔尖创新人才培养体系。

——建立校内外科学教育资源有效衔接机制。实施馆校合作行动,引导中小学充分利用科技馆、博物馆、科普教育基地等科普场所广泛开展各类学习实践活动,组织高校、科研机构、医疗卫生机构、企业等开发开放优质科学教育活动和资源,鼓励科学家、工程师、医疗卫生人员等科技工作者走进校园,开展科学教育和生理卫生、自我保护等安全健康教育活动。广泛开展科技节、科学营、科技小论文(发明、制作)等科学教育活动。加强对家庭科学教育的指导,提高家长科学教育意识和能力。加强学龄前儿童科学启蒙教育。推动学校、社会和家庭协同育人。

——实施教师科学素质提升工程。将科学精神纳入教师培养过程，将科学教育和创新人才培养作为重要内容，加强新科技知识和技能培训。推动高等师范院校和综合性大学开设科学教育本科专业，扩大招生规模。加大对科学、数学、物理、化学、生物学、通用技术、信息技术等学科教师的培训力度。实施乡村教师支持计划。加大科学教师线上培训力度，深入开展"送培到基层"活动，每年培训10万名科技辅导员。

（二）农民科学素质提升行动。

以提升科技文化素质为重点，提高农民文明生活、科学生产、科学经营能力，造就一支适应农业农村现代化发展要求的高素质农民队伍，加快推进乡村全面振兴。

——树立相信科学、和谐理性的思想观念。重点围绕保护生态环境、节约能源资源、绿色生产、防灾减灾、卫生健康、移风易俗等，深入开展科普宣传教育活动。

——实施高素质农民培育计划。面向保障国家粮食安全和重要农副产品有效供给、构建乡村产业体系、发展农村社会事业新需求，依托农广校等平台开展农民教育培训，大力提高农民科技文化素质，服务农业农村现代化。开展农民职业技能鉴定和技能等级认定、农村电商技能人才培训，举办面向农民的技能大赛、农民科学素质网络竞赛、乡土人才创新创业大赛等，开展农民教育培训1000万人次以上，培育农村创业创新带头人100万名以上。实施农村妇女素质提升计划，帮助农村妇女参与农业农村现代化建设。

——实施乡村振兴科技支撑行动。鼓励高校和科研院所开展乡村振兴智力服务，推广科技小院、专家大院、院（校）地共建等农业科技社会化服务模式。深入推行科技特派员制度，支持家庭农场、农民合作社、农业社会化服务组织等新型农业经营主体和服务主体通过建立示范基地、田间学校等方式开展科技示范，引领现代农业发展。引导专业技术学（协）会等社会组织开展农业科技服务，将先进适用的品种、技术、装备、设施导入小农户,实现小农户和现代农业有机衔接。

——提升革命老区、民族地区、边疆地区、脱贫地区农民科技文化素质。引导社会科普资源向欠发达地区农村倾斜。开展兴边富民行动、边境边民科普活动和科普边疆行活动,大力开展科技援疆援藏,提高边远地区农民科技文化素质。提升农村低收入人口职业技能,增强内生发展能力。

(三)产业工人科学素质提升行动。

以提升技能素质为重点,提高产业工人职业技能和创新能力,打造一支有理想守信念、懂技术会创新、敢担当讲奉献的高素质产业工人队伍,更好服务制造强国、质量强国和现代化经济体系建设。

——开展理想信念和职业精神宣传教育。开展"中国梦·劳动美"、最美职工、巾帼建功等活动,大力弘扬劳模精神、劳动精神、工匠精神,营造劳动光荣的社会风尚、精益求精的敬业风气和勇于创新的文化氛围。

——实施技能中国创新行动。开展多层级、多行业、多工种的劳动和技能竞赛,建设劳模和工匠人才创新工作室,统筹利用示范性高技能人才培训基地、国家级技能大师工作室,发现、培养高技能人才。组织开展"五小"等群众性创新活动,推动大众创业、万众创新。

——实施职业技能提升行动。在职前教育和职业培训中进一步突出科学素质、安全生产等相关内容,构建职业教育、就业培训、技能提升相统一的产业工人终身技能形成体系。通过教育培训,提高职工安全健康意识和自我保护能力。深入实施农民工职业技能提升计划、求学圆梦行动等,增加进城务工人员教育培训机会。

——发挥企业家提升产业工人科学素质的示范引领作用。弘扬企业家精神,提高企业家科学素质,引导企业家在爱国、创新、诚信、社会责任和国际视野等方面不断提升,做创新发展的探索者、组织者、引领者和提升产业工人科学素质的推动者。鼓励企业积极培养使用创新型技能人才，在关键岗位、关键工序培养使用高技能人才。发挥学会、协会、研究会作用，引导、支持企业和社会组织开展职业能力水平评价。发挥"科创中国"平台作用，探索建立企业科技创新和产业工人科学素质提升的双促进机制。推动相关互联网企业做好快递员、网约工、互联网营销师等群体科学素质提升工作。

（四）老年人科学素质提升行动。

以提升信息素养和健康素养为重点，提高老年人适应社会发展能力，增强获得感、幸福感、安全感，实现老有所乐、老有所学、老有所为。

——实施智慧助老行动。聚焦老年人运用智能技术、融入智慧社会的需求和困难，依托老年大学（学校、学习点）、老年科技大学、社区科普大学、养老服务机构等，普及智能技术知识和技能，提升老年人信息获取、识别和使用能力，有效预防和应对网络谣言、电信诈骗。

——加强老年人健康科普服务。依托健康教育系统，推动老年人健康科普进社区、进乡村、进机构、进家庭，开展健康大讲堂、老年健康宣传周等活动，利用广播、电视、报刊、网络等各类媒体，普及合理膳食、食品安全、心理健康、体育锻炼、合理用药、应急处置等知识，提高老年人健康素养。充分利用社区老年人日间照料中心、科普园地、党建园地等阵地为老年人提供健康科普服务。

——实施银龄科普行动。积极开发老龄人力资源，大力发展老年协会、老科协等组织，充分发挥老专家在咨询、智库等方面的作用。发展壮大老年志愿者队伍。组建老专家科普报告团，在社区、农村、青少年科普中发挥积极作用。

（五）领导干部和公务员科学素质提升行动。

进一步强化领导干部和公务员对科教兴国、创新驱动发展等战略的认识，提高科学决策能力，树立科学执政理念，增强推进国家治理体系和治理能力现代化的本领，更好服务党和国家事业发展。

——深入贯彻落实新发展理念。切实找准将新发展理念转化为实践的切入点、结合点和着力点，提高领导干部和公务员科学履职水平，强化对科学素质建设重要性和紧迫性的认识。

——加强科学素质教育培训。认真贯彻落实《干部教育培训工作条例》、《公务员培训规定》，加强前沿科技知识和全球科技发展趋势学习，突出科学精神、科学思想培养，增强把握科学发展规律的能力。大力开展面向基层领导干部和公务员，特别是革命老区、民族地区、边疆地区、脱贫地区干部的科学素质培训工作。

——在公务员录用中落实科学素质要求。不断完善干部考核评价机制，在公务员录用考试和任职考察中，强化科学素质有关要求并有效落实。

四、重点工程

深化科普供给侧改革，提高供给效能，着力固根基、扬优势、补短板、强弱项，构建主体多元、手段多样、供给优质、机制有效的全域、全时科学素质建设体系，在"十四五"时期实施5项重点工程。

（一）科技资源科普化工程。

建立完善科技资源科普化机制，不断增强科技创新主体科普责任意识，充分发挥科技设施科普功能，提升科技工作者科普能力。

——建立完善科技资源科普化机制。鼓励国家科技计划（专项、基金等）项目承担单位和人员，结合科研任务加强科普工作。推动在相关科技奖项评定中列入科普工作指标。推动将科普工作实绩作为科技人员职称评聘条件。将科普工作纳入相关科技创新基地考核。开展科技创新主体、科技创新成果科普服务评价，引导企业和社会组织建立有效的科技资源科普化机制，支持中国公众科学素质促进联合体等发展，推动科普事业与科普产业发展，探索"产业+科普"模式。开展科普学分制试点。

——实施科技资源科普化专项行动。支持和指导高校、科研机构、企业、科学共同体等利用科技资源开展科普工作，开发科普资源，加强与传媒、专业科普组织合作，及时普及重大科技成果。建设科学传播专家工作室，分类制定科技资源科普化工作指南。拓展科技基础设施科普功能，鼓励大科学装置（备）开发科普功能，推动国家重点实验室等创新基地面向社会开展多种形式的科普活动。

——强化科技工作者的社会责任。大力弘扬科学家精神，开展老科学家学术成长资料采集工程，依托国家科技传播中心等设施和资源，打造科学家博物馆和科学家精神教育基地，展示科技界优秀典型、生动实践和成就经验，激发全民族创新热情和创造活力。加强科研诚信和科技伦理建设，深入开展科学道德和学风建设宣讲活动，引导广大科技工作者坚守社会责任，自立自强，建功立业，成为践行科学家精神的表率。通过宣传教育、能力培训、榜样示范等增强科技人员科普能力，针对社会热点、焦点问题，主动、及时、准确发声。

（二）科普信息化提升工程。

提升优质科普内容资源创作和传播能力，推动传统媒体与新媒体深度融合，建设即时、泛在、精准的信息化全媒体传播网络，服务数字社会建设。

——实施繁荣科普创作资助计划。支持优秀科普原创作品。支持面向世界科技前沿、面向经济主战场、面向国家重大需求、面向人民生命健康等重大题材开展科普创作。大力开发动漫、短视频、游戏等多种形式科普作品。扶持科普创作人才成长，培养科普创作领军人物。

——实施科幻产业发展扶持计划。搭建高水平科幻创作交流平台和产品开发共享平台，建立科幻电影科学顾问库，为科幻电影提供专业咨询、技术支持等服务。推进科技传播与影视融合，加强科幻影视创作。组建全国科幻科普电影放映联盟。鼓励有条件的地方设立科幻产业发展基金，打造科幻产业集聚区和科幻主题公园等。

——实施全媒体科学传播能力提升计划。推进图书、报刊、音像、电视、广播等传统媒体与新媒体深度融合，鼓励公益广告增加科学传播内容，实现科普内容多渠道全媒体传播。引导主流媒体加大科技宣传力度，增加科普内容、增设科普专栏。大力发展新媒体科学传播。加强媒体从业人员科学传播能力培训。促进媒体与科学共同体的沟通合作，增强科学传播的专业性和权威性。

——实施智慧科普建设工程。推进科普与大数据、云计算、人工智能、区块链等技术深度融合，强化需求感知、用户分层、情景应用理念，推动传播方式、组织动员、运营服务等创新升级，加强"科普中国"建设，充分利用现有平台构建国家级科学传播网络平台和科学辟谣平台。强化科普信息落地应用，与智慧教育、智慧城市、智慧社区等深度融合，推动优质科普资源向革命老区、民族地区、边疆地区、脱贫地区倾斜。

（三）科普基础设施工程。

加强科普基础设施建设，建立政府引导、多渠道投入的机制，实现资源合理配置和服务均衡化、广覆盖。

——加强对科普基础设施建设的统筹规划与宏观指导。制定科普基础设施发展规划，将科普基础设施建设纳入各地国民经济和社会发展规划。完善科普基础设施建设管理的规范和标准，建立健全分级评价制度。完善社会资金投入科普基础设施建设的优惠政策和法规。推行科技馆登记注册制度和年报制度。推进符合条件的科技馆免费开放。

——创新现代科技馆体系。推动科技馆与博物馆、文化馆等融合共享，构建服务科学文化素质提升的现代科技馆体系。加强实体科技馆建设，开展科普展教品创新研发，打造科学家精神教育基地、前沿科技体验基地、公共安全健康教育基地和科学教育资源汇集平台，提升科技馆服务功能。推进数字科技馆建设，统筹流动科技馆、科普大篷车、农村中学科技馆建设，探索多元主体参与的运行机制和模式，提高服务质量和能力。

——大力加强科普基地建设。深化全国科普教育基地创建活动，构建动态管理和长效激励机制。鼓励和支持各行业各部门建立科普教育、研学等基地，提高科普服务能力。推进图书馆、文化馆、博物馆等公共设施开展科普活动，拓展科普服务功能。引导和促进公园、自然保护区、风景名胜区、机场、车站、电影院等公共场所强化科普服务功能。开发利用有条件的工业遗产和闲置淘汰生产设施，建设科技博物馆、工业博物馆、安全体验场馆和科普创意园。

（四）基层科普能力提升工程。

建立健全应急科普协调联动机制，显著提升基层科普工作能力，基本建成平战结合应急科普体系。

——建立应急科普宣教协同机制。利用已有设施完善国家级应急科普宣教平台，组建专家委员会。各级政府建立应急科普部门协同机制，坚持日常宣教与应急宣传相统一，纳入各级突发事件应急工作整体规划和协调机制。储备和传播优质应急科普内容资源，有效开展传染病防治、防灾减灾、应急避险等主题科普宣教活动，全面推进应急科普知识进企业、进农村、进社区、进学校、进家庭。突发事件状态下，各地各部门密切协作，统筹力量直达基层开展应急科普，及时做好政策解读、知识普及和舆情引导等工作。建立应急科普专家队伍，提升应急管理人员和媒体人员的应急科普能力。

——健全基层科普服务体系。构建省域统筹政策和机制、市域构建资源集散中心、县域组织落实，以新时代文明实践中心（所、站）、党群服务中心、社区服务中心（站）等为阵地，以志愿服务为重要手段的基层科普服务体系。动员学校、医院、科研院所、企业、科学共同体和社会组织等组建科技志愿服务队，完善科技志愿服务管理制度，推进科技志愿服务专业化、规范化、常态化发展，推广群众点单、社区派单、部门领单、科技志愿服务队接单的订单认领模式。建立完善跨区域科普合作和共享机制，鼓励有条件的地区开展全领域行动、全地域覆盖、全媒体传播、全民参与共享的全域科普行动。

——实施基层科普服务能力提升工程。深入实施基层科普行动计划。开展全国科普示范县（市、区）创建活动。加强基层科普设施建设，在城乡社区综合服务设施、社区图书馆、社区书苑、社区大学等平台拓展科普服务功能。探索建立基层科普展览展示资源共享机制。深入开展爱国卫生运动、全国科普日、科技活动周、双创活动周、防灾减灾日、食品安全宣传周、公众科学日等活动，增进公众对科技发展的了解和支持。

——加强专职科普队伍建设。大力发展科普场馆、科普基地、科技出版、新媒体科普、科普研究等领域专职科普人才队伍。鼓励高校、科研机构、企业设立科普岗位。建立高校科普人才培养联盟，加大高层次科普专门人才培养力度，推动设立科普专业。

（五）科学素质国际交流合作工程。

拓展科学素质建设交流渠道，搭建开放合作平台，丰富交流合作内容，增进文明互鉴，推动价值认同，提升开放交流水平，参与全球治理。

——拓展国际科技人文交流渠道。围绕提升科学素质、促进可持续发展，充分发挥科学共同体优势和各类人文交流机制作用。开展青少年交流培育计划，拓展合作领域，提升合作层次。

——丰富国际合作内容。深入开展科学教育、传播和普及双多边合作项目，促进科普产品交流交易。聚焦应对未来发展、粮食安全、能源安全、人类健康、灾害风险、气候变化等人类可持续发展共同挑战，加强青少年、妇女和教育、媒体、文化等领域科技人文交流。

——积极参与全球治理。推进科学素质建设国际合作，探索制订国际标准，推动建立世界公众科学素质组织，参与议题发起和设置，在多边活动中积极提供中国方案、分享中国智慧。

——促进"一带一路"科技人文交流。坚持共商共建共享原则，深化公共卫生、绿色发展、科技教育等领域合作。推进科学素质建设战略、规划、机制对接，加强政策、规则、标准联通，推动共建"一带一路"高质量发展。

五、组织实施

（一）组织保障。

建立完善《科学素质纲要》实施协调机制，负责领导《科学素质纲要》实施工作，将公民科学素质发展目标纳入国民经济和社会发展规划，加强对《科学素质纲要》实施的督促检查。各部门将《科学素质纲要》有关任务纳入相关规划和计划，充分履行工作职责。中国科协发挥综合协调作用，做好沟通联络工作，会同各有关方面共同推进科学素质建设。

地方各级政府负责领导当地《科学素质纲要》实施工作，把科学素质建设作为地方经济社会发展的一项重要任务，纳入本地区总体规划，列入年度工作计划，纳入目标管理考核。地方各级科协牵头实施《科学素质纲要》，完善科学素质建设工作机制，会同各相关部门全面推进本地区科学素质建设。

（二）机制保障。

完善表彰奖励机制。根据国家有关规定，对在科学素质建设中做出突出贡献的集体和个人给予表彰和奖励。

完善监测评估体系。完善科普工作评估制度，制定新时代公民科学素质标准，定期开展公民科学素质监测评估、科学素质建设能力监测评估。

（三）条件保障。

完善法规政策。完善科普法律法规体系，鼓励有条件的地方制修订科普条例，制定科普专业技术职称评定办法，开展评定工作，将科普人才列入各级各类人才奖励和资助计划。

加强理论研究。围绕新科技、新应用带来的科技伦理、科技安全、科学谣言等方面，开展科学素质建设理论与实践研究。深入开展科普对象、手段和方法等研究，打造科学素质建设高端智库。

强化标准建设。分级分类制定科普产品和服务标准，实施科学素质建设标准编制专项，推动构建包括国家标准、行业标准、地方标准、团体标准和企业标准的多维标准体系。

保障经费投入。各有关部门统筹考虑和落实科普经费。各级政府按规定安排经费支持科普事业发展。大力提倡个人、企业、社会组织等社会力量采取设立科普基金、资助科普项目等方式为科学素质建设投入资金。

附录二

本书所涉文件目录

宪法
2018年3月11日　　中华人民共和国宪法

法律
1999年6月28日　　中华人民共和国公益事业捐赠法
2015年4月24日　　中华人民共和国税收征收管理法
2015年8月29日　　中华人民共和国促进科技成果转化法
2018年12月29日　　中华人民共和国村民委员会组织法
2018年12月29日　　中华人民共和国城市居民委员会组织法
2018年12月29日　　中华人民共和国高等教育法
2021年4月29日　　中华人民共和国教育法
2021年12月24日　　中华人民共和国工会法
2021年12月24日　　中华人民共和国科学技术进步法
2022年12月30日　　中华人民共和国野生动物保护法
2023年12月29日　　中华人民共和国慈善法
2023年12月29日　　中华人民共和国刑法
2024年4月26日　　中华人民共和国关税法
2024年11月8日　　中华人民共和国学前教育法
2024年12月25日　　中华人民共和国增值税法

行政法规及文件
2005年10月21日　　应急管理科普宣教工作总体实施方案
2014年12月31日　　国务院关于国家重大科研基础设施和大型科研仪器向社会开放的意见
2017年8月22日　　志愿服务条例

2017年10月7日	野生植物保护条例
2021年6月3日	全民科学素质行动规划纲要（2021—2035年）
2022年9月4日	关于新时代进一步加强科学技术普及工作的意见
2024年3月9日	节约用水条例
2025年1月25日	古树名木保护条例

部门规章及文件

2013年9月18日	国家中医药管理局办公室关于进一步加强中医药文化科普巡讲团巡讲专家管理工作的通知
2019年6月3日	国家生态环境科普基地管理办法
2020年7月10日	国家交通运输科普基地管理办法
2020年7月17日	科学技术活动违规行为处理暂行规定
2021年4月9日	关于"十四五"期间支持科普事业发展进口税收政策的通知
2021年4月9日	关于"十四五"期间支持科普事业发展进口税收政策管理办法的通知
2021年4月25日	水利部 共青团中央 中国科协关于加强水利科普工作的指导意见
2021年10月28日	"十四五"文物保护和科技创新规划
2021年12月7日	"十四五"生态环境科普工作实施方案
2021年12月23日	国家自然资源科普基地管理办法（试行）
2022年3月3日	"十四五"东西部科技合作实施方案
2022年3月4日	科技部 工业和信息化部 财政部 海关总署 税务总局关于发布"十四五"期间免税进口科普用品清单（第一批）的通知
2022年4月7日	"十四五"国家防震减灾规划
2022年4月11日	科技部办公厅关于配合开展科学技术普及法执法检查工作的通知

2022 年 5 月 19 日	关于加强小学科学教师培养的通知
2022 年 7 月 29 日	关于加快场景创新 以人工智能高水平应用促进经济高质量发展的指导意见
2022 年 8 月 4 日	"十四五"国家科学技术普及发展规划
2022 年 9 月 2 日	"十四五"中医药科技创新专项规划
2022 年 10 月 19 日	市场监管总局办公厅关于公布第一批全国计量文化和科普资源创新基地的通知
2022 年 11 月 1 日	"十四五"卫生与健康科技创新专项规划
2022 年 11 月 18 日	"十四五"城镇化与城市发展科技创新专项规划
2022 年 11 月 29 日	自然资源科学技术普及"十四五"工作方案
2023 年 2 月 6 日	社会力量设立科学技术奖管理办法
2023 年 3 月 2 日	科学技术部行政处罚实施办法
2023 年 5 月 17 日	关于加强新时代中小学科学教育工作的意见
2023 年 9 月 15 日	国家自然科学基金委员会关于新时代加强科学普及工作的意见
2023 年 11 月 2 日	科技部 中央宣传部 中国科协关于评选表彰全国科普工作先进集体和先进工作者的通知
2024 年 3 月 13 日	市场监管总局办公厅关于公布湖北省计量测试技术研究院、南方电网广东电网公司计量中心为全国计量文化和科普资源创新基地的通知
2024 年 8 月 16 日	科技部 中央宣传部 中国科协关于表彰全国科普工作先进集体和先进工作者的决定
2024 年 12 月 30 日	科技部发布 2023 年度全国科普统计数据
2025 年 1 月 14 日	中小学科学教育工作指南

团体规定及文件

2023 年 6 月 22 日	中国共产主义青年团章程

| 2023 年 7 月 14 日 | 中国科协 教育部关于印发《"科学家（精神）进校园行动"实施方案》的通知 |
| 2023 年 10 月 26 日 | 中华全国妇女联合会章程 |

地方性法规及文件

2021 年 5 月 26 日	广东省科学技术普及条例
2021 年 11 月 29 日	天津市科学技术普及条例
2022 年 2 月 18 日	上海市科学技术普及条例

人大代表建议、政协委员提案答复

2021 年 7 月 14 日	对十三届全国人大四次会议第 3259 号建议的答复
2022 年 6 月 19 日	对十三届全国人大五次会议第 8017 号建议的答复
2022 年 7 月 9 日	对十三届全国人大五次会议第 4188 号建议的答复
2022 年 8 月 4 日	对十三届全国人大五次会议第 8068 号建议的答复
2022 年 8 月 26 日	关于政协第十三届全国委员会第五次会议第 02936 号（工交邮电类 348 号）提案答复的函
2022 年 9 月 15 日	关于政协第十三届全国委员会第五次会议第 02297 号（社会管理类 214 号）提案答复的函
2023 年 8 月 13 日	对十四届全国人大一次会议第 3971 号建议的答复
2023 年 8 月 29 日	关于政协第十四届全国委员会第一次会议第 02392 号（医疗卫生类 206 号）提案答复的函

2024 年 7 月 29 日	关于政协第十四届全国委员会第二次会议第00671 号（科学技术类 037 号）提案答复的函
2024 年 8 月 12 日	关于政协第十四届全国委员会第二次会议第00607 号（科学技术类 032 号）提案答复的函

图书在版编目（CIP）数据

科学技术普及法一本通／法规应用研究中心编.
北京：中国法治出版社，2025.3.--（法律一本通）.
ISBN 978-7-5216-5094-5

Ⅰ．D922.17

中国国家版本馆 CIP 数据核字第 2025GG3798 号

责任编辑：谢雯　　　　　　　　　　　　　　封面设计：杨泽江

科学技术普及法一本通
KEXUE JISHU PUJIFA YIBENTONG

编者/法规应用研究中心
经销/新华书店
印刷/保定市中画美凯印刷有限公司
开本/880 毫米×1230 毫米　32 开　　　　印张/ 9.5　字数/ 226 千
版次/2025 年 3 月第 1 版　　　　　　　　2025 年 3 月第 1 次印刷

中国法治出版社出版
书号 ISBN 978-7-5216-5094-5　　　　　　　　　定价：35.00 元

北京市西城区西便门西里甲 16 号西便门办公区
邮政编码：100053　　　　　　　　　　传真：010-63141600
网址：http://www.zgfzs.com　　　　　编辑部电话：010-63141793
市场营销部电话：010-63141612　　　印务部电话：010-63141606

（如有印装质量问题，请与本社印务部联系。）